当代人力资源管理系列教材

# 劳动社会学

林　勇　曾晓涛　主编

科学出版社
北　京

## 内 容 简 介

本书从现代中国社会发展的进程，特别是改革开放以来中国社会、科技和经济发展的有机结合的角度，讨论社会发展对劳动发展各方面的影响，在介绍国内外关于劳动社会学研究的主要理论、流派与研究视角的基础上，系统分析了劳动者、职业、劳动组织、劳动关系、劳动保障与劳动社会问题这六大主题的内容。在此基础上,加入了最新的劳动社会学理论、概念和实践内容,并吸收了劳动经济学、社会学等一般理论研究的新成果。

本书引用最新的统计数据，参照最新颁布的政策法规，反映了劳动社会学发展的新情况，注重理论阐述与实践材料的结合,并密切联系社会主义市场经济所带来的社会生产关系的深刻变化,对中国现实生活中的重大劳动问题进行了深入的探讨。

本书既可作为本科院校人力资源管理、劳动社会学等专业相关课程的专业教材，也可作为相关专业干部培训和自学考试教材。

**图书在版编目(CIP)数据**

劳动社会学/林勇，曾晓涛主编. —北京：科学出版社，2016.1
当代人力资源管理系列教材
ISBN 978-7-03-043668-9

Ⅰ.①劳… Ⅱ.①林… ②曾… Ⅲ.①劳动社会学-教材
Ⅳ.①C976.1

中国版本图书馆 CIP 数据核字（2015）第 046082 号

责任编辑：张 宁 王国栋／责任校对：李 影
责任印制：赵 博／封面设计：蓝正设计

科 学 出 版 社 出版
北京东黄城根北街 16 号
邮政编码：100717
http://www.sciencep.com
北京虎彩文化传播有限公司 印刷
科学出版社发行 各地新华书店经销
*
2016年 1月第 一 版 开本：787×1092 1/16
2024年 1月第八次印刷 印张：13 3/4
字数：326 000

**定价：35.00 元**

(如有印装质量问题，我社负责调换)

# Series Preface
# 丛书序

人力资源管理是企业管理的重要职能。与财务管理等其他职能管理相比，人力资源管理的效果会更多地受到雇员主观能动性的影响，因而具有更大的不确定性。这需要人力资源管理者充分理解雇员个性的多样性，根据雇员不同的需求特点，设立具有针对性的激励制度和约束机制，最大程度地激发雇员的工作热情和工作潜能，以实现雇员利益目标和组织绩效目标的一致。人力资源管理者绝不仅仅是企业绩效的追求者，同时也一定是雇员利益的守护者。

与土地、资本、技术等企业生产要素相比，知识的重要性越来越突出，知识管理已成为人力资源管理的重要内容。设计知识创新机制、实现企业知识编码、构建知识共享平台是人力资源管理者面临的重要任务。这需要将人力资源管理的重点从绩效管理拓展到创新管理、从雇员的工作技能管理拓展到雇员的学习能力培养。人力资源管理者不仅是监督者，同时也应该是教育者。

与作业管理等需要严格的时间控制和空间界限的管理活动相比，人力资源管理具有长期性和渗透性。价值观、行为模式、道德规范等企业文化要素对人力资源管理制度的设计和人力资源管理活动的效果发挥着关键的作用。企业文化的设计与修炼、传承与发展是人力资源管理者的重要责任。只有升华雇员的社会责任、提高企业的信用资本，人力资源管理才能达到维持企业持续经营的长远目的，才能实现企业提高社会福利的使命和愿景。

人力资源管理是华南师范大学经济与管理学院重要的教学和科研领域。长期以来，一批年富力强的中青年教师在该领域辛勤耕耘，取得了可喜的成效。在科学出版社的精心组织下，学院组织力量撰写了这套丛书，试图反映人力资源管理的主要内容以及人力资源管理的新趋势，并就教于同行专家和社会各界人士。

彭璧玉

二〇一五年一月十九日于广州

Contents

# 目录


丛书序

第一章　绪论……1

第一节　劳动社会学的产生和研究内容……2
第二节　劳动社会学理论……4
第三节　劳动社会学的研究方法……11

思考题

第二章　劳动者……19

第一节　劳动者与劳动力……20
第二节　作为社会人的劳动者……21
第三节　劳动者与社会文化环境……25
第四节　劳动者行为……31
第五节　劳动者社会化……35
第六节　闲暇与劳动……41

思考题

第三章　职业……45

第一节　职业与行业的概念与特点……46
第二节　职业结构与社会发展……48
第三节　职业地位与声望……51

思考题

第四章　职业生涯……59

第一节　职业生涯相关概念……60
第二节　个人职业生涯发展……62
第三节　“职业锚”理论……65
第四节　职业生涯设计……67
……
思考题

第五章　职业分层与职业流动……73

第一节　职业分层概述……74
第二节　职业分层研究及意义……79
第三节　职业流动……84
第四节　中国的经济发展与职业流动……87
……
思考题

第六章　劳动报酬与社会收入分配……94

第一节　社会收入分配……95
第二节　劳动报酬与员工激励……101
第三节　薪酬管理……104
……
思考题

第七章　劳动组织……109

第一节　组织和劳动组织……110
第二节　正式组织与非正式组织……114
第三节　劳动组织理论……117
第四节　中国单位组织研究……124
……
思考题

第八章　劳动关系与工会……131

第一节　劳动关系概述……132
第二节　劳动关系理论……135
第三节　劳动关系的调整机制……140
第四节　外资企业劳工关系……143
第五节　工会及其职能……147
……
思考题

第九章　政府政策和劳动争议……152

第一节　政府劳动政策与就业服务……153
第二节　劳动争议处理……155
……
思考题

第十章　劳动社会保障……162

第一节　社会保障概述……163
第二节　失业保险……165
第三节　养老保险……168
第四节　医疗保险……171
……
思考题

第十一章　特殊劳动群体问题……177

第一节　特殊劳动群体……178
第二节　女性就业问题……181
第三节　残疾人劳动问题……184
第四节　童工及中老年工问题……186

第五节　移民劳动问题……189
思考题
第十二章　中国当代劳动问题……195
第一节　就业与失业……196
第二节　二元经济结构与劳动力流动……200
第三节　新经济条件下的劳动关系问题……204
思考题
主要参考文献……209
后记……211

CHAPTER 1

# 第一章 绪 论

[内容摘要]

本章主要介绍劳动社会学理论相关内容，包括劳动社会学的产生、研究内容、理论体系和研究方法。劳动社会学经过190多年的发展，形成了古典劳动社会学和现代劳动社会学两大派系。这两大流派有各自的基本命题和理论立场，两者互为补充。后者在对传统古典理论修正、挑战、拓展的基础上形成更为完整的和系统的理论体系。劳动社会学的发展在研究方法上的贡献体现为实证主义、人文主义和批判主义三股力量的博弈。

[学习要点]

1. 劳动社会学研究的主要内容。
2. 科层制主要内容。
3. 马克思主义和新马克思主义理论的区别。
4. 劳动分工理论。
5. 社会研究方法分类。

# 第一节　劳动社会学的产生和研究内容

## 一、劳动社会学的产生

劳动社会学，是以劳动这一社会现象与所构成的劳动问题为研究对象的社会学的分析学科，形成于 19 世纪 20~30 年代。

劳动社会学始于经济学家、社会学家和管理学家对劳动问题的研究。为这门学科的发展做出过重要贡献的社会学家有很多，如古典政治学家李嘉图与亚当·斯密，空想社会主义者圣西门、傅立叶及欧文等都对劳动社会问题有过精辟的论述。各国的学者们对本国的劳动社会问题进行了调查研究，英国人查尔斯·布思（1840~1916）及其同事从 1886 年起对伦敦各阶层人民生活状况进行了调查，于 1889~1891 年编写了《伦敦人民的生活和劳动》。这项调查在一定程度上反映了劳动阶级的贫困生活，导致英国政府于 1908 年颁布了《老年抚恤条例》，制定重体力行业的最低工资标准，并开始对病残者与失业者实施社会保险；美国著名经济学家与社会学家凡勃伦的《有闲阶级论》（1899 年）和《企业论》（1904 年）是劳动社会学研究的重要参考书。这些研究与调查都为劳动社会学的形成和产生奠定了基础。

劳动社会学这一名称最早正式出现于法国。1959 年，法国社会学者乔·弗里德曼和彼·维纳利首次使用“劳动社会学”一词，并创办了《劳动社会学》杂志，发表了相关的著作，促进了这一名称的流传。

## 二、劳动及相关概念

### （一）劳动

劳动是指人类围绕各种生活资料和生产资料进行的生产活动和提供非物质形态的服务活动。

自觉性、目的性和创造性是人类劳动的本质特征。劳动是受人的自觉意识支配的、能动的、为达到特定目的的活动。马克思指出：人的“劳动过程结束时得到的结果，在这个过程开始时就已经在劳动者的表象中存在着，即已经观念地存在着。他不仅使自然物发生形式变化，同时他还在自然物中达到自己的目的，这个目的是他所知道的，是作为规律决定着他的活动的方式和方法的，他必须使他的意志服从这个目的”。

创造性也是人类劳动的本质特征。从原始人群的采集狩猎，到古代刀耕火种的农业生产；从近代蒸汽机、纺织机、电力的发明，到现代新能源、新材料、人工智能的应用，人类所走过的劳动历程体现了人类劳动的创造性。

劳动是人类最重要的实践活动，是人类社会存在和发展的根本前提。作为创造价值和使用价值的活动，劳动同时创造了财富。

### （二）劳动者

劳动者是劳动社会学研究的主体，是劳动领域中的关系和社会结构的基本要素。

广义的劳动者是指一切具有劳动能力并从事一定社会生产劳动的人。

劳动社会学所使用的劳动者概念是狭义上的，就是在一定的社会分工体系下，具有一定的劳动能力，处于一定的劳动岗位，遵循一定的劳动规范，有目的、相对持续地从事或向他人提供有价值物品与服务活动的社会人。

### （三）工作

工作是劳动的另一个层面，是人类通过劳动分工而进行的有组织的、以获得劳动报酬为目的的生产活动。“工作”的概念是随着工业化生产和现代劳动组织的出现而产生的。

“工作”的概念将广义的劳动变成了狭义的有偿劳动，编织成了一个在特定组织中从事劳动的社会化图卷。

### （四）职业与行业

职业作为人的一种标志，是劳动专门化和劳动分工的结果。

我国将职业定义为在业人口所从事的具体工作的种类。职业类别和职业分化是人们工作的专业类别，随着时代的发展，职业类别越来越精细，专业化程度也越来越高；职业分化也处在不断交互变迁的过程之中。

行业是社会劳动者在从事社会劳动过程中形成的一种社会分工的集团概念。

行业的构成有两个基本要点：一是行业属于社会劳动者的集团概念，即我们通常所说的国民经济部门，它指的是在社会经济活动中集合起来的一批劳动者；二是同一行业都有同一类型的经济活动，它们生产同一类型的产品，提供同一类型的劳务，创造的使用价值基本相同。劳动者在各种行业的结构状况反映了一个国家的国民经济发展水平与社会发展状况。

行业结构的变化主要受两方面因素影响：一方面是人类自身发展的顺序和特性；另一方面是社会生产力发展的水平。

职业与行业都是劳动者在社会活动过程中所形成的满足社会需要的功能要件；不同点是，职业是从个人活动出发产生的概念，行业是从社会经济活动出发产生的概念。

## 三、劳动社会学的研究内容

劳动社会学是一门用社会学理论体系和方法对劳动者的社会劳动活动的结构、功能及其运行规律进行研究的分支社会学。

劳动社会学的研究建立在劳动社会学基本理论的基础之上，进而对劳动者的社会劳动活动所涉及的劳动关系、劳动组织、劳动社会问题进行分析研究，由此分析和理解与劳动相关的社会结构、功能和运行规律。

从以上角度着手，本书对劳动社会学的研究包括以下六部分内容。

### （一）劳动社会学基本理论

劳动社会学的基本理论是整个劳动社会学研究的思想基础，包括劳动的自然形态、劳动的社会价值标准、人类劳动的基本运行规律、劳动的历史发展过程、劳资关系和权力运作，以及劳动与其他社会条件之间的互动关系等基本范畴和理论。

### （二）劳动者

劳动者是劳动社会学研究的起点与主体。对劳动者研究的具体问题包括研究劳动者的态度、行为、素质及社会化进程；研究劳动者的职业生涯、职业声望的获得、职业流动等；研究劳动者的劳动心理、劳动者的个人特点与社会发展的关系。

### （三）劳动的社会关系

劳动的社会关系的研究主要集中在劳动者与生产资料所有者之间的关系，即劳资关系上。一是研究劳资关系，随着劳资关系从冲突到缓和，各国劳动关系迅速发展，表现在从建立工会组织到政府加强对劳资关系的调整等方面。在劳资关系法规的规范下，工会组织与雇主组织的集体谈判制度已成为调整劳资关系的一个主要途径。在国家调节劳资关系的立法形成体系且日渐趋于完善后，政府、雇主、工会的三方协调机制成为调整劳资关系的一种重要途径。二是研究政府在劳动关系中的作用。政府在劳动关系中的作用日趋重要，建立劳动力市场，促进就业，制定相关就业政策、劳动力市场政策等，对劳动争议的处理，对社会保障的兴办等，成为劳动社会学的一项重要研究内容。

### （四）劳动的社会结构

劳动的社会结构一方面包括了社会群体、社会组织等社会横向结构，即社会群体的结构分布，包括劳动者的产业结构、职业结构、年龄结构、性别结构及其结构的变化，还包括特殊群体——残疾人、妇女、儿童、老年人的结构分布及其带来的劳动问题；另一方面，指由阶级、阶层等不同社会层次及其关系构成的社会纵向结构，劳动者阶级和阶层的内部变动和结构间的流动主要是由社会分化特别是经济关系的不断变化而形成的。

### （五）劳动组织

人们以不同的方式和各种不同的关系存在于各种劳动组织中。

劳动组织是为社会生产商品，提供劳务，按照一定的劳动法规、章程建立起来的组织，是执行生产、经营、服务与管理职能的劳动者的有机体。劳动组织以组织方式与人际关系特征为标准，划分为正式组织与非正式组织，具有各自不同的特点和功能。而单位制作为中国特有的劳动组织现象也为中国的劳动社会学者所关注。对劳动组织的管理，包括人力资源管理、薪酬管理等，结合劳动报酬与社会收入问题，成为劳动社会学研究的重要课题。

### （六）劳动与社会变迁

社会无时无刻不在发生变化，体现在社会结构、社会制度、社会风俗各个方面，称为社会变迁。社会变迁引起了劳动组织方式、生产方式等的变化。

在全球经济一体化背景下出现的劳动分工的变化及其劳动权益问题，在市场经济条件下出现的中国劳动关系的调整问题等为劳动社会学研究提出了新课题。

## 第二节　劳动社会学理论

劳动社会学理论的发展吸收了社会学发展的精华，也融入了经济学、政治学、历史学的思想。在 190 多年的发展历程中，劳动社会学的发展形成了几大流派。各流派的发展大都经历了三个阶段，即古典阶段，确立了各自学派所关注的基本命题；现代阶段，详尽阐述和发展了各自的理论立场；后现代阶段，修正、模仿、拼凑、挑战传统理论。

本节主要介绍前两个阶段，即古典和现代阶段的劳动社会学理论，同时，简单介绍现代发展起来的一些新流派、新理论。

## 一、古典劳动社会学理论

综合各国学者对劳动社会学的研究，马克思、迪尔凯姆、韦伯、泰勒与梅耶等学者的研究反映了劳动社会学的经典理论，他们的理论为劳动社会学的研究奠定了基础。

### （一）马克思主义

马克思是最早对劳动问题进行综合研究的经济社会学家。他从历史的角度论述了劳动在人类社会发展中的作用。劳动价值论、剩余价值学说及历史唯物主义是马克思主义学说的核心内容。这些思想为劳动社会学研究劳动关系和劳动的社会结构奠定了科学基础，也成为马克思主义和冲突理论的源泉。

马克思在《1844 年经济学哲学手稿》中开始对劳动问题做哲学的研究，对劳动力成为商品进行了思考，阐述了劳动及其结果在社会发展中的作用，同时指出资本主义制度下的劳动是一种“异化劳动”。“异化劳动”产生的根源是私有制。劳动和资本的分离、资本的私人所有制决定了资本家无偿占有工人的劳动，即工人被资本家雇佣。工人只有在资本家的机器上才能生产，生产资料不是从属于工人，而是工人从属于生产资料，死劳动（生产资料）支配了活劳动（发挥作用的劳动力），这种颠覆导致了劳动者自身的异化，劳动不是他自己的，而是别人的，劳动不属于他；他在劳动中也不属于自己，而是属于别人。工人的不断劳动只会再生产出这种剥削与被剥削的异化关系。马克思认为，人的自我异化（包括劳动的异化）实际是两个不同集团的人——无产阶级与资本家的社会异化。

在随后 1867 年出版的《资本论》中，马克思阐述了劳动二重性理论和劳动价值论，在此基础上，建立了剩余价值理论。马克思从资本主义生产过程的二重性，即工人的具体劳动生产了新的使用价值并转移旧价值而抽象劳动形成了新价值出发，进而区别了资本的不变部分和可变部分在价值增值中的不同作用，揭示了剩余价值的真正源泉，从而创立了剩余价值理论。剩余价值理论的建立，标志着马克思发现了现代资本主义生产方式和它所产生的资产阶级社会的特殊的运动规律。依据对劳动的经济的分析，马克思揭示了资本主义劳动过程中的社会结构关系（即无产阶级与资产阶级的关系），以及这一结构关系由对立、冲突走向崩溃的历史必然性。

### （二）迪尔凯姆的功能主义和结构主义

迪尔凯姆是法国著名社会学家，他的思想对后来的功能主义、结构主义、社会语言学和后现代性的研究都有深远的影响。在 1893 年出版的《劳动分工论》一书中，他关注的是社会与经济快速转变时期的社会团结和社会整合问题，即社会的凝聚力问题。以劳动分工为基础，提出了两种类型的社会结构，即在此基础上的两种社会团结：一是机械团结；二是有机团结。

机械团结是指由于彼此相似而形成的联系，个人之间的差异不大，社会分工不发达，个人在社会中占有的是一种一般性的位置，赞同同样的道德准则，这种社会的集体意识很强。有机团结指个人间彼此有别，分工高度发达，职业的专业化使个人意识到自我以外的社会，高度广泛的相互依赖替代了以集体意识为基础的团结。

（三）韦伯主义

德国社会学家马克斯·韦伯（Max Weber）是一位著名的社会学家，他对劳动社会学的发展做出过重要贡献。韦伯对资本主义的产生与发展进行了一系列文化上的解释，对工厂制度的分析、科层制理论、伦理价值对劳动行为作用的思想是其代表理论。

韦伯论述了资本主义现代生产的组织原则——科层制。科层制是韦伯根据纯粹理想型方法提出的组织内部职位分层、权利分等、分科设层、各司其职的组织结构形式及管理方式。科层制与传统社会组织原则不同，它力图摆脱一切神秘的力量，是一种不可逆转、工具理性的组织形式。科层制的基本要素有四点。

（1）一整套始终如一的、需要严格执行的命令与服从关系，一种有组织的不平等制度。

（2）这些从属关系受严格的内部等级的支配，依从于复杂的任务或职务分工，按规则行事是人们的义务。

（3）非人格性，各种权利关系都是刻板的、非个性化的、合理性的体系。

（4）人们凭借技术优势居于支配地位。

韦伯认为，资本主义的崛起与基督教新教伦理有着紧密的联系。其著作《新教伦理与资本主义精神》从社会文化层面深入分析了资本主义的产生，强调加尔文教义和清教徒伦理（具体指严谨的工作作风和对财富的合法追求）是促使以理性生产与交换为特征的西方文明兴起的基本原则。他深入研究分析了新教徒的职业观，认为新教徒的职业观是：个人劳动是美好的，也是获得拯救的出路，人要对自己的“天职”勤勉，要节俭。这种伦理观使人们形成一种信仰：一个人只要努力工作，就会受到尊重，获得财富，成就事业，并且得到上帝的尊重。

（四）管理学派

泰勒是“科学管理”运动的创始人，他的《工厂管理》（1903 年）及《科学管理原理》（1911 年）不仅对管理学研究有重要意义，对劳动社会学研究也同样具有重要意义。泰勒在上述著作中提出了许多关于劳动组织内部的社会学问题。例如：关于劳动者与雇主唯一追求经济利益的人性假设（即“经济人”）；关于怠工问题的论述；关于通过提高劳动效率来消除劳资关系的对立，使劳资双方完成“精神革命”的主张；关于组织结构比生产设备更为重要，等等。泰勒的研究使劳动社会学研究深入到劳动社会的微观领域。

梅耶于 1922 年迁居美国，先后在宾州大学与哈佛大学从事工业企业研究。1927 年，他应邀主持西方电气公司霍桑厂的工业研究，即“霍桑实验”。霍桑实验对企业界和学术界都产生了巨大的影响。梅耶认为，工人是“社会人”而不是“经济人”，他们并非单纯追求经济收入，而是具有社会需求和心理需求；工作本身是一种群体活动，企业中除正式组织外，还有非正式组织，工人们期望在群体中获得友情、归属感和安全感，这些都会影响工人的工作态度和劳动效率；管理者应妥善处理人际关系，以提高劳动生产率。“社会人”假设的提出、产业士气与劳动效率关系的揭示及“非正式组织”的提出，在管理学上开创了人际关系理论的新时代。

人际关系理论开创了对行为科学理论的研究，对现代企业管理理论产生了深远的影响；同时，也使劳动社会学研究提高到了一个新的水平。从此，以劳动组织为轴心的社会学研究以空前的规模开展起来。

### （五）制度学派

制度学派的观点主要源自英国 19 世纪的韦布（Webb）夫妇。他们强调要理解劳动力市场中的制度安排对稳定工业秩序的重要性，应当着重于制度方面的建设，特别是建立工会组织。制度学派的代表人物还有凡勃伦、康芒斯等，他们支持组织工会和集体谈判，强调以制度的力量抵制雇主的剥削。

美国制度学派的代表凡勃伦对后来的制度经济学和文化批评理论有深刻的影响。他的主要代表作有《有闲阶级论》《企业理论》等，他用制度分析的方法分析和说明社会经济问题及发展趋势。他认为，人类经济活动中存在两种主要制度，一种是生产技术制度，另一种是财产所有制度。在资本主义社会，生产技术制度表现为现代工业体系，财产所有制度表现为企业经营，资本主义社会的缺陷是两种制度之间存在着矛盾。

### （六）古典经济学

古典经济学是一个庞大的理论派别，其思想对于各经济学流派皆有影响。

英国资产阶级古典政治经济学的创始人威廉·配第，克服了重商主义者孤立地仅仅从流通领域研究商业利益或剩余价值的局限，把着眼点由流通领域转向生产领域，进而提出了劳动是价值的源泉的思想，为正确地解释国民财富的创造奠定了理论基础。

资产阶级古典政治经济学的主要代表人物亚当·斯密继承并发展了威廉·配第的劳动价值学说，把对劳动的研究向前推进了一步，论证了有关劳动的一系列经济范畴：生产劳动和非生产劳动、简单劳动和复杂劳动、直接劳动和间接劳动。他用大量的笔墨关注劳动分工、社会分工和社会公正。

在斯密看来，衡量一国经济发展、富裕程度的标准在于可供消费者选择的商品价廉物博。那么，怎样才能做到价廉物博呢？斯密把它归结到劳动上。

（1）经济发展的根本原因是劳动分工的发展，它促进了劳动生产力的提高。斯密认为科学技术的发明创造及在工艺上的运用，能够极大地提高劳动生产力。因此，斯密主张对工人辅之以教育，使他们掌握一定的科学技术知识。

（2）劳动是价值的标准与源泉。人类在分工的基础上产生了专业化。劳动分工既促成了复杂经济结构的产生，提高了经济效率，又把全社会整合起来，限制着个人的利己之心。

（3）斯密将劳动与资本联系起来，认为一国经济发展中，生产性劳动与非生产性劳动的比例应恰当，并且把二者的比例同资本积累和收入联系起来。

（4）市场是一只看不见的手，竞争和交易可以有效地释放经济动力，实现社会普遍富庶的目标。

## 二、现代劳动社会学

现代劳动社会学主要是指第二次世界大战至今的学说。它分为两个阶段，一是 1945~1975 年前后；二是 20 世纪 70 年代末至今。第二次世界大战之后，劳动社会学有了长足的发展，劳动社会学作为一门学科在一些国家的大学中获得了有力支持，劳动社会学研究进入到一个新阶段；进入到第二阶段，劳动社会学的视野将劳动现象定位为社会现象，将政治、文化和社会制度重新融入到劳动现象的分析中。现代劳动社会学的主要理论可归为以下几类。

### （一）新马克思主义

新马克思主义又称为新马学派或激进学派，它的主要代表人物是马尔库塞、普兰查斯、汤普森及马勒等。

马尔库塞继承了马克思对资本主义进行反思和批判的传统，他在《单向度的人》这本书中指出，当代资本主义工业社会是一个新型的集权主义社会，它采取以科学技术为工具、用意识形态控制和操纵的社会统治形式，取消了否定性、批判性和超越性等因素，使社会、人及其思想和行为模式都成为单向度的，所有人都是单向度地接受意识形态。对资本主义的任何反抗都会被化解为意识形态的一部分，异化已经达到了这样一种程度：对资本主义的任何反抗只会增加社会对抗反抗的力量和弹性。那么，洋溢着鲜活生命的自由在哪里？导引人生理想的道路又在何处？马尔库塞强调指出，科学技术异化的根源在于，理性的工具化使否定理性被肯定理性取代。因此，只需使理性摆脱工具化而恢复其否定性和批判性，把价值重新整合到科学中，使科学技术具有一种内在的人本主义批评意识，那么科学就不再与统治、奴役相结合，而与自由和解放结合在一起。随着新的理性观念的出现，技术将开拓人与人、人与自然之间关系的一个全新领域，人类将从“额外压抑”中解放出来，劳动将不再是一种异化劳动，而成为一种“消遣”，生产也将成为一种“表演”。而“消遣和表演作为文明的原则，并不表示劳动的变形，而表示劳动完全服从于人和自然自由发展的潜能”。

普兰查斯也是一位坚定追随马克思的学者。他重新阐释了马克思的两个理论范畴——“生产资料所有权”和“劳动过程”。他认为所有权是实际的经济所有权，剥削阶级不但在法律上拥有生产资料，而且占有着生产资料，可将生产资料投入使用。在资本主义社会里，剥削阶级是那些在公司中享有控股权益的管理者。因为社会劳动分工先于技术劳动分工发生，所以，剥削发生在生产层面，也发生在政治和意识形态层面上。故他主张从政治、经济和思想三个结构方面，探讨资本主义社会中的阶级结构问题，划分阶级结构。无产阶级——被剥削阶级是那些通过直接的商品生产而生产剩余价值的人，除此之外，其他大部分从事非生产性劳动领取薪金的人被划分为“新小资产阶级”，劳动过程通过剥削者和被剥削者之间的社会劳动分工而实现。

英国学者汤普森的《英国工人阶级的形成》继承了马克思有关工人阶级产生的研究，形成了新劳工史学派。汤普森选取英国工业革命时期的工人为考察对象，用阶级分析和阶级斗争的观点解释历史，阐述了他关于阶级和阶级“形成”的理论，重新解释了各种正式的工人阶级组织。书中详尽地考察了工人阶级“经历”的每一个方面，从组织到政治活动，从宗教情绪到文化娱乐方式，所有这些“工人阶级的经历”最终使多数英国工人开始意识到他们之间的共同利益，他们的利益与统治者和雇主们的利益对立，从而形成了阶级。他关注劳工们在何种情况下开始感受到共同的利益和对雇主的反抗。阶级经验被用于解释工人阶级意识和集体行动的产生。集体行动的源泉是工人们共同的根、共同的经历、共同的方言、共同的习俗和面临的共同危机。

以法国左翼理论家马勒为代表的学者提出了“新工人阶级”论，这是一种受萨特为代表的存在主义影响的关于当代资本主义社会的阶级结构理论。在马勒的代表作《新工人阶级》一书中，他指出，由于第二次世界大战后，特别是20世纪五六十年代以后，西方资本主义社会在经济发展、科学技术的应用和社会福利的改善方面都发生了巨大的变化，传统的马克思主义所认为的工人阶级绝对贫困化的现象已不复存在，工人阶级的内部结构、素质与愿望也发生了相应的变化，出现了一个与传统的体力劳动为主的工人阶级不一样的“新工人阶级”。在发达的工业社会中，受过高度训练的工人不仅是工人阶级的组成部分，而且是它的先锋队。除此之外，“新工人阶级”还包括那些改善生产条件的科研人员、科研单位的组织者等，如技术人员和管理人员、工程师和科学家。马勒认为他们是工人阶级的先锋队，认识到自己在生产和企业中的地位，要求根本改变社会，要求广泛参加对生产的管理，实现工人自治。正是这条工人自治的道路，才是把资本主义生产结构改变为社会主义生产结构的唯一的根本的手段，才有在“资本主义制度的条件下建设社会主义”的唯一可能性。

（二）冲突理论

冲突，是指人与人之间、群体与群体之间激烈对立的社会互动方式和过程，它是一种基本的人类特质和社会特质。

冲突理论产生于20世纪60年代中后期，代表人物有联邦德国的达伦多夫、美国的米尔斯、英国的洛克伍德。冲突理论多用于解释社会各阶层在意识形态方面的冲突，它反对结构功能主义对社会的解释，强调用社会生活中的冲突性解释社会的变迁，认为冲突既有消极作用也有积极作用，这取决于社会结构的不同。冲突理论所重视的不仅是个人的、人与人之间的文化的层次，而是社会现实的结构层次，主要研究社会冲突的起因、形式、制约因素及影响。其理论持激进的社会观点，主张社会变革，强调社会冲突对社会的巩固和发展具有积极的作用。

著名社会学家达伦多夫认为，每个社会在每一方面都时刻经历着社会冲突，社会冲突是普遍的。他的代表作《工业社会的阶级和阶级冲突》主要是从理论上剖析自从马克思的阶级和阶级斗争学说发表以来整个工业社会的阶级状况和阶级冲突，并同马克思的阶级论展开了辩论，提出了自己的理论。他认为，工业资本主义已经来临，阶级冲突已被由职业决定的地位等级关系替代；工业资本主义典型的组织是股份公司，公司内部的社会角色发生变化，中产阶级的规模不断扩大，无产阶级向上流动的可能性增加，阶级冲突因此弱化。

美国社会学者米尔斯是文化批评主义的代表。他的代表作《白领——美国中产阶级》(1951年)，勾勒出美国虽富裕但日益流离彷徨且弱势的中间层级市民的群像；《权力精英》(1956年)先驱性地指出美国政治权力结构史无前例集中化、支配精英的自我循环再生，以及一般民众在这个过程中的边缘化、分散化、无知化。在这两本专著中，他通过对现存社会结构、社会制度的观察与审视，深刻揭示了权力关系和阶级、阶层问题。

### （三）新制度主义学派

新制度主义是作为对传统制度研究的继承及对“行为主义革命”的反对而出现的一种政治学研究范式。它的观点是把经济、政策研究的着重点放在国家与社会的相互作用的制度上，不仅包括法律体系、行政组织、政治制度等传统制度，还包括组织运作程序、非正式规则、人与人之间的关系等问题运作机制。

各种新制度主义的理论流派在制度主义的基础上产生，其中包括新集体主义、法团主义、新放任主义等。

**1. 新集体主义**

新集体主义是建立在自由主义意识形态基础上的集体主义。

这一学派认为，雇主与劳工之间存在不可避免的冲突，而集体协商制度是最公正、最有效率地解决工业冲突的方法，它能够将公共场所中的冲突制度化，在政府的作用下，以法律为基础，由冲突的当事人自由协商出共同的可接受的规则。同时，它强调，劳工必须展开集体行动才能保证自己的利益，劳工的力量是建立在集体组织的基础之上的，并且，集体协商与谈判需要以不断完善劳动力市场制度为前提，通过冲突的制度化，改善劳资关系。在这种理念下，集体协商制度成为欧美国家普遍采用的工业关系制度。

**2. 法团主义**

法团主义（corporation）也称为统合主义，其思想源于法国社会学家迪尔凯姆。它关注人与人之间、社会团体之间、社会团体与国家之间的制度化关系，强调从制度层面讨论政治制度与劳资关系的互动，强调政府在劳资互动过程中的作用，力图用一种制度化的利益集合秩序化解结构性冲突。利益协调（interest intermediation）是法团主义的核心概念。

**3. 新放任主义**

新放任主义又称个人主义的自由主义，该理论强调市场制度的作用。认为雇主与雇员之间存在着经济利益，雇员之间也存在着利益差异。集体谈判制度无法解决雇员间的利益关系，故主张建立以市场力量为主的个人契约。该理论的基本理论假定是：第一，社会由相对平等的个人组成，如果不受国家干预，人们可能自由地与他人签订契约，以实现自己的最大利益；第二，存在一个完全竞争的市场，它能够解决劳动合理报酬的问题，并保障生产与资源的最大效益。

### （四）新管理学派

在批判和继承了泰勒和梅耶的管理理论基础上，各类现代管理学派蓬勃发展。其中包括行为科学理论、组织管理理论、人本管理理论等，它们的观点强调了人本管理，强调了公司或企业内部利益的一致性，强调了人力资本投资的重要性，趋向于用人力资源管理取代工会。

以人的因素为主要研究因素的管理学派为行为科学学派。该学派以人类行为规律为研究对象，主张在企业中恢复人的尊严，实行职工参与管理及自治。它揭示了人的自我管理需要，提出了职工自主管理。

法约尔提出了组织管理的理论。其后，巴纳德继承和发展了组织管理学派，他把社会学的概念融入对组织结构的逻辑分析中，把企业组织及其成员的相互关系看成是一种协作的社会系统，从社会的角度来研究管理问题，赋予了管理学崭新的思想和内容。巴纳德认为："组织不是集团，而是相互协作的关系，是人相互作用的系统。"他创立了新的组织观和人际观，第一次把以人为本的思想纳入管理的框架当中，揭示了人在管理中无可替代的主体作用。

人本管理理论从管理者的角度出发强调在管理的一切活动中，始终把人放在核心位置，提出了人全面发展的新思想，充分激发了人的主动性、创造性，从而使工作更富有成就。自主管理理论从被管理者的角度出发，认为职工具有自我管理的能力，处于主人翁地位的职工会高度自觉、创造性地去完成本职工作。人文管理理论从人与人的关系出发强调通过建设企业人文环境，使集体内部的每一个成员把集体的每一项任务视为已任，彼此之间建立起信任感及亲密感，密切合作。这三种理论都强调人的管理，假定管理在提高生产力的时候会考虑到社会需要和雇员利益，由此实现企业目标与雇员需求的一致。主张建立新型劳资关系，让职工参与管理，实施员工建议制度、内部信息交流制度，建立员工认同的企业文化及雇员利润分成制度等。在此立场上的企业管理实践，是以人力资源管理来代替工会。

#### （五）新经济社会学

新经济社会学是对传统经济社会学的发展。新经济社会学阵营中的研究者有着不同的学术兴趣和研究视角，理论观点各异，归结起来其基本理论主要有网络理论和文化理论等。

网络理论的主要代表人物是斯威伯格和格兰诺维特，所关注的是网络在经济特别是市场中所扮演的重要角色。在《经济生活的社会学》一书中，他们选择了15位著名社会学家、经济学家和人类学家的文章，这些文章都是从历史的、比较的和社会学的角度，来探讨经济生活、经济组织和经济制度的问题。作者们的理论取向各异，而他们共同关注的是经济生活的社会规则，经济生活的各种"嵌入"、宏观结构的社会建构，强调社会关系网络、文化因素对经济生活的影响，强调经济行动是一种社会行动，经济行动是嵌入社会境况的，强调经济制度是一种社会构成，是一种社会构建的结果，权力、习惯、信念都足以改变我们对效率的认知，影响经济制度的确立。

新经济社会学文化理论的代表人物是扎勒泽与迪马乔，他们对文化在经济生活中的意义进行了深入探讨。扎勒泽认为，以往社会学家对"市场是如何运作的"这一问题视而不见，更没有把市场作为一项社会性与文化性的因素来对待。事实上，市场不应被视为经济以外的社会文化因素的对立面，而应被理解为一种特殊的社会关系和文化价值观。

## 第三节 劳动社会学的研究方法

### 一、社会学研究方法的发展历程

在社会学研究方法上，从一开始就存在着实证主义、人文主义与批评主义三种截然不同的研究取向。而且，从整个社会学研究的发展历程来看，社会学实质上一直是处于这三种不同传统的张力之中。劳动社会学作为社会学的分支学科，这三种研究方法取向亦贯穿了劳动社会学研究的始终。

实证主义社会学研究传统认为社会现象和自然现象之间并无本质的区别，它们遵循着同样的方法论准则，都可以用普遍的因果律加以说明。社会学这门学科只有在认识到把社会事实当作实在的物来研究时才能诞生。因此，在方法论取向上，社会科学应以自然科学为标准模式，建立统一的知识体系。由于对自然科学这种因果性、精密性和普遍性的极端追求，实证社会学研究就一直是以数学和统计学为取向的，特别注重量化的研究方法（quantitative research method），并在研究方法上尽量使研究的程序与结果合乎自然科学研究的准则——研究程序的“可重复性”（repeatability）和研究结果的“可验证性”（verifiability）。其研究在很长时期里成为社会学乃至整个社会科学研究方法的主流。

以韦伯为代表的人文的社会学研究传统，认为社会现象有其独特的性质和规律，绝不能盲目效仿自然科学方法来研究社会科学，而应确立自己独特的研究方法。“社会学是一门科学，其意图在于对社会行动进行诠释性的理解，并从而对社会行动的过程及结果予以因果性的解释。”人文或理解社会学的研究对象是导致人们行动的内在意义，它强调人类行为中那种使人类能唯一进入创造性领域的性质，认为人们应该从日常的、平凡的事物出发，研究人类对社会现象做出的解释及赋予它们的意义，而不是简单地还原于自然规律的水平。因为在他们看来，社会学理论研究的目的在于“理解”（understanding）而非“说明”（explanation）。因此，韦伯将社会学的任务规定为试图对社会行动做出解释性理解。

第三种则是马克思开创的批判主义社会学研究传统，认为社会学理论知识的主要任务和作用就在于对现实社会的批判性解释，其基本特征就是不断强调社会学理论批判的、革命的性质，强调理论和理论家在改造、变革现实社会中的重要作用，反对那种旨在维护、修补现存社会结构的单纯解释性的“科学”研究和把现代工业社会的既定现实当作合法的做法。主张以辩证的“总体分析”方法来观察和分析社会现实，即将社会现象置于社会的与历史的总体过程中，从其所具有的地位与作用来确定它们的性质、意义，来考察它们的产生、变化和发展。主张对一切现实应持批判态度，通过对“社会”的批判来推动知识的反思性发展，以引导社会秩序的建立。

社会学研究中这三种传统的并存代表了研究社会的三种不同取向，即实证主义研究取向、人文主义研究取向和批判主义研究取向。从整个社会学研究的发展历程来看，其发展轨迹是上述三种取向的社会学研究交替出现，轮流占上风的历史的、逻辑的发展过程。直至今天，这三大研究传统仍然处在交织发展的过程中，而且在不同的研究领域显示出了各自的优势与特征，并且贯穿社会学学科发展的整个历程。

## 二、劳动社会学研究方法论的基本观点

确立科学的研究方法论是开展劳动社会学研究的前提和基础。劳动社会学研究的方法论，可以概括为四个基本观点。

### （一）实际观点

实际观点要求我们在观察特定的劳动现象及其变化时，应从该时代人们劳动活动的现实条件出发，而不是从个人的意志出发。在社会科学研究中要保持一种客观性，一般地，在科学研究程序和研究方法上会有一些规则，以保证研究的客观性。

（二）实证观点

劳动社会学的理论必须通过经验资料的验证。理论必须与资料所显示的结果相一致。为了使他人能够判断一个理论的真伪，研究者还必须说明资料的来源及资料的获取方法。但我们必须知道，这些社会理论结果都不可能绝对正确，因为不同的社会制度、不同的历史时期，由于各种影响因素的变动和影响，这些社会理论只能部分适用或暂时适用于一个社会。

（三）整体观点

整体观点要求我们把劳动社会看作一个有机的整体，这个整体由各种复杂因素构成，所以研究一个劳动现象，应将其放入社会有机体中，注重各种因素间的相互作用，对其进行综合分析。不仅将各种与劳动相关的社会现象、劳动社会学的理论结合在一起，还与其他劳动相关学科密切合作，探讨各层次的劳动要素间的相互作用。

（四）发展观点

发展观点要求我们把劳动和社会看作自然历史进程，从动态的历史发展中去研究特定社会形态下的劳动社会的运作规律及其与社会整体的相互关系；要求我们在解释和预测劳动问题及其变化时，把它放进历史的进程中去，只有从历史的背景中才能解释某一种劳动事实的产生、作用及其变化。

## 三、劳动社会学研究的逻辑观点

社会科学的研究过程遵循“理论——→假设——→观察——→概括或检验——→新的理论”这样一个逻辑过程。劳动社会学的研究也是如此。

与以上研究逻辑相对应，一项具体的研究过程包括以下五个阶段。

第一阶段：准备阶段。主要是理论上和具体调查工作的准备，其内容为确定调查任务、设计调查方案、组织调查队伍。调查者通过了解以往的研究成果，依据事实，明确研究对象，进行分析论证，并据此选择适当的研究方法，设计合适的调查方案，组织人员进行前期的培训准备工作。

第二阶段：提出研究假设阶段。预先确定要达到的理论目的。

第三阶段：展开实际的调查工作，也就是逻辑过程中的观察阶段。主要通过具体的研究方法来收集资料。比较常用的有文献资料收集、访谈、实地观察、问卷调查等方法，为后来的理论研究做资料上的准备。

第四阶段：研究阶段。实际调查工作结束之后，需要对收集的资料进行整理，进行统计分析和开展理论研究。

第五阶段：总结阶段。撰写总结报告，评估研究结果，得出研究结论，抽象出新理论，或通过检验，推翻或概括先前的研究假设。

## 四、基本研究类型

进行一项研究，首先应确定研究类型，再根据研究类型来有效地选择研究方法。分析和确定研究类型，需从研究目的、研究的时间性、调查对象的范围这几方面入手。研究类型主要有以下三种。

### （一）描述性研究与解释性研究

描述性研究一般都没有明确的研究假设，它是从观察的角度说明研究感兴趣的问题。它对社会现象的状况、过程、特征等进行客观的描述。

解释性研究的目的是说明社会现象的原因，预测事物的发展趋势或后果，探询社会现象间的因果关系，它运用假设检验逻辑，建立明确的研究假设，并把这些假设联系起来构成一个因果模型。

### （二）横剖研究与纵贯研究

横剖研究是在某一时间对研究对象进行横断面的研究。横断面是指研究对象的不同类型在某一时点所构成的全貌，譬如在某一时间调查不同地区、不同职业的人群对就业制度的看法。

纵贯研究是在不同时点或较长的时期内观察和研究社会现象，譬如对某个企业进行长达几年或十几年的研究。它包含趋势研究、同期研究、追踪研究三种类型。

### （三）普查、抽样调查和个案调查

普查、抽样调查、个案调查是社会调查的三种类型。

普查是对研究对象逐一进行的调查，常用于行政统计工作，如人口普查等。普查能把握整体的一般状况，做出全面、普遍的概述。

抽样调查是从研究对象总体中抽取一部分单位作为样本进行调查，并用样本的特征值推算总体的特征值，用样本的状况来推论整体的状况。在实际研究中，抽样调查具有很强的可行性和适用性，因此是劳动社会学研究中最广泛采用的调查方法。

个案调查是从研究对象中抽取少数个人或小型团体作为样本个体进行详尽调查的一种方法。个案不是客观地描述大量样本的同一特征，而是主观地探索影响某一个案的独特因素。个案调查的结果虽然不能对总体进行推论，但可以为调查者定性地认识更多的个案以至总体打下基础。劳动社会学在研究劳动者就业意识、职业选择、劳动态度工作群体及其人际关系、劳动者生活方式等课题时，常常采用这种调查方法。

## 五、具体研究方法

### （一）社会调查法

社会学的生命在于社会调查。对于劳动社会学来说，社会调查有着更直接、更重要的意义。劳动社会学是以社会生活中人的劳动行为为研究对象的。在现实生活中，人们的劳动行为迥然相异，劳动者之间的人际关系错综复杂，劳动者个人、集体与社会的关系纵横交错，我们要通过种种社会现象，揭示劳动行为的一般规律及其在特定劳动环境中的规律，就必须深入实际对客观事物做系统周密的社会调查。

如前所述，常用的社会调查类型有普查、抽样调查和个案调查。当我们根据研究的需要确定了哪种类型的调查后，还要进一步选择和使用调查的具体方法。常用的有文献调查法、访问调查法、问卷调查法和实验调查法。

**1. 文献调查法**

文献调查法也称历史调查法，它是通过收集各种文献资料、摘取与调查课题有关的信息。以获取对某一社会事实的认识的方法。文献的查找收集，一般用三种方法进行，其一是检索工具查找法；其二是参考文献查找法；其三是循环查找法。

文献调查法是对人类以往知识的调查，是间接的书面调查，既有优点，又有局限性。从优点看，它可以超越时空限制，了解广泛的社会情况，且花费少；从缺点看，所获得的主要是书面信息，与客观真实存在一定的距离。因此，文献调查法所得情报只能作为社会调查的先导，不能作为调查结论的现实根据。

**2. 访问调查法（访谈法）**

访谈法是由访问者通过口头交谈的方式直接向被访问者提出问题，要求被访者给予回答，双方进行交谈，从而获取所需信息，了解社会实际情况的方法。按对访问过程的控制程度可分为结构式访问与非结构式访问。

结构式访问是对访问过程高度控制的标准化访问。访问的过程是高度标准化的，对所有被访问者提出的问题、提问的次序和方式，以及被访者回答的记录方式是完全统一的。通常采用事先统一设计的问卷进行访问。结构式访问可控制调查过程，其结果便于量化，可做统计分析。

非结构式访问是一种半控制或无控制的访问。它事先不设计问卷，只给调查者一个题目，由访问者与被访者就题目自由交谈。它的弹性大，能充分发挥访问者与被访者的积极性，对问题做全面、深入的了解，但结果难以进行定量分析。按程度上的差别可分为重点访问、深度访谈、座谈会、非引导式访问，根据具体情况采用。

访谈法的最大特点是，整个访谈过程是访问者和被访问者相互影响、相互作用的过程。从接近被访问者开始，经过提问、引导、追询到访谈结束，是访谈过程的进程模式。在访谈过程中应注意每一阶段的技巧和方式，注意建立良好的人际关系。

作为一种普遍的调查方法，访谈法有许多优点。它能广泛了解社会现象，深入探讨各类社会问题，并且它适用于各种调查对象，能灵活地实施调查工作，但它也有缺点。访问调查的结果和质量，很大程度上取决于被访问者的素质，取决于其合作态度和回答问题的能力，并且调查所获信息需进一步查证、核实，做访问调查所花费的人力、财力都比较大，只适合在小范围内使用。

**3. 问卷调查法**

问卷调查法是调查者运用统一设计的问卷向被调查者了解情况或征询意见的方法。问卷调查，按问卷的传递方式不同，可分为报刊问卷、邮政问卷、送发问卷和访问问卷；按问卷的填答者不同，可分为自填问卷和代填问卷。

问卷的结构一般包括前言、主体和结语三个组成部分。

前言一般在问卷的开头，也可单独作为问卷的一封附信。它是对调查目的及有关注意事项等的说明。前言的内容包括调查的目的和意义、调查对象的选取方法及填答问卷的方法、回复问卷的时间和方式，以及主办调查方的身份等。

主体，包括调查的问题、回答的方式及其说明等内容，它是问卷的主要组成部分。问题的内容涉及被访者个人的基本情况、事实或行为方面的问题、观念态度与情感方面的问题、检验性问题四个方面。回答形式有开放性回答和封闭式回答两大类。开放式回答是对设计问题的回答不提供具体的答案，由被访者自由回答，灵活性大、适应性强，但回答难以按标准格式进行整理分析。封闭式问卷的答案是已设计好的，供被访者选择，问卷易于回答，易于整理分析，但难以发挥被访者的主观能动性。

结语，是简短的几句话，对被访者的合作表示感谢，有时稍长一些，顺便征询对问卷设计和问卷调查本身有何感受。

问卷调查的一般程序是：设计调查问卷，选择调查对象，分发问卷，回收问卷和审查问卷，只有完成了这些工作，才能开始对问卷调查的结果进行整理加工和分析研究。

问卷调查的优点是它能突破时空的限制，在广阔的范围内，对众多的调查对象同时进行调查，节省人力、时间和经费，并且问卷调查可采用匿名方式，有利于被访者排除干扰，使调查结果更为真实。问卷调查的缺点是只能获得书面信息，而不能了解到生动、具体的社会信息；另外，问卷的回复率和有效率低。

**4. 实验调查法**

实验调查法，它是实验者有目的、有意识地通过改变某些社会环境的实践活动来认识实验对象的本质及其发展规律的方法。实验调查法在研究现场中进行，资料搜集与研究过程同步，它对研究环境实行一定的控制，因此实验不仅可以根据原因预测结果，而且还可以通过控制原因发现预期结果。其最大特点在于它的实践性，即要通过某些实践活动有计划地改变实验对象所处的社会环境，通过控制情景和变量来研究社会行为和社会现象的变化，以建立变量间的因果关系。实验调查法是一种最复杂、最高级的调查方法，也是一种最有效的直接调查方法。

实验调查法按调查环境的不同，可分为实验室实验和实地实验。

实验室实验，它限于在有专门设备的实验室中进行，并对实验的条件、控制及其实验设计都有严格的规定。

劳动社会学研究常用的实验方法是实地实验，而较少采用实验室实验。实地实验，它一般在实际场所中进行，实验设计不很严格。实地实验在控制程度上也有很大的差异。美国的“霍桑实验”是典型的严格控制下的实地实验。实验中研究人员采用一系列实验控制的方法，逐次研究了工作条件的变化对工人生产效率的影响，进而揭示出人际关系的变化对劳动生产率的直接影响。不过，在劳动社会学研究中运用得更多的是非严格控制下的实地实验。

### （二）社会统计学

社会统计学是运用统计学原理研究社会现象的数量关系的重要方法。劳动社会学不只是纯理论的定性研究，而需要在占用大量实证性材料的基础上进行定量分析。比如，研究就业结构和职业结构的变动，就不仅需要理论性的探讨，还需要有必要的数量材料加以证实和说明。而要获得这些数量材料，并对它们进行科学分析，就需要运用社会统计学的方法。

应用社会统计学的方法，首先需要设置指标体系或统计项目；其次，根据指标和研究需要调查搜集反映客观现象的数据资料；再次，对搜集来的原始资料或从报刊文献中查阅到的数据资料进行整理加工；最后采用定性与定量相结合的方法，进行科学的统计分析，揭示社会现象的本质和规律。

（三）比较分析法

比较分析法是把不同的社会或同一社会内部类似的社会现象、社会关系和社会问题加以比较，以说明它们在某些方面的相似或差异及其产生原因的一种方法。比较分析法可分为两种形式：一是纵向（时间上的）比较，即将历史发展不同阶段的相关事物做比较；二是横向（空间上的）比较，即将现有的相关事物做跨行业、跨地区或跨国家的比较。当一项研究确定了研究类型为横剖研究或纵贯研究时，可分别采用横向或纵向比较分析法。

劳动社会学研究中广泛使用比较分析法。例如，在研究劳动者时，既可以从纵向上对不同历史阶段、不同生产方式下的劳动者行为进行比较，以探讨其演变过程和促其发生变化的条件，也可以从横向上比较各种不同的职业环境中、不同社会制度的国家里和不同生产力发展水平下，劳动者的行为方式存在的差别。在研究劳动工资制度时，既需要了解新中国成立60多年来工资制度的沿革，从中找出某些规律；也要研究各类人员工资的状况、各国工资制度的状况，以开阔工资制度研究的视野。

（四）参与调查法

实地观察是社会学常用的方法，指观察者有目的、有计划地运用自己的感觉器官或借助科学的观察仪器，直接了解当前正在发生的、处于自然状态下的社会现象。它要求研究者必须深入到研究对象中，仔细观察，全面深入地描述。根据研究者参与社区、群体生活的程度不同，可将实地观察分为局外观察、半参与观察和完全参与观察三类。

实地观察可以直接获得资料，是一种获得非语言资料的有效方法，具有简便、易行的特点，但是往往受时空条件及观察者本人自身条件的限制，同时观察结果很难推断全局。

**[本章小结]**

劳动社会学家始于经济学家、社会学家和管理学家对劳动问题的研究。劳动者是劳动社会学研究的主体，是劳动领域中的关系和社会结构的基本要素。劳动社会学的研究建立在劳动社会学基本理论的基础之上，进而对劳动者的社会劳动活动所涉及的劳动关系、劳动组织、劳动社会问题进行分析研究，由此分析和理解与劳动相关的社会结构、功能和运行规律。劳动社会学理论的发展既吸引了社会学发展的精华，也融入了经济学、政治学、历史学的思想。劳动社会学在190多年的发展历程中形成了几大流派，各流派的发展大都经历了三个阶段，即古典阶段，确立了各自学派所关注的基本命题；现代阶段，详尽阐述和发展了各自的理论立场；后现代阶段，修正模仿、拼凑、挑战传统理论。

**[重要概念]**

| | | | | | |
|---|---|---|---|---|---|
| 劳动 | 工作 | 职业 | 行业 | 劳动组织 | 产业关系 |
| 异化 | 科层制 | 研究类型 | 个案调查法 | 问卷法 | |
| 访谈法 | 参与调查法 | 社会实验法 | | | |

**[思考题]**

1. 论述劳动社会学研究的主要内容。
2. 简述科层制的主要内容。
3. 比较分析马克思主义和新马克思主义对工人阶级的界定。
4. 论述亚当·斯密有关劳动分工的理论。
5. 试评社会学研究方法的三种取向。
6. 劳动社会学的研究方法有哪些？在具体研究中如何有机地结合起来？

CHAPTER 2

# 第二章 劳 动 者

[内容摘要]

本章主要介绍劳动社会学中的核心因素劳动者的相关内容，包括劳动者的含义、劳动者素质、社会文化环境、劳动者行为分析、劳动社会化及其实现形式，以及劳动者在闲暇与劳动之间的选择。通过本章的学习我们可以对劳动者有更加全面和深入的认识。

[学习要点]

1. 了解劳动者的特征。
2. 掌握劳动者的素质。
3. 劳动者的人格。
4. 劳动者的社会文化环境。
5. 劳动行为的分析。

# 第一节 劳动者与劳动力

## 一、劳动者

### （一）劳动者的含义

所谓劳动者，就是在一定的社会分工体系下，具有一定的劳动能力，处于一定的劳动岗位，遵循一定的劳动规范，有目的地、相对持续地从事或向他人提供有价值物品与服务活动的社会人。

劳动者是劳动社会学研究的主体，是形成劳动领域中社会关系和社会结构的基本因素。

### （二）劳动者的特征

社会学意义上的劳动者具有以下特征。

（1）具有一定的劳动能力。任何人只有达到一定的生理和心理成熟程度，具有相当的体力和智力后，具有一定的劳动能力才能成为劳动者。

（2）处于一定的劳动岗位。劳动岗位为劳动者提供了一定的劳动工具和劳动手段，也为劳动者提供了一定的合作群体。劳动岗位是人参与劳动，实现人与物的结合，以及人与人结合的场所。

（3）处于劳动岗位的人，还必须遵循一定的劳动规范。劳动规范构成了劳动者的群体文化和组织文化，使劳动者通过劳动不仅获得经济上的满足，而且在与他人和环境的互动中，实现完善自我形象和社会形象的目标，并满足自身参与群体和社会活动的需求。

（4）参与实际劳动过程。劳动者在具备在以上条件后，通过实际投身现实的劳动过程，参与社会劳动，一方面为自己、为社会创造物质和精神财富；另一方面促进自身以至社会劳动得到完善和发展。

## 二、劳动力

### （一）劳动力的含义

马克思在《资本论》中给劳动力下的定义是：人的身体即活的人体中存在的，每当生产某种使用价值时就运用的体力和智力的总和。

但劳动力并不是存在于人体内的全部体力和智力的总和，劳动力只是人在劳动中所运用的体力和智力的总和。劳动力是人所特有的一种能力，自然界的任何能力，甚至电子计算机所表现出来的人工智力，都不能称为劳动力。

### （二）劳动力相关概念

**1. 劳动力人口**

衡量一个国家（或地区）劳动力人口的指标是劳动力人口数，它反映一个国家（或地区）劳动力人口的绝对数。

劳动力人口数=劳动力适龄人口数−非自立人口数+超过劳动年龄的在业人口数

计算公式中，劳动适龄人口是指符合该国家（或地区）法定劳动年龄的人口；非自立人口是指劳动适龄人口中失去或缺乏劳动能力的人口，包括劳动适龄人口中在校学习的学生。

在我国，劳动力人口主要是指有劳动能力和就业要求的劳动适龄人口，包括从事社会劳动并取得劳动报酬或经营收入的在业人口和要求工作而尚未获得工作职位的失业人口。

**2. 劳动力就业率与劳动参与率**

因为种种社会因素的影响，一个国家（或地区）的劳动力人口数量并不等于现实的劳动力数量。在劳动力人口中，有在业人口，他们从事社会劳动并取得劳动报酬或经营收入，为社会提供着劳动成果；有正在谋业人口，即他们暂时没有工作，但有劳动能力并有就业意愿；还有少数不务正业、游手好闲、终日无所事事的人。劳动力就业率和劳动参与率是反映这些差别的两个概念。

$$\text{劳动力就业率}=\frac{\text{在业人口}}{\text{劳动力人口数}}\times 100\%$$

$$\text{劳动力参与率}=\frac{\text{在业人口数}+\text{正在谋业人口数}}{\text{劳动力人口数}}\times 100\%$$

劳动力就业率和劳动力参与率的高低，受多种社会因素的影响，如各国规定的劳动年龄的上下限、用工制度、教育的发展水平、经济结构的类型和水平、劳动者工资水平和社会保障制度等。其中，劳动力参与率反映了现实劳动力资源在总劳动力资源中的比重。劳动力参与率越高，劳动力资源利用的可能性就越高，相反，则越低。但出现100%的情况几乎是不可能的。

## 第二节　作为社会人的劳动者

劳动者是来自于不同社会生活环境的个体，他们具有不同的生活背景、人格特点和不同的素质、观念，他们是具有个体差异和不同需要的社会人。

### 一、劳动者的素质

劳动者的素质包括自然素质和社会素质。

#### （一）自然素质

劳动者的自然素质是指劳动者的身体发育、体质和健康等体力方面的状况，以及观察力、记忆力等智力方面的状况和心理状况三者的总和。它是劳动者从事一切社会实践活动的基础，是其他素质依附的载体。

**1. 体力**

劳动者的身体素质是劳动力的生理基础，其中最重要的部分是体力。劳动者的体力是一切劳动的基础，健全良好的体力是智力形成和发展的必要条件。

体力是人体肌肉和骨骼力量在生产劳动中的发挥，表现为人的意识支配下的肌肉运动。构成体力的基本要素有五个：力量、速度、耐力、柔韧和灵敏。不同的劳动者有着不同的体力状况，而不同的生产条件和劳动岗位对劳动者的体力要求也各不相同。了解和把握劳动者的体力状况，有利于劳动者潜能的充分开发和利用。

**2. 智力**

智力是人们认识客观事物、获取知识并运用知识解决实际问题的能力。

智力水平的高低集中体现在人们认识客观事物的深刻、正确和完全程度上，表现在人们获取知识和运用知识解决实际问题的速度和质量上。构成智力的基本要素是观察力、记忆力、想象力、思考力和判断力。这五个因素密切结合、相互作用，共同作用于人的智力活动。

生产力的智力水平不仅受先天遗传因素的影响，还受社会历史文化遗产和教育的影响，此外，还和个人后天的学习分不开。

随着生产力和科学技术的迅速发展，智力因素在经济生活中发挥着越来越重要的作用，劳动者的智力水平越来越成为经济和社会发展的主要因素。

**3. 心理因素**

劳动者的心理素质是劳动者在改造认识客体过程中的一种文化沉淀和心理沉淀，是在劳动者的生理素质（体力和智力）的基础上形成和发展起来的稳定的心理活动。一个健康的劳动者，不仅需要强健的体魄、较高的智力水平，还要具备良好的心理素质。

人的心理素质体现为气质，气质是与个人的情绪、活动相联系的典型的心理活动特征。近代，巴甫洛夫从生理机制上解释了不同气质的来源，他根据神经过程中的三种基本特征，即兴奋和抑制的强度、平衡性和转换灵活性的不同，分为四种高级神经活动类型（即四种基本气质）：兴奋型、活泼型、安静型和抑制型。多数人的气质是一般型气质或两种气质的混合型，典型气质和三种气质混合型的人较少。

### （二）社会素质

社会素质主要指劳动者的文化素质、思想道德素质，以及相应的认识能力、劳动态度和心态，它是劳动者在特定的社会环境中，通过学习、教育和灌输所具备的和社会发展相一致的属性。

**1. 文化素质**

对于劳动者而言，文化素质表现为其所受教育的程度，掌握科学知识的多少。劳动者通过正式或非正式途径获取知识、技术及经验，提高文化素质。文化素质是劳动者综合素质的基础素质。文化教育程度，对劳动者素质的形成和发展起着决定性作用。一般而言，劳动者的文化教育程度越高，其素质相对也较高，否则就较低。

一些研究表明，知识的进步（如管理、教育、规模经济和技术进步等）在经济发展中所做的贡献越来越大。美国经济学家丹尼森指出，1929~1957 年，美国实际国民收入的年增长率为 2.93%，其中归因于劳动因素的，包括由技术知识和管理知识增长带来的部分为 2.36%，占总收入增长的 80.5%。因此劳动者的文化水平、知识水平及技术水平的提高已成为现代社会经济发展的主要动力，劳动者的文化教育水平、科技文化素质越来越受到世界各国的重视。

作为一个拥有 13 亿人口的大国，中国劳动者的文化教育状况仍不能令人满意。自 1978 年改革开放及恢复高考以来，我国人口的教育获得较大程度的提高，但是从 2013 年全国就业人员受教育程度构成来看（表 2-1），大专以上的就业人口有 10 530.45 万人，占总就业人数的

13.68%；高中毕业就业人数有 13 163.07 万人，占总就业人数的 17.1%；初中毕业就业人数为 37 179.89 万人；占总就业人口的 48.3%；小学毕业就业人数为 15 010.51 万人，占总就业人口的 19.5%；文盲半文盲就业人数为 1539.54 万人，占总就业人口的 2%。可以看出，我国接受高等教育的人数还存在极大的提升空间，高中、初中毕业的就业人数占整体就业人数的 67.8%。

**表 2-1　2013 年全国就业人员受教育程度构成**

| 项目 | 合计 | |
|---|---|---|
| | 数量/万人 | 所占比例/% |
| 总计 | 76977 | 100 |
| 未上过小学 | 1539.54 | 2.0 |
| 小学 | 15010.51 | 19.5 |
| 初中 | 37179.89 | 48.3 |
| 高中 | 13163.07 | 17.1 |
| 大学专科 | 6158.16 | 8.0 |
| 大学本科 | 4002.8 | 5.2 |
| 研究生 | 369.49 | 0.48 |

资料来源：《中国人口和就业统计年鉴 2013》

从时序变化的角度看，近 20 年来，中国的国民素质得到了一定程度的改善，在业人口的文化素质有所提高；但从横向比较的角度看，即在世界体系中比较中国的国民素质，则不容乐观：中国人口平均受教育程度比较低，远低于西方发达国家。

**2. 思想道德素质**

思想道德素质体现着劳动者的素质结构的本质层面，它代表主体劳动者的感情趋向、价值指向和行为导向，从本质上讲，它是塑造什么样劳动者的问题。劳动者的思想道德素质包括劳动者的价值观、劳动态度等。

1）价值观

价值观代表一个人对周围事物的是非善恶和重要性的判断和评价。例如，对自由、诚实、金钱、社会风气、教育程度等在心中的轻重主次排列，构成了个人的价值体系。价值观通过人们的行为取向及对事物的评价、态度反映出来，是驱使人们行为的内部动力。

劳动者的价值观是劳动者劳动态度和动机的基础，进而影响劳动者的工作态度和行为。劳动者的价值观是通过社会化培养起来的，劳动者所处的自然环境和社会环境，包括劳动者的社会地位、职业、物质生活条件，决定着劳动者的价值观念，处于同一企业的劳动者，劳动环境相同，会产生基本相同的价值观念。

2）劳动态度

劳动态度是指一个人在具有特定价值观后，对其工作所采取的一般对待方式。劳动态度直接影响着劳动者体力和智力水平的发挥。劳动者的劳动态度形成之后，会对他的工作产生很大的作用，影响生产效率的高低和劳动积极性。

对劳动者态度的研究，一般包括以下几个方面。

（1）劳动者对所属的组织的态度。

（2）劳动者对工作环境的态度。

（3）劳动者对工作管理及监督人员的态度。

（4）劳动者对同事的态度。

（5）劳动者对工作任务本身的态度。

（6）劳动者对报酬的态度。

（7）劳动者对职位变化的态度。

（8）劳动者对技术变化的态度。

（9）劳动者对工作时间的态度。

社会学家和心理学家常用“工作满意度”作为衡量劳动者态度的综合指标。工作满意度是指个人对他所从事的工作的一般态度。一个人的工作满意度水平的高低，决定了他对工作所持态度的积极与否。较高的工作满意度，表明劳动者对劳动组织、工作环境、管理人员、同事、工作任务本身、报酬、职位变化、技术变化、工作时间积极的态度。

具有较高的工作满意度，或者说较积极的劳动态度的劳动者，并不一定具有较高的工作效率和较好的工作绩效，即工作满意感和工作绩效之间并不存在一种单一的“正”关系，除了奖酬外，领导行为、个人的工作经历、工作环境等因素也会影响这两个变量及其相互关系。员工的工作满意感及其工作绩效都是复杂过程的产物，通常情况下，两者之间可能出现四种关系组合：工作满意度高而工作绩效低；工作满意度虽然低，绩效却较高；工作满意感低，绩效也低；工作满意感和工作绩效都高。

如果劳动者对自身的期望水平不高、对“满意”的评定标准较低，劳动者在工作中就相对易于满足。但是，这类劳动者中有的人缺乏追求更高目标、更好水平的进取精神和创新精神，所以在工作上往往也表现为一般化或低效率。而知识技能较高或教育程度较高的劳动者，对各方面的要求也较高，即使工作满意度不高，但这种不满意感并不一定带来工作上的低效率。由于不满意的存在，这类劳动者在一定条件下可能工作更努力、更富有创造性。

**3. 劳动者的现代化**

任何社会的现代化，既包括物的现代化，也包括人的现代化。人是社会劳动的主体，所以，现代化的过程是劳动者的现代性不断增长的一个过程，而具有现代性的人被称为现代人。

美国社会学家英克尔斯进行了多年研究，提出现代人具备的一些特征。一个现代化的人是下列特征的综合。

（1）乐于接受新的思想观念和行为方式，能适应社会的各种变革。

（2）头脑开放，能理解各种不同观点，尊重和自己的观点有分歧的意见。

（3）有很强的时间观念，是现在取向和未来取向，而不是过去取向。

（4）办事有计划，随着形势的变化，及时地修正自己的观点和计划。

（5）具有效能感，对自己的能力具有信心，认为自己能控制周围的环境，能够在社会生产和经济生活中积极主动地行使自己的权利，履行自己的义务。

（6）普遍的信任感，对周围的人、制度和组织给予信任。

（7）尊重他人。

（8）信奉并愿意遵循“公平待人”的原则，在人际交往和工作中以个人的技术、本领、实际表现为取舍。

（9）相信科学与技术。

（10）富有进取心，有抱负、有追求，在工作上努力进取。

劳动者的现代化对于一个社会的发展有着极为重要的影响。英克尔斯认为，没有现代化的个人，现代化的制度也将难以运行。社会现代化是促进人的现代化，现代化的人可以造就现代化的国家。

### 二、劳动者的人格

#### （一） 人格的含义

人格是指个体在生理遗传的基础上，通过社会化的过程形成的各方面心理特征的总和，是个体所具有的反应方式与他人交往方式的总和。一个成年人的人格是由遗传和环境两方面因素组成的，同时还受到情境条件的影响。

20 世纪 80 年代后期，一些人格心理学家认为以下几种人格因素，构成了所有人格因素的最基本维度。

（1）外倾性，描述一个人善于社交、善于言谈、武断、自信方面的人格维度。

（2）随和性，描述一个人随和、合作、信任方面的人格维度。

（3）责任性，描述一个人平和、热情、安全及紧张、焦虑、抑郁方面的人格维度。

（4）情绪稳定性，描述一个人幻想、聪慧及技术的敏感性方面的人格维度。

（5）其他的人格特质对劳动者的行为也有很大影响。其中，一个重要的特征是劳动者的自我控制。

#### （二）劳动者的自我控制

劳动者的自我控制是通过心理机制实现的，根据外部情境因素而调整自己行为，它受人的主观愿望和外界客观要求的制约。自我控制能力强的劳动者能够根据外部情境因素随时调整自己的行为，根据不同情境采取不同行为。

劳动者的自我控制产生了三种类型的心理控制形式。

（1）自主控制：外部情景与内心愿望相一致时实行的心理控制形式。

（2）诱导控制：外部情景与内心愿望不完全一致时实行的心理控制形式，通过诱导使劳动者调整自己的行为。

（3）胁迫控制：在内心愿望与外界要求不一致的情况下采取的心理控制模式，用威慑力控制劳动者的心理和行为。

## 第三节 劳动者与社会文化环境

劳动者在一定的社会分工体系下进行劳动，这种分工体系实际是劳动者劳动分工的社会框架。社会文化环境是社会框架的重要组成部分，是劳动者在劳动过程中涉及的多种文化因素的总和，它分为微观、中观、宏观三个层次。

## 一、微观社会文化环境

微观社会文化环境是指劳动者具体工作场所中的社会文化环境，实际上也就是工作群体文化环境。它是在与劳动者密切相关的技术、操作过程、同事及上下级等各要素的共同作用下形成的，对劳动者的价值观念、态度和积极性等有很大的作用。

### （一）劳动者与技术

劳动是人的本质，是人类特有的创造活动，人通过劳动发挥自己的体力和智力。劳动生产实践推动人类社会向前发展，在劳动生产实践中，人们一方面改变了自然界，使自然界成为人所能支配的力量；另一方面也改变着自己。

技术对于劳动者的影响很大，技术首先构成了劳动者工作环境基础：技术类型、技术复杂程度与技术装备不同，劳动者的工作环境就不同。在不同的条件下，劳动者对工作组织、工作本身会有不同的劳动态度。

在被定义为技术社会的现代发达工业社会，技术已远非指一般的工具，而是一种能改变一切生活领域的社会的和政治的现象。人日益被自身有机身体延伸的工具体系——科学技术所确定和构建的物质力量所支配、所统治，劳动者的技术异化问题日益突出。技术异化已不再是一个偶然或孤立的社会现象，而是发达工业社会中普遍存在的人的生存和发展的一般异化状态，它使人在生产实践、社会生活、思想文化和生命意义方面全面走向失落。主要表现在四个方面。

**1. 技术异化使得人在生产实践中丧失了自己的主体性、创造性和发展的全面性**

科学技术作为工具体系，有其自身的运作机制。它要求人们必须按其固有的系统和规律去组织社会生产，从事实践活动。人虽然发明和创造了科学技术，但科学技术一旦独立地在人类面前运作起来，人就会被纳入一个技术共同体并受制于它，从而变为技术系统的一个要素或零件。人们在科学技术硬性要求下利用技术进行机器大生产的同时却失去了主体性，失去了自主活动的自由，成为附属于机器的奴隶。劳动者受技术的支配，是被动的反应者，而不是积极的行动者，产生一种无权感。

同时，技术革命推动形成的工业化大生产，又使人的活动和能力呈片面化、畸性化发展趋势。每一个人都被牢牢固定于某一特定的分工角色上，成为大工业化生产体系中的一个“部件”。在工厂中，工人不能生产一件完整的产品，不能接触到生产的全过程，而是被终生束缚于特定的生产位置上，从事一种机器操作，重复同样的动作，单纯地运用身体的某一局部的功能，这不仅扼杀了人的创造性才能，工人对自己的工作的意义感到困惑，而且使人丧失了自己发展的全面性，成为从事机械单调活动的不能展现自身各种创造才能的局部的、片面的、畸形的人。

**2. 技术异化使得在社会生活趋于同质化**

工人成为被物欲主宰、缺乏批判意识的人。高度发达的科学技术不仅控制了社会物质生产的一切过程，而且使人们社会生活的方式趋于同质化。技术为大众（包括广大的劳动者）提供越来越丰富的物质产品来满足大众需求，既使工人个人的生活方式被纳入社会共同范式之中，又使工人物欲膨胀，迷恋物质生活，从而削弱了工人的批判意识，使人们成为被物欲主宰的、缺乏批判意识的单向度的人。

**3. 技术异化使人的内在价值变异、缺失**

首先，作为人的内在本质的需要蜕变成单纯的物欲。在技术时代，大生产的物质社会需要人们进行高的物质消费。其次，体现人的独存价值的人的个性日益受到技术的吞噬。面对技术的无所不能，人开始怀疑自身的价值，意识逐步被剥夺和趋于消失。

**4. 技术异化使人的生命物化**

所谓的人的生命物化，是指人的生命所包含的自然（物欲）与精神之间的原有平衡被打破，人的精神受制于人的物欲，以及人的精神被排斥、被压抑直至丧失的一种存在状态。在技术时代，现代化大工业生产带来了空前丰厚的物质财富，利润成为生产的唯一目的。人和天地万物都被纳入技术生产系统，成为技术生产得以运行的动力因素，人只不过是技术生产的一种人力物质，人越来越只被当作劳动力来使用，从而逐渐形成人作为社会精神存在物和生产者分割开来的观点，即认为人的精神和社会生活只应该存在于工作场所之外。工人在工作场所没有正常的社会交往，不能获得良好的社会关系，产生强烈的孤独感。

### （二）劳动者与操作过程

劳动者与技术的关系，技术对劳动者的影响，是通过劳动者的实际操作表现出来的。在操作过程中，劳动者与他人发生必要的联系，形成一定的社会联系。不同的操作过程对劳动者的行为、社会化过程都有不同的影响。一般来说，流水线的操作过程，会限制劳动者的交谈和互相交往，工作需求的技术比较单一简单，所以往往容易形成工人的“现代病”，即前面所提到的“技术异化”现象。当然，有的流水线作业技术要求也比较高，需要工人在工作中投入较多的注意力和技巧，这种工作也会引起工人强烈的兴趣。不过总的来说，流水线作业过程与成批生产作业过程相比，工人容易产生被剥夺自由、劳动无意义和孤僻的感觉。成批生产作业过程中，因为工人的工作过程比较复杂，工作内容比较丰富，并能见到自己的生产成果，所以工人能看到自己的工作与总体生产过程的联系。一般容易觉得自己为他人和社会所接受，其社会化过程通常容易正常进行。但是，在过于单调的成批生产的情况下，劳动者会觉得工作没有意思，有被剥夺自由的感觉。

### （三）劳动者工作中的人际关系

工作中的人际关系是劳动场所中最基本的社会关系，主要包括劳动者之间的同事关系及管理者与劳动者的上下级关系。

**1. 同事关系**

劳动者的同事关系是形成劳动者的正式群体的主要基础，是指在同一劳动组织中从事一定职业的劳动者之间的社会关系。这种同事关系一般表现为劳动协作和竞争，有时还表现为冲突。劳动者通过这种关系得到情感上的交流与满足。重视同事关系的建设有利于企业形成良好的群体氛围，使员工存在于一个和睦融洽的人际关系当中。和谐亲密的人际关系，不但有利于形成组织的向心力，而且有利于保持人的心理平衡，提高员工的工作效率和企业整体的运转效率。

**2. 上下级关系**

上下级关系是指劳动者在工作场所所揭示的领导与被领导的关系。上下级关系如何，很大程度上取决于管理者对被管理者的认识，取决于领导者在劳动群众中的实际影响力，并直接影响到劳动者对整个劳动组织的态度及生产积极性。领导者的影响力，是指领导者有效地影响和改变被领导者的心理和行为的能力。领导者的影响力有两种：权力性影响和非权力性影响。影响力越大，领导效能就越高；影响力越小，领导效能就越低。

1）权力性影响力

权力性影响力又称强制性影响力，它是由社会赋予个人的职务、地位、权力等构成的影响力。它是一种合法权力，可以是自上而下授予，也可以由其他形式的委托而产生。合法权力是由领导者的职权来体现的；权力性影响力的大小，是由职权的高低、范围而决定的。权力性影响力的特点是，对别人的影响带有强迫性和不可抗拒性，并以外部压力的形式来发生作用。因此在权力性影响力的作用下，被影响者的心理和行为主要表现为被动、消极，缺乏自觉性、主动性和创造性。在劳动群体中，厂长、经理等有相应的职权，这种权力对普通劳动者有强迫性的、不可抗拒的影响，并因其强制性使人产生服从与敬畏的心理。

2）非权力性影响力

非权力性影响力又称为自然性影响力，是指由领导者本人的素质和行为所造成的影响力，而与领导者的权力没有必然的联系。非权力性影响力没有正式的规范，也没有上级授予形式，其最大的特点是自然性。非权力性影响力是领导艺术中最微妙的成分，这种影响力没有合法权力那种明显的约束力，但实际上不仅确实具有权力的性质，而且常常能发挥权力性影响力所不能发挥的约束作用。它是影响企业上下级之间相互关系的重要因素。

因此，领导者在恰当地运用影响力的同时，要注意不断提高自己的非权力性影响力，从而影响劳动群体内部的工作氛围和工作效率，达到最好的管理效能。

### （四）劳动纪律

劳动纪律是劳动群体内约束劳动者行为的一系列规章、制度、条例等。要获得对劳动行为的正向强调作用，就必须有严明而又自觉的纪律；纪律松懈或者完全建立在惩罚基础上的管制、压制，只会对劳动者的劳动行为起到负面的弱化作用。产量决定效率，劳动效率决定于劳动者的劳动行为，而劳动者的劳动行为又在很大程度上取决于企业的劳动纪律对劳动行为的规范作用。劳动纪律自觉、严明，劳动行为规范，产出水平就高；劳动纪律松懈，劳动行为不规范，产出水平就低。

## 二、中观社会文化环境

中观社会文化环境是指具体的劳动组织或企业的文化环境，主要是企业文化。

### （一）企业文化的含义

企业文化作为劳动的社会环境的一部分，深深影响着劳动者的心理和行为。

文化是人类在社会实践中所创造出来的物质实体和精神现象的总和。亚文化是在某一社会群体内部形成的文化氛围，它既有社会主流文化的一些特征，也包括这些群体所特有的文化要素。

企业文化是一种亚文化，是企业所特有的文化氛围。它既反映企业职工这个特殊群体的文化特征，又是一种企业管理思想。它是一种以全体职工为中心，以培养具有管理功能的精神文化为内容，以形成企业具有高度凝聚力的团队精神为目标，使企业增强对外的竞争力和生存力，增强对内的向心力和活力的管理思想和方法。

### （二）企业文化的内容

企业文化主要包含价值观念、企业意识、管理方式、企业规范、企业英雄人物和企业形象六个方面。

**1. 企业价值观念**

企业价值观念是企业文化的核心。企业价值观念是企业全体（或多数）职工一致赞同的关于客观事物和人是否有价值和价值大小的总的看法和根本观点。

**2. 企业意识**

企业意识表现为职工对企业性质、地位、特征、企业的兴衰存亡，以及个人的前途命运是否与企业依存等的看法。企业意识是企业生存和发展的基础，也是企业的一项有战略意义的无形资产。

**3. 管理方式**

企业文化作为一种企业管理思想演变过程中适应当今时代要求的最新管理思想，首先体现了一种独特的“Z 形组织”管理模式，能增加信任、微妙性和亲密性。独特的管理方式作为企业文化的一个组成部分，促进了企业文化的整体发展。

**4. 企业规范**

企业规范反映了全体企业人员所接受和共同遵守的行为准则。它主要包括了企业的习俗礼仪、文化网络和规章制度三方面的内容。

**5. 企业英雄人物**

企业英雄人物是企业文化建设成就品质化的最高体现，也是企业文化建设进一步深入开展的希望。对于企业英雄，我们分为企业英雄个体、企业英雄群体两种，他们在企业文化建设中起支柱作用。

**6. 企业形象**

企业形象是指公众对企业的整体印象和评价，它是长期以来企业给公众留下的可以信赖的印象。它包括企业的客观形象、企业职工形象。良好的企业形象，可以提高企业的知名度，为企业争取更多的顾客。

以上是企业文化的几个重要方面，通过它们，我们可以把握企业文化建设的主要脉络。

### （三）企业文化的特征

企业文化的特征是由企业文化的基本内容和企业文化的差异性所决定的。

**1. 独特性**

企业文化作为一种亚文化，存在于国家的社会文化中，因社会制度、地区、文化不同有所差异；又同各企业的历史、性质、规模和人员素质等相关，从而各企业会形成各具特色的企业文化。

**2. 功能整合性**

企业文化具有强大的凝聚力，具有调整企业思想和行为的功能，能团结员工齐心协力地为企业总目标去努力和奋斗。

**3. 实践性**

企业文化是在生产管理和生产经营过程中总结和提炼出来的，并反过来指导企业的生产经营与管理活动。

**4. 渗透性**

企业文化能够潜移默化地作用于人的思想，使企业的价值、规范、准则、礼仪等在职工的行为方面产生持久的作用。

**5. 行业性**

企业分属于不同的行业。每一行业都具有特殊的形式，所以不同行业的企业文化也具有各自的特征。

**6. 群体性**

在企业内部，根据员工的不同特征，分为不同的群体；因承担工作的不同，分为不同的层次。这些不同的群体具有不同的文化特点。

### （四）企业文化功能

企业文化的功能主要表现在六个方面。

**1. 导向功能**

企业文化反映着企业大多数职工共同的价值观、共同的追求和共同的理想。

因此，它对企业内每个职工都具备一种强烈的感觉。这种感觉有力地把企业职工指引到企业所确认的目标方向上来。一个拥有优秀企业文化的企业具有正确的目标导向，并能使企业职工的个人目标与组织目标趋于一致，使职工为实现企业共同目标而奋斗。

**2. 约束功能**

约束功能也称为规范功能。企业文化内一些非正式的、约定俗成的群体规范或共同价值准则，虽然没有强制的性质，但它在个体心理上所引起的影响，有时反而比较权威，比命令更有效力，更能改变人的行为。彼得斯和沃特曼认为：在文化强有力的公司，在大多数情况下，职工都知道他们应该做什么。

**3. 凝聚功能**

美国学者凯兹·卡思认为：社会系统中将个体凝聚在一起的主要是一种心理力量。社会系统的基础是人的态度、知觉、信念、动机、习惯及期望等。企业作为一个系统，它之所以能凝聚成一个整体，很大程度上是企业文化的作用。企业文化以独特而微妙的方式来沟通企业内部的思想，是企业职工在统一思想的指导下，对企业产生一种认同感、使命感和向心力，从而使企业发挥出巨大的整体效应。

**4. 激励功能**

企业文化是一种以人为中心的文化，强调个人自由而全面的发展，强调自我管理、自我启发。在这种企业氛围下，使职工产生被赏识感、自由感、愉快感，从而努力工作，使潜在的劳动积极性得到充分发挥。

**5. 效率功能**

企业文化一方面试图通过提高成员的个体活力，来提高组织的整体活力；另一方面通过开放的内部管理体制，利用企业成员的默契合作，通过企业内部竞争来提高企业效率。

**6. 协调功能**

企业文化能够协调企业和社会的关系，使社会和企业能和谐共处。同时，企业能够适应公众的情绪，满足顾客变化的需求，及时调整自己的行为。此外，任何一个企业都竭力调整自己与其他企业的关系，使之保持良好的关系。

### 三、宏观社会文化环境

宏观社会文化环境是指一个社会特有的社会制度、社会结构、社会习俗和社会规范，且在不同的国家和民族、不同历史发展阶段表现出不同的特点。

劳动者作为社会分工体系生产或向他人提供有价值物品与服务活动的社会人，既受到这种文化环境的制约，又是社会文化环境的体现者与构建者。

一方面，劳动者是社会习俗和社会规范的主要体现者。劳动者的生产活动形成一定的经济基础和经济结构，与此相对应，社会逐渐形成一定的风俗习惯和行为方式。社会习俗和社会规范在劳动者身上得到广泛的体现，并且通过劳动者的延续在代际继承、传递和沿袭。因此，劳动者在宏观社会文化环境中形成中起决定作用，并通过劳动实践不断地重新构建着社会制度、风俗习惯与社会规范。

另一方面，劳动者又受到宏观社会环境的制约。宏观社会文化环境一旦形成，劳动者就必须服从这种环境的要求，服从这种社会规范。宏观社会文化环境本质上是一种社会秩序，对劳动者的劳动活动设置了制度与结构上的约束，劳动者是否维护和遵循这一秩序，决定了一个社会能否真正保持稳定。劳动者正是在与宏观社会文化环境的相互作用中，适应社会，又推动社会发展。

不同的民族和国家，其宏观社会文化环境有不同的特点。形成这些特点的最根本的原因，是不同民族和国家间的不同传统文化背景下形成的不同的价值观、伦理道德、心理性格特征等，它们沉淀在每个成员的头脑里，左右着他们的劳动行为。

在不同的历史发展阶段、不同的社会形态中，宏观社会文化环境有不同的特点，原因是不同时期政治、经济形势不同，劳动者的共同利益有所不同，从而制约着他们的劳动行为。

## 第四节 劳动者行为

### 一、劳动者行为的概念

劳动者行为是劳动者所发生的社会行为，指劳动者在有意地构建其劳动时所进行的实践活动。

### 二、劳动者行为类型

根据不同的着眼点，可以对劳动者行为进行不同的分类。

#### （一）个体行为、群体行为和社会行为

**1. 劳动者的个体行为**

劳动者的个体行为有三种类型。

（1）技术性个体行为，即劳动者单纯运用技术的行为，如电焊工的焊接行为等。

（2）社会技术性个体行为，是与劳动者的技术有关的社会性行为。

（3）社会性个体行为，纯社会性个体行为是指劳动者在组织内与他人交往时，彼此并不作为组织中的功能部分，而只是满足人的社会交往的需要。

在社会学看来，劳动者的个体行为不可能在完全隔绝的状态下发生，因此，劳动社会学不研究劳动者单纯的技术性行为。劳动者的个体行为只能在与他人或其他手段的相互作用中才能发生，只有在劳动者与技术环境的关系中才有意义，因此，应该在社会关系中考察劳动者的个体行为。

**2. 劳动者群体行为**

劳动者社会学研究的重点之一是劳动者群体行为。群体由个体组成，但群体行为并不等于个体行为的简单累加。个体在不断的相互作用过程中，逐渐形成群体特有的行为规范和行为准则。

劳动群体分为正式群体和非正式群体，与之相应的群体行为可分为正式群体行为和非正式群体行为。劳动者的群体行为对劳动组织效率有很大的影响。

**3. 劳动者的社会行为**

劳动者的社会行为是指劳动者具有一定社会规模和社会影响的行为，如罢工行为等。因为劳动者之间共同利益的要求，所以劳动者社会行为的发生有一定的社会基础。劳动者社会行为的持续时间可长可短，同时，劳动者的社会行为在开始时往往会带有某种自发性，但在发展过程中有可能逐渐形成有组织、有领导的行为，产业工人为争取自身权利的斗争史就是最好的例证。

### （二）劳动性行为与非劳动性行为

从劳动者行为与生产劳动过程有无直接联系的角度，劳动者行为可区分为劳动性行为与非劳动性行为。

劳动性行为是指与制造产品、提供劳务的生产劳动过程有直接联系的劳动者行为，如劳动者在生产劳动过程中的设计活动、操作活动、管理活动等。非劳动性行为是指劳动者在生产劳动过程之外发生的，但与生产劳动过程有着间接联系的其他行为，如劳动者的罢工行为、工会活动等。

### （三）正式行为与非正式行为

从劳动者行为的组织特征角度，劳动者行为可区分为正式行为与非正式行为。

**1. 正式行为**

正式行为是指由正式行为规范控制的行为，如厂长、工人参加劳动，分工写作等。

**2. 非正式行为**

非正式行为是指劳动者在非正式组织中，为了满足个人感情的需要而发生的互动，如限制产量、传播小道消息、拉帮结伙等。非正式行为如果与企业的整体目标不相符，会打击劳动士气，使工人劳动生产率下降，不利于劳动组织的正常运作。

## 三、劳动者行为分析

劳动者行为中最主要的社会行为是劳动性行为，简称劳动行为。劳动行为与生产过程直接联系，是在特定劳动环境下，生产一定的物质财务或精神财富的活动。

### （一）劳动行为系统

劳动行为具有系统性，体现为多要素、多层次的内在结构，图 2-1 为劳动行为系统结构图。

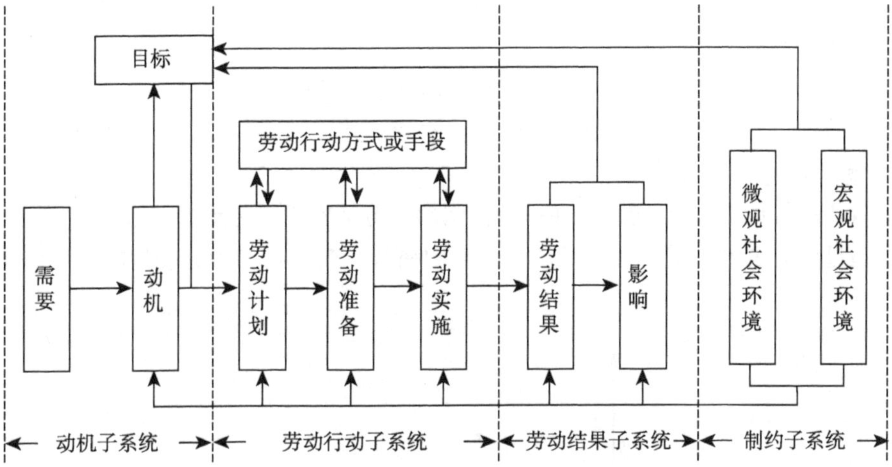


图 2-1 劳动行为系统结构图

从图 2-1 我们可以看到劳动行为系统包括四个子系统。

**1. 动机子系统**

动机子系统主要包括需要、动机、目标三个因素。需要是动机的本源，它由生理、心理的运动而产生，由外在环境的刺激形成。在需要的基础上，人们根据经验、知识，通过比较、分析、推理，形成某种意向，即产生动机。对众多的动机进行选择，选定最紧急、最重要的经过努力能够实现的动机，确定为目标。

**2. 劳动行动子系统**

劳动行动子系统由动机子系统直接引发。劳动子系统包括劳动计划、劳动准备、劳动实施、劳动行动方式或手段四个因素。前三个因素构成依次相继的三个步骤；后一个因素贯穿于这三个步骤当中，起决定性作用。

**3. 劳动结果子系统**

劳动结果子系统包括劳动结果和影响两个因素。劳动结果是劳动行为改造或改变劳动对象而达到的一种状态，是劳动行动的直接后果。影响是超出结果本身范围的、标志结果朝着某种新方向变化的趋势。

**4. 制约子系统**

动机子系统、劳动子系统和劳动结果子系统构成了劳动行为大系统中的“内系统”，制约子系统是劳动行为大系统的“外系统”，作为一种外部力量对内系统产生约束作用。

## （二）劳动行为与劳动效用

### 1. 劳动效用

劳动者为生存而劳动，通过劳动行为换取所需物质和精神财富。斯坦利·文斯说："劳动是心或身所忍受的任何含有痛苦的努力，而以未来利益为全部目的的或一部分目的。"劳动行为有明显的目的性。

劳动者以劳动交换得到能使自己欲望满足的物质和精神的东西，从而产生"利益、快乐、和善、幸福的"效用。效用经济学的概念，是指商品满足人的欲望能力，劳动效用就是这种劳动行为带来的物质和精神的满足，即效应（相应有劳动物质效用和劳动精神效用）。

劳动效用用公式表示如下：

$$U = f(M,C) = f[\phi_1(Q),\phi_2(Q)]$$

式中，$U$ 为劳动效用；$M$ 为劳动交换所得物质的量，且 $M=\phi_1(Q)$；$C$ 为劳动交换所得精神的量，且 $C=\phi_2(Q)$；$Q$ 为劳动量。

劳动效用曲线如图 2-2 所示。在一定范围内，劳动效用随劳动量的增大而增大，如 $OA$ 段所示。超过劳动者的承受，过量劳动有太多的痛苦，效用将随着劳动量的增加而减小，如 $AB$ 所示。

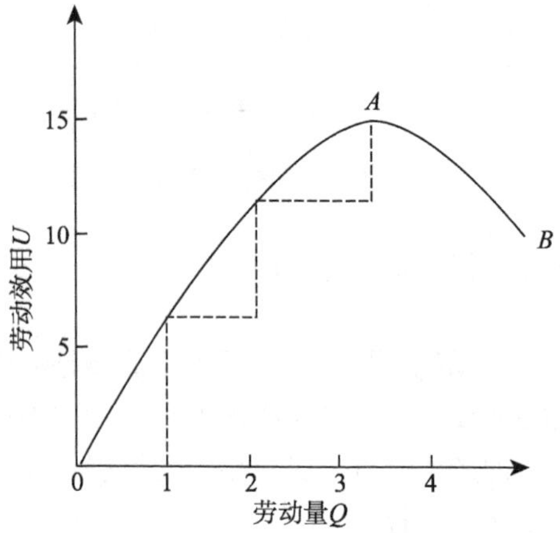


图 2-2　劳动效用曲线

### 2. 劳动边际效用

劳动边际效用，即增加一单位劳动相应增加的劳动效用，相对于劳动量的变化率。劳动者平凡而基本的倾向有：当人的欲望不断得到满足时，其享受幸福的满足感强度也在不断下降。在这里则变现为劳动边际效用随劳动量的增大而减小，如图 2-3 所示。

### 3. 劳动效用与劳动行为相互作用

人有生存压力，才去劳动谋求所需，从事劳动行为，从中得到劳动效用，也即物质和精神上的满足。劳动效用回报恰当，人们才有劳动兴趣。理性劳动者总是尽可能地将其劳动给予给自己带来更大劳动效用的环境对象。过度劳动对劳资双方都不会带来预期的满意效果，因为劳动边际效用递减。

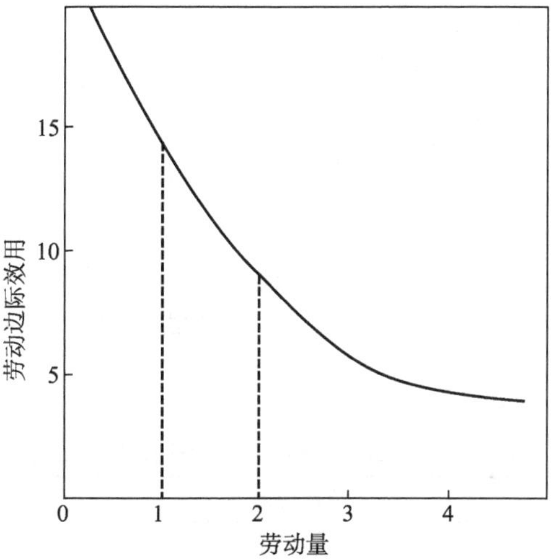

图 2-3 劳动边际效用曲线

劳动者的劳动素质差异决定了劳动行为的价值大小，由此也影响到其劳动效用水平的高低。物质收获和精神回报在产生劳动效用时能够相互替代，物质和精神两因素的数量组合，可以产生相同的劳动总效用。

## 第五节 劳动者社会化

### 一、劳动者的社会化分析

#### （一）社会化

所谓社会化是指社会环境中接受社会文化和行为规范的作用与影响，发展完善自身个性的过程，是一个人从“生物人”逐步转化为“社会人”的过程。社会化的内容主要包括学习生活技能、遵守社会规范、建立社会联系、树立人生信仰、掌握一定社会角色的行为模式。

#### （二）劳动者社会化

劳动者社会化具有人的社会化的一般特征，不过它更加强调社会人转变为劳动者的过程，强调人作为劳动者的身份。

劳动者社会化，指的是社会将一个普通的社会人转变成一个能适应一定的社会和时代文化，掌握社会所需要的劳动技能和必要的劳动规范，遵守劳动纪律，适应工作环境的文化，从而履行合格的劳动的过程。这一过程是劳动者与社会互相作用和影响的过程，一方面，人进入特定的劳动岗位以前，与这一岗位相关的劳动规范、劳动技能、劳动环境就已经存在；另一方面，个人能否成为劳动组织中合格的劳动者，完成社会化的进程，在于个人能否很好地吸收、运用他将从事的劳动岗位的规范和技能，能否学会与领导、同事和谐相处，能否接受和融入企业文化。

### （三）劳动者社会化的特点

劳动者社会化是以初级社会化，即人未进入劳动岗位未成为劳动者之前的社会化为基础的。劳动者在从婴儿到成人的成长过程中，必然会受到各种社会关系和风俗习惯的影响和制约，逐渐学会适应基本的人类生活，即完成一般社会化的初始过程。人一旦成为劳动者，进入一定的行业、职业、劳动岗位后，他的社会化就与他的劳动岗位、劳动过程、劳动关系和劳动环境紧密联系在一起。劳动者社会化作为社会化的一个特殊层面，与一般社会化在起点、目标、社会化施体、社会化受体、过程图式、引导方式、引导者等七个方面相比会有自己的特点（表 2-2）。

**表 2-2　劳动者社会化与一般社会化的比较**

| 比较项目 | 一般社会化 | 劳动者社会化 |
| --- | --- | --- |
| 起点 | 从人一生下来就开始 | 从人进入一种职业或一个劳动岗位时才正式开始 |
| 目标 | 使人成为合格的社会成员 | 成为合格的劳动者 |
| 社会化施体（社会化的实施者） | 各种社会力量，主要包括家庭社会、邻里社会 | 主要劳动者的劳动岗位、班组、车间、企业、行业，以及与之相关的劳动价值、劳动规范及劳动技能 |
| 社会化受体（社会化的接受者） | 一般人 | 劳动者（具有不同于一般人的特殊性） |
| 过程图式（社会化过程的状态） | 不间断的，贯穿一生 | 可能是连续的也可能是间断的，与劳动岗位的脱离、新旧成员交替相联系 |
| 引导方式 | 婴儿与幼年期，个体对个体；进入学校学习期，集体对个体 | 个人、集体接受引导兼有 |
| 引导者 | 父母、长辈、老师、朋友 | 师傅、同事、劳动组织 |

在表 2-2 中，我们从七个方面比较阐述了劳动者社会化的特点。总的来说，劳动者社会化是与劳动者的特定岗位及特定劳动环境相联系的，是一个面向工作、面向具体劳动岗位的社会化过程，只有在具体的工作、劳动岗位中，才能完成劳动者社会化过程。

## 二、劳动者社会化的内容

劳动者社会化包括三方面的内容。

### （一）学习和掌握一个职业必需的知识和技能

要成为劳动者，首先需要掌握一定的劳动技能。劳动者要自食其力，要创造财富，都离不开一定的劳动技能，如操纵机器、设计图样、企业管理、接待顾客、商品买卖等。在进入劳动组织、成为正式劳动者之前，许多人通过家庭与学校的教育，已经具备了一定的职业知识。要把职业知识转化为实用的职业技能，必须经过一段时间的训练。同时，工作岗位所需要的知识、技能和处理实际问题的能力等，往往是必须通过情景模拟和工作实践中与具体的机器设备、生产过程的接触，以及与工作团队人员的技术交流才能获得和真正感悟。只有当他掌握了一定的劳动技能并内化为职业能力，达到一定的熟练程度，才能成为一名真正的劳动者。

### （二）了解和学习劳动规范，融入企业文化

在劳动组织中，有一整套制约劳动者行为的习俗、惯例、公约、制度，这就是劳动规范。它是劳动组织正常运行的保证。工作环境中发生的一切，如工作与休息、分工与协作、承担职责和行使职权等，都是在一定的劳动规范制约下进行的。对于新职工来说，对劳动规范有一个从了解、抵触、遵守到同化的过程。劳动者只有顺利完成从了解到自觉遵守的这个过程，他才能在组织中正常生存，真正成为组织的一员。

劳动规范是企业文化的组成部分，企业文化是企业内具有高度凝聚力的团体精神。每个企业的文化环境各不相同，也就是说，每个企业有其特有的企业文化，变现为企业员工有共同的价值观、共同的行动指南和目标，企业有其独特的管理方式、行为准则，企业还有共同依照的榜样，对新员工而言，不但熟悉企业的具体工作环境，还要尽快了解企业的文化环境，融入到企业文化中去。

### （三）适应人际关系，实现角色的转变

劳动者在学习劳动技能、劳动规范、融入企业文化的同时，还要学会正确处理人际关系，实现角色的转变，正确定位和扮演自己的角色。社会角色是指与人们对具体特定身份的人的行为期望，它构成社会群体或组织的基础。个体在家庭有家庭的角色，在学校有学校的角色。个体走向职业岗位同样也面临一个角色定位的问题。个体对职业群体中的角色期望、领悟、实践、正确定位与扮演需要一个过程。而且，在这一过程中，个体对环境的适应与调节不仅包括社会性的内容，也包括心理性的内容，尤其是对于一个刚从学校走上职业岗位的学生来说，这一过程相当复杂和漫长。对步入职业岗位的新员工而言，要求其社会适应能力强，不仅要掌握广泛的知识和技能，并且要较快适应工作环境，较快地定位和扮演自己的社会角色。

## 三、劳动者社会化的途径

### （一）家庭教化

家庭作为社会的细胞，不仅担负着生育功能和经济功能，而且在教化后人等方面有着义不容辞的责任。中国传统文化中，关于治家之道、教化方法的思想异常丰富，传统家训中关于治家之道的思想包括以圣贤为范的立家之道、以教子为先的兴家之道、以勤俭为务的持家之道、以睦亲为止的齐家之道等内容，是承载圣贤人格思想和教化方法的有效载体。在今天看来，在加强家庭道德教育方面仍有其特殊的意义。我们要挖掘传统家训中的精华并赋予其时代内涵，进而强化家庭的教化功能，促进社会稳定。

家庭不仅是一个人接受道德教育最早的场所，而且也是接受道德教育最经常的场所之一。重视道德修养、注重人格培育、突出身教示范等思想是今天我们加强家庭教育的重要内容。劳动者社会化过程的完成，在很大程度上取决于家庭的良好教育，特别是父母所起的潜移默化的作用。

劳动是劳动者接受社会化的第一站。家庭教导基本的生活技能和劳动技能，传递社会规范，对劳动者的价值观、道德观、人格的形成具有重要的作用。但在其他因素影响越来越大的当代社会，家庭的影响日益减弱，家庭教化在劳动者的社会化中所起的作用有所下降，同

辈群体越来越成为儿童社会化的重要场所。

（二）学校教化

儿童到了入学年龄，开始到学校上学，学校继家庭之后，成为人社会化的另一个途径。学校教化是一种现代化的、有组织、有计划的正规教育。学校的教化是对劳动者的文化教化，是教育者对被教育者的教育引导过程。学校教化是劳动者社会化的前提，是一个人步入社会的起点。劳动者的基本文化知识和劳动技能都是在学校学的，同时，学校还使劳动者初步了解社会文化、社会规范、价值取向等，为青少年进入工作岗位进一步社会化奠定了基础。

有的职业角色的社会化正式学习在学校开始，如医科学生的学习、会计系学生的学习，一般需要几年的时间。

（三）社会教化

社会教化，是社会环境对劳动者成长的影响。社会教化是一个极其广泛的概念，其施教者包括邻里、朋友、同辈群体、政权机构、媒体等；其工具包括广播、电视、报刊、图书、互联网（下文作为一种教化方式单独讨论）、文化宫等；其方式包括自愿的和强制的、正式的和非正式的、灌输的和潜移默化的等。

（四）网络互动

大量事实表明，家庭、学校教化的社会化影响力在下降，传统的社会化权威在减弱，网络在青少年（劳动者）社会化中扮演着越来越重要的角色。如果将家庭、学校等传统的社会化因素称为真实的社会化场所，那么网络媒体便可称为虚拟社会化场所。真实社会化的主要特征是社会化两个要素——施化者和受化者区别明显，施化者主动，受化者被动。在虚拟社会化中，施化者与受化者的界限变得模糊，施化者有可能是受化者，受化者同时有可能在施化，社会化过程呈现双向性，且社会化的内容有多样性和个体化特征。网络传统意义上的真实世界的教化变为施化者和受化者在虚拟世界的对话，传统社会教化转化为自我教育。

传统社会化均由某一权威预设好，带有外部强制性特征。在社会化内容上，权威的施化者根据他们的价值观精心选择、安排好；在社会化形式上完全采取单向灌输的方式。网络的出现、信息的自由流通、巨大的信息流通量及快捷的速度极大地减弱了社会权威的控制力量。网络社会化实现了交往的平等性，提高了受教育者的地位。青少年借助网络拓展个人天地，充分发挥主动性、能动性和选择性，劳动者社会化不再是传统社会化的单向灌输过程，而是一个平等的双向互动的过程。

面对一个急剧变化的世界，青少年没有传统的沉重负担，思想更开放、感觉更敏感、更贴近时代、了解信息的渠道更多，他们频频反思、批判、选择、改造乃至抛弃旧传统、追赶新时尚，引发整个社会的日常生活乃至精神生活的文化震荡。许多新思想和行为慢慢地显示出强大的生命力，被社会认同并接纳，于是一个长辈向晚辈学习的文化反哺、“社会返青”时代出现了。网络的教化，不仅是长辈对晚辈的单向教化，而且是长辈向晚辈学习、晚辈请教长辈、晚辈互相学习的多项教化和自我教化。

（五）劳动组织教化

当青少年离开学校，踏上工作岗位，成为一名正式劳动者后，还要接受劳动组织的教化，才能成为一名真正合格的劳动者。劳动者通过入职培训、职业培训等，逐步认识所在劳动岗位的角色要求，实现自己社会角色的转变，并学习、掌握职业技能，与同事、领导建立稳定的人际关系，被劳动组织同化，真正成为劳动组织中的一员。

## 四、劳动者社会化的进程

劳动者社会化是一个循序渐进的过程。劳动者社会化的过程一般可以分为预期社会化、初始社会化、基础社会化和继续社会化四个阶段。

（一）预期社会化

劳动者的预期社会化，是指劳动者在进入某一具体劳动岗位之前，在他并不属于某一职业或工作群体时，他由于希望加入这一职业或工作群体，从而在心理上认同该职业或群体，并在行为上也用该职业群体所要求的角色规范要求自己，为未来工作中真实角色做准备。

预期社会化过程是在初期社会化中完成的，是为正式担任工作角色做准备的阶段。这种准备包括两个方面：一是心理上的准备；二是行为上的准备。不过这种准备与现实中的实际角色很可能有一定的距离，因为预期社会中的角色来自对实际角色的认识和设计，是人对职业的一种模糊、间接的认识。

预期社会化的主要途径之一是教育，重视素质教育，注重帮助学生确定自身的价值，学会互补技能，正视竞争，尊重原则及锻炼强壮的体魄。我们的教育，应该务实求真，在创新和发展的基础上，真正营造良好的社会气氛，促进青少年顺利完成预期社会化，并能够为以后进行社会化提供保证、奠定基础。预期社会化使劳动者更好地适应工作环境，充分发挥其职业角色的作用，使其在劳动中的社会化过程顺利进行。

（二）劳动者的初始社会化

劳动者正式进入劳动场所、开始工作之前，要经历一系列的活动，这些活动构成了劳动者的初始社会化的主要内容。这些活动包括参观厂区环境，了解企业的规章制度、企业的生产特点和方向、企业的产品及在市场中的地位，熟悉企业的结构、企业人员构成，认识领导和同事，了解企业的文化，接受企业礼仪教育，学习企业模范人物等，以上活动统称为劳动者的职前教育，它们使劳动者初步熟悉企业总的特点和规范，初步了解企业对劳动者的要求，劳动者对未来工作的设想与真实的工作首次发生接触，并据此调整劳动者在预期社会化中对工作角色估计的偏差，调整自己原来的价值观和行为，以求和企业的要求吻合。同时，可使劳动者了解作为企业一员所有的权利、义务和责任。

（三）劳动者基础社会化

在完成了劳动者的初期社会化后，就开始了劳动者基础社会化的过程。劳动者基础社会化主要包括三部分内容：①学习、掌握与劳动角色相关的生产知识和工作技能；②适应和学习工作中的亚文化规范；③实现认同亚文化规范的心理转变。

亚文化规范是有一定的参照系的。以全面的文化规范作为参照物，企业文化规范就是一种亚文化规范。若以企业文化规范作为参照物，那么车间和班组的群体文化规范就是一种亚文化规范。劳动者社会化所要适应和学习的规范包括企业规范和工作群体规范。

实际上，劳动者有可能在社会化过程中失败、受挫或社会化不完全，特别是青年学生初次步入社会，在思想观念、行为方式等许多方面与社会不适应，在社会化的过程中表现出挫败感。

### （四）继续社会化

劳动者的继续社会化是指由劳动者的年龄、地位、技术环境、工作条件等方面的变化所引起的劳动者职业规范和劳动行为的重新调整和调节。社会和技术在不断变迁，从社会发展来看，任何历史阶段的任何变化都会对人们提出不同的要求。劳动者本身和社会各方面的不断发展变化，具体表现为科学技术不断进步，劳动手段处于落后到先进的变化中，劳动者的原有知识与技术需要不断更新和提高。劳动组织与劳动制度处于不断的发展与变迁之中，劳动与人际关系的原有格局会有所调整，劳动者为此需要适应新的行为规范与人际关系；社会观念也在不断更新，新时代的劳动者需要不断增强时间观念、效率观念、竞争意识和科学意识等。

**1. 年龄变化**

随着劳动者的年龄变化，劳动者的体能和职能也在发生变化。随着年龄的增长，劳动者的经验变得丰富，声望得到提高。这样，随着年龄增长到一定程度，与他的年龄特点相适应，劳动者行为模式、对各种关系的处理方法也会相应发生变化，需要进行重新调节，仍旧需要根据社会环境的变化学习新观念、新知识和技能，增强对社会的应变能力，进行持续不断的社会化。

**2. 社会变化**

劳动者的地位变化包括正式组织中的地位变化和在非正式群体中的地位变化。

正式组织中的地位变化，主要表现在劳动者职位上的变化，如升职或降职等。很显然，地位变化意味着角色行为的变化，使个体原有的技能、态度和行为模式与新的工作环境、新的社会角色要求发生巨大的差异。因此，地位的变化，需要自己正确看待自己，调整心态，根据社会角色的变化及时调整自己的行为、态度。

非正式群体中地位变化比较微妙，并没有明显的量度，但其中的成员能够感觉到。当成员中彼此的地位发生变化时，劳动者的行为也需要做出相应调整。

一定的社会地位总是连接着一定的行为模式和思想观念，所以，地位的变化必然会导致劳动者心理和行为的重新调节。

**3. 技术变化**

现代社会的发展表现为科技的发展、技术的不断更新，意味着劳动者的技术和技能也要不断更新。因为，对于新技术的掌握来说，年轻人更有优势，更能够迅速学习、掌握和运用新技术，从而使其在劳动群体中的社会地位提升。

另外，技术变化也带来工作群体结构的变化，先进的自动化技术代替落后的手工机械操作，使一些不适应新技术的劳动者被淘汰，另一些劳动者加入，形成新的工作群体。人际关系发生变化，需要劳动者不断地适应。

为适应劳动者继续社会化的要求，国外社会学家已经提出了贯穿劳动者职业生涯全过程的职业教育计划。按照社会发展的要求，在原有的初级社会化水平基础上，继续发展成为人的社会性，传授、更新、充实和提高人的知识、技能和行为规范，使之不断适应社会生活，并创造社会生活，进而推动社会历史的延伸和发展。

### 五、再社会化

再社会化是因为某些个人或团体因为社会化和继续社会化的中断或失败而进行的社会化补课。它意味着这些个人和团体需要放弃原有的价值观念和生活方式，认同一种新的价值观念和生活方式，扮演一种完全不同于原来的新角色。再社会化过程可能是自觉的改造过程，也可能是一种强制教化过程。

当前，我国处于体制转换、社会转型时期，经济体制的更替和社会结构变迁必然要求改变人们的传统观念和生活方式，如果人们依然我行我素，势必阻碍经济的发展和社会的进步。因此，再社会化对于某些个人和团体来说是时代的必然要求。

## 第六节　闲暇与劳动

### 一、闲暇与劳动的相关概念

#### （一）闲暇的有关概念

**1. 闲暇的含义**

闲暇是为个体所自由支配的与工作没有联系的任何活动。它具备三个特征。

（1）闲暇应由个体自由安排，而不受工作制度和领导的约束。

（2）闲暇的内容可以远远超过工作的内容，也可以包括工作的内容，但这时它已不受工作范围左右。

（3）所谓“任何活动”是指闲暇活动不受内容的限制。它可以是物质方面的，也可以是精神方面的，可以是社会伦理所许可的，也可以是伦理道德所不赞成的。

**2. 闲暇时间**

闲暇时间，也称为自由支配时间，是为了满足个人精神文化需要及发展技能所花费的时间，包括学习科学文化知识、阅读报纸及书刊、看电视、体育锻炼、休息、娱乐等所花费的自由支配时间。闲暇时间能充分满足劳动者的生存需要，使劳动者身心得到极大放松和愉悦，从而直接或间接地促进社会生产力的发展，极大地提高劳动效率。充分的闲暇时间能够保证劳动者的发展需要，保证劳动者的享乐需要，即人的心理需要。

劳动者利用一部分闲暇时间来享受生产资料，恢复在劳动中消耗的体力和脑力；利用一部分闲暇时间进行学习和专业技术的培训，提高知识和技能；还可以通过社交活动，丰富社会经验；通过文娱活动，在精神上得到美的艺术享受。闲暇时间是满足劳动者全面发展而消费享受资料和发展资料的时间，是全面提高劳动者的文化知识水平、物质文化生活水平的时间。

（二）劳动时间

劳动时间指人们参与社会劳动，创造物质和精神财富以满足社会和个人需要的那部分时间。从广义上说，劳动时间包括制度内工作时间、加班加点工作时间和在非本职岗位的其他工作时间。理论上，劳动时间不仅包括真正作业时间，包括由停水、停电等及人为原因所造成损失的时间，以及工作准备时间，即上下班路途时间。从现在来讲，劳动时间在人们的生活中仍居于首要位置，人们在安排活动时间时先考虑劳动时间，然后再安排其他活动时间。从人的一生来看，劳动时间占有很大的比重。劳动时间不仅提供了人的生存条件，也提供了人的享受和发展条件。

## 二、闲暇与劳动

（一）闲暇和劳动的选择

**1. 个人劳动力供给影响劳动和闲暇的选择**

个人可支配的时间分为劳动时间和闲暇时间，因为个人可自由支配的时间是一定的，因而劳动时间与闲暇时间是负相关的。个人劳动力供给问题，实际上就是个人在劳动时间与闲暇时间之间的选择问题。

不同的个人，对可自由支配时间在工作时间和闲暇时间上的分配比例并不相同，因为个人从劳动时间和闲暇时间组合中得到的满足程度，即效用各不相同。即便对同一种劳动时间和闲暇时间的组合，不同的人也有不同的效用。效用是一个主观概念，由此产生了劳动者在分配劳动时间和闲暇时间比例上的差异。

劳动者进行劳动或闲暇时间的选择，从经济学的角度看，是因为劳动者从劳动或闲暇中能得到一定的效用。预算约束，是个人选择效用水平的一个限制条件。因为，人们的收入和闲暇都是有限的，每增加一小时的闲暇，就必须减少一个小时的工资。所以，人们只能在有限的收入和闲暇的约束下来选择自己的效用水平。

在劳动者有限的总时间内，分配劳动时间和闲暇时间的比例，达到效用最大化的条件是收入的边际效用和闲暇价值的边际效用相等。

**2. 劳动决策的影响因素**

在可自由支配时间一定的条件下，劳动者的劳动时间和闲暇时间的分配比例不会永远固定不变。它会随着新的条件变化而变化，劳动者需要根据条件的变化不断调整这个比例，以保持在新条件下使效用重新达到最大。影响劳动者劳动决策的最重要因素是劳动者的收入水平，对于多数劳动者而言，收入的主要来源为工资，因此，我们从工资率的变动来分析劳动者的劳动决策。

一般来说，工资率的变动，会带来收入的变动。工资率的提高，表明闲暇价格的提高，同时意味着收入的增加。收入增加，闲暇时间增加，称为收入效应；而工资率的上升意味着闲暇价格的提高，为了实现效用最大化，劳动者会用劳动时间（收入）替代闲暇，即增加工作时间，减少闲暇时间，此为收入对闲暇的替代效应。工资率的变化引起两种效应同时作用，但两种效应方向相反。当工资率水平较低时，如果工资率提高，劳动者仍希望获取较多的收入，他会放弃闲暇时间，增加劳动时间，此时替代效应大，工资率提高使劳动力供给增加；

当工资率超过某一点后，随着工资率的提高，劳动者倾向于提供较少的劳动，享受更多的闲暇，增加闲暇时间，此时收入效应大，工资率的提高使劳动力供给减少。从而得出个人劳动力供给曲线如图 2-4 所示，它描述了工资率与劳动力供给之间的数量关系，劳动力供给随工资率变化而变化的规律提供了劳动者做出劳动决策的依据。

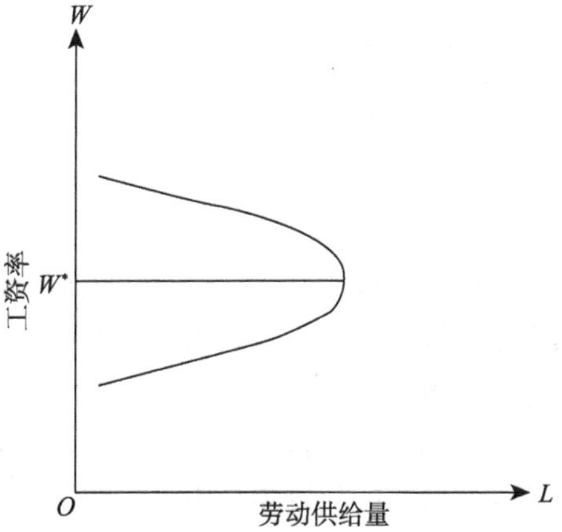


图 2-4 个人劳动力供给曲线

（二）闲暇时间和劳动时间

**1. 生活时间的分配现状**

增加闲暇时间是一个全球性运动，这是现代化发展的必然结果。1866 年日内瓦“国际工人代表大会”提出 8 小时工作制。在以后的几十年间，8 小时工作制才逐渐取代了 10~12 小时工作制。在 20 世纪 20~30 年代，美国又率先改 8 小时工作制为 40 小时工作周制。50~70 年代，联邦德国、英国、日本先后实行了每周 5 天 40 小时工作制。苏联在 1967 年也实行了 5 天工作制。后来发展中国家陆续实行了 5 天工作制。闲暇时间的增多是社会富裕程度的表征，也是人们生活质量提高的表现。

目前，我国公民所拥有的闲暇时间的状况是：1995 年我国开始实行每周五天工作制，我国公众普遍享有的双休日加上国家法定假日全年为 115 天。这意味着人的 1/3 的时间是在闲暇中度过的。其中一些群体的闲暇时间拥有量更多，比如：学生的寒暑假，全年为 140~160 天。国家公务员及外资企业管理人员享受“带薪休假”制度，平均每年约 10 天。就业结构多元化、工作形式多样化、生活需求多模式化使得“弹性时间工作制”成为更多年轻人的选择。家庭现代化设施的不断完善，使人们用于家务劳动的时间日趋减少，闲暇时间增多了。

**2. 劳动时间和闲暇时间的关系**

劳动和闲暇存在相互替代的关系。在一定的可自由支配时间内，劳动时间越多，闲暇时间就越少；反之，闲暇时间就越多。劳动与闲暇是构成现代人类生活方式的基本内容。一方面，劳动时间是闲暇时间构成的基础。劳动时间既创造社会财富，也创造闲暇时间；劳动时间在本质上决定着闲暇时间；劳动时间的结构在一定程度上决定闲暇时间的结构。另一方面，闲暇时间对劳动时间也具有反作用，闲暇时间能使劳动时间内消耗的生理、心理及文化能量得到补偿和提高，并改善劳动者的知识结构、体质，提高劳动效率。

劳动时间和闲暇时间两者相互协调，保证劳动力的正常再生产。

**3. 闲暇时间和劳动时间的变动趋势**

知识经济的来临，将使未来的社会以史无前例的速度变化，在新技术革命条件下，新兴的微电子技术以其创造性扩大和改造着人类的生活空间，极其有效地实现了对时间资源的节约。一方面，人们的生活方式、工作方式发生了很大变化，在提高效率的同时，人们也将拥有更多的闲暇时间；另一方面，随着经济全球化、网络化的到来，文化间的相互融合、互相渗透在更多方面体现出来，人们的闲暇需求、休闲价值观、休闲方式都在潜移默化地发生变化。

**[本章小结]**

劳动者是劳动社会学研究的主体，是形成劳动领域中社会关系和社会结构的基本因素。因为种种社会因素的影响，一个国家（或地区）的劳动力人口数量并不等于现实的劳动力数量。劳动者的素质包括自然素质和社会素质，劳动者的自我控制是通过心理机制实现的，指的是根据外部情景因素调整自我个体行为的能力。劳动者在一定的社会分工体系下进行劳动，这种分工体系实际是劳动者进行劳动的社会框架。社会文化环境是此社会框架的重要组成部分，是劳动者在劳动过程中涉及的所有文化因素的总和，分为微观、中观、宏观三个层次。劳动者行为是劳动者所发生的社会行为。劳动者行为不同于劳动行为，它可以是劳动作业方面的活动，也可以是与劳动作业无关的其他活动；它可以是工作场所中同事间的劳动协作，也可以是非工作场所中与同事的互动。劳动者社会化是与劳动者的特定岗位以及特定劳动环境相联系的，是一个面向工作、面向具体劳动岗位的社会化过程，只有在具体的工作、劳动岗位中，才能完成劳动者社会化的过程。在可自由支配时间一定的条件下，劳动者的劳动时间和闲暇时间的分配比例不会永远固定不变，它会随着新的条件变化而变化，劳动者需要根据条件的变化不断调整这个比例，以保持在新条件下使效用重新达到最大。

**[重要概念]**

| | | | | |
|---|---|---|---|---|
| 劳动者 | 劳动力 | 劳动力参与率 | 劳动者行为 | 劳动者社会行为 |
| 价值观 | 态度 | 工作满意度 | 劳动效用 | 劳动边际效用 |
| 劳动者行为 | | 劳动协作 | 劳动竞争 | 劳动者社会化 |
| 闲暇 | | 闲暇时间 | 劳动时间 | |

**[思考题]**

1. 什么是劳动者？什么是劳动力？两者有何联系和区别？
2. 劳动者必须具备哪些方面的素质？现代劳动者有哪些特征？
3. 劳动态度如何影响劳动者的效率？分析工作满意度和劳动态度的相互作用。
4. 如何认识企业文化？企业文化对劳动者有哪些影响？
5. 劳动者行为分为哪些类型？劳动者如何决定劳动行为，以实现劳动效用最大化？
6. 什么是劳动者的社会化？如何实现劳动者的社会化？其过程包括哪些内容？
7. 分配劳动时间和闲暇时间的决定因素是什么？如何分配两者的比例？
8. 结合实际阐述闲暇时间的重要性。

CHAPTER 3

# 第三章 职 业

[内容摘要]

本章全面阐述了职业的概念、内容；阐明了职业与行业的联系与区别，同时说明职业结构对社会发展的影响，最后介绍了职业地位和声望的概念、作用，以及测量职业地位和声望的方法，同时对比研究介绍了国内外对职业地位和声望的认识。

[学习要点]

1. 职业特征、功能，以及职业和行业的关系。
2. 职业结构与社会发展的国内外趋势。
3. 职业地位与声望的概念、功能，以及各种测量职业地位与声望的方法。

# 第一节 职业与行业的概念与特点

## 一、什么是职业

职业是劳动社会学研究的重要概念，劳动社会学研究的很多问题，都与“职业”关系密切，如劳动者用职业这个角色和他人发生关系等。

### （一）国外学者对职业的界定

美国社会学家瑟尔茨提出，职业是一个人所从事具有市场价值的特殊活动，这种特殊活动使得个人不断取得收入，同时这种特殊活动也决定了从事该活动的社会地位。

泰勒在《职业社会学》一书中指出：“职业，可以认为是一套成为模式的与特殊的工作经历有关的人群关系，这种成为模式的工作关系的整合，促进了职业结构的发展与职业意识形态的显化。”

### （二）国内学者对职业的界定

国内有些学者认为，从一般意义上看，职业专门指劳动者能够稳定从事的工作，并且从这种工作中可以得到他们赖以生存的生活资料。这一概念使得“职业”和“岗位”等概念非常接近。

与岗位不同的是，职业不仅仅用以维持个人生计，更是劳动者实现社会联系和实现自我而进行的持续的社会生产活动。

## 二、职业的特征及功能

### （一）职业的特征

职业的特征主要有以下几个方面。

**1. 同一性**

某类职业内部，劳动条件、工作对象、生产工具、操作内容等都是相近的。由于情景的同一性，人们就会形成类似的模式，很容易认同。

**2. 差异性**

社会分工的复杂多样，使得职业也是千差万别的，这就使得不同的职业环境、职业性质等都有很大的差异性。经济社会的不断发展变化，产业制度不断地创新，社会还会出现不同的职业，不同的职业在实际的操作中出现的差异也会越来越多。

**3. 层次性**

从一般的社会需求和公平正义的角度来说，职业都是平等的。但由于不同的职业的复杂程度不一样，需要的劳动中者的劳动素质、劳动技能也有很大的差别，出现了不同的职业有不同的工资水平。再加上人们对不同的职业看法的不同，出现了所谓的层次之别。

**4. 时代性**

人是社会的人，不同的职业需求也因人的需要和经济技术的发展而不同，职业必然会打上时代的烙印。不同的时代，人们偏爱的职业也是大不一样的。20 世纪 90 年代，中国最热门的职业之一就是国际贸易，当时大学生考研究生首选的专业就是国际贸易，但是由于我国对外贸易的不断发展、人才的不断供给，行业出现饱和现象。随着中国金融的发展，金融这种行业又变得非常热门。不仅如此，“下海热”、“出国热”等都曾经出现在我国的某一时期，反映出人们在某一时期对某些职业的热爱程度。

### （二）职业的功能

职业的功能主要体现在职业活动中。这种特定的职业活动对个人和社会都会产生相应影响。

**1. 职业的个人功能**

职业是现实社会中的人为获得自己生存所必不可少的生活资料而从事的经济行为。人生的主要活动是职业。

职业是人们获取经济利益与非经济利益而从事各种各样的社会活动的最主要的地方，对个人发展和境遇有很大的影响。首先，一个人的经济收入除了来源于继承等，还来源于个人的职业。职业是一个人获得生存资料和维持家庭的所有开支的基础。其次，通过职业，个人可以得到很多其他的不可衡量的非经济利益，如个人的声望、自我成就感、地位、各种潜在的便利等。当然这种非经济利益在一定的条件下也可以转化成可以衡量的实实在在的物质利益。

职业也可以使得个人的能力得到发挥和锻炼。因为职业的差别很大，就需要不同的技能和素质的劳动者，他们可以在自己特定的岗位上运用自己的体力、脑力和以前积累的经验，使得他们自己的才能得以在工作岗位上展示；同时，在实际的工作中，个人可以不断地积累更多的经验，使得自己原有的知识更加完善

职业也是个人参与社会分工，对社会做出贡献的一个有效的手段。随着社会经济的高度发展，分工日益细化，社会发展就需要不同的个人参与到社会大分工的这个体系中来，每个人都在自己的工作岗位上做好自己的工作，整个社会大机器才可能很好地运转，从这个角度来说，个人做好各自岗位上的工作就是为整个社会做出了重要的贡献。

**2. 职业的社会功能**

职业是社会存在的内容。社会的存在首先是由从事各种职业的人构成的有机统一体。职业作为社会的客观存在，本身就说明了它是人类社会的内容。职业的客观存在的外在表现就形成了人的社会属性。不同的等级、社会身份，也体现出社会职业的社会属性。

职业是社会发展的动力。社会分工的差别及人们对分工所出现的职业的评价不同，就使得社会中的人往往会热衷于一些职业，人们为追求这种他们认为的期望中的职业就会不断地进行人力资本的投资，这种人力资本投资的激励使得人们的综合素质和劳动技能越来越高，为社会的发展创造了动力。同时个人想改善自己的工作的期望与整个社会产业结构的变化也是高度相关的，个人通过自身的努力使得自己的能力提高以适应更好的劳动职位，越来越多的高素质人才的出现必然要求有相应的工作职位相匹配，这就使得社会产业结构发生相应的变化。

## 三、行业

### （一）行业概念

行业这个概念一般都是从经济学的角度来进行区分和定义的，认为行业是一个集合体，

是所有人们从事相同或相似的经济活动的一个集合体。

赵履宽和王子平在《劳动社会学概论》中就没有很明确地说明行业的定义。他们认为社会分工不同，各行业在整个社会分工体系下都会有其自身特有的定义、范围。任何一个行业都是类似企业的总和，在这个行业中相似企业往往会开展激烈的竞争。

（二）行业特征

一个行业和另外的行业之间的显著的区别和标准就是行业的特点。不同的行业所需要具备的知识、技能、素质都有很大的区别，“隔行如隔山”，在我国现在的一些行业，如电力、化工、石油、金融等行业利润率很高，需要人才很丰富的知识储备和相关专业的技能，而公交、农业、建造等行业利润率低。可以看出不同行业在利润率、产业结构及顾客人群等方面都是不同的。

### 四、职业与行业的关系

（一）行业与职业都是社会分工的产物

行业和职业的关系密切，它们之间的关系用一个通俗的比喻来说就是行业就像是一个公园，而职业有点像公园里面各种各样的花草树木。行业是一种社会结构，在这样的一个大的结构框架中，安排着各种各样的社会位置，每一个位置的空间、占有的资源等都是不一样的。

（二）行业与职业的分工层次不同

行业是一个集团概念，在这个集团里，有着生产相同或者相似社会效用的大量生产组织。而职业的概念就小很多，职业的分工层次主要是在行业这个范畴里的劳动分工，是一个个体概念，也就是行业和职业分工是一个包含关系，职业分工包含于行业分工之内。

（三）两者的内涵不同

行业是社会生产中分工的必然结果，而职业则不同。一般来说职业主要是劳动者在行业范围里分工的产物。行业的结构是由社会化大生产中生产力发展的状态决定的，而职业的结构则主要表现在生产过程中的科学管理水平上。

（四）两者的发展趋势不同

行业是一个社会劳动过程中分工的结果，在生产力不断发展的过程中，行业的区分也会越来越细。职业是在行业已经分工好的基础上形成的，是与特定的行业劳动分工和管理相联系的。

## 第二节　职业结构与社会发展

### 一、职业结构与社会发展的趋势

职业结构的变化一般可以从两个维度来看：从科学技术水平的变化来看，随着社会的发展，社会分工越来越细，在这种情况下就出现了各种各样的新职业，同时很多以前存在的职业，失去了存在的条件，慢慢就消失了；从职业结果的变化来看，职业分工的变化、社会需求的变化使得各种职业的需要量发生相应的变化，各种职业的劳动者的比例也发生了变化。一般来说，职业结构的变化可以反映出这个社会所处的发展水平和发展的方向。

### （一） 国外趋势

在社会生产力发展的水平下，国外一些发达国家的职业结构变化呈现出以下的一些趋势，一般的体力劳动职位、技术水平很低的职位中所能吸纳的劳动者在总体劳动者中所占的比例越来越小，而脑力劳动中、技术水平要求很高的职业的劳动者越来越多。表 3-1 是美国社会职业结构的变化趋势。

**表 3-1 美国 1919~1990 年行业与产业部门劳动就业配置比例** 单位：%

| 产业部门 | 1919 年 | 1959 年 | 1979 年 | 1990 年 |
|---|---|---|---|---|
| 第一产业 | 32.9 | 7.8 | 2.7 | 1.9 |
| 农业 | 32.9 | 7.8 | 2.7 | 1.9 |
| 第二产业 | 31.7 | 30.4 | 27.0 | 25.8 |
| 矿产业 | 2.8 | 0.9 | 0.7 | 0.8 |
| 建筑业 | 2.5 | 5.4 | 5.8 | 5.7 |
| 制造业 | 26.4 | 24.1 | 20.5 | 19.3 |
| 第三产业 | 35.4 | 61.8 | 70.3 | 72.3 |
| 运输、通信与公共服务 | 9.2 | 6.1 | 5.3 | 5.1 |
| 贸 易 | 11.2 | 18.8 | 21.4 | 22.2 |
| 金融保险房地产 | 2.8 | 4.1 | 5.3 | 5.7 |
| 其他服务业 | 5.6 | 17.3 | 21.0 | 23.2 |
| 政府部门 | 6.6 | 15.5 | 17.3 | 16.1 |
| 总计 | 100.0 | 100.0 | 100.0 | 100.0 |

资料来源：赫伯特·S. 帕纳斯. 1990. 人力资源. 哈尔滨：黑龙江教育出版社：80

从图 3-1 中看出 70 多年的时间里，美国产业结构变化很大。在 1990 年，美国第一产业的比重不足 2%，第三产业已经超过了 70%。白领工人（专业人员和技术人员，经理、行政官员和店主，推销员与公务员）在美国就业者中所占的比例一直呈上升趋势，即从 1919 年的 13%上升到 1995 年的 72.3%。手艺人和工头、操作工这些工作的变动比例不大，但是内部结构出现了很大的变化。农业劳动者的比例同样也经历了大幅度的下降，从 1919 年的 32.9%下降到了 1990 年的 1.9%。

从美国的职业结构变化中可以看到职业结构变化对美国社会结构变化的影响是非常大的。在 1959 年的时候，美国的白领工人数量和比例首次超过了体力工人，丹尼尔·贝尔认为美国从此进入了白领社会或进入了后工业社会。根据丹尼尔·贝尔等的研究，他们把人类社会大致分为三个阶段，即前工业社会（也即农业社会）、工业社会和后工业社会。前工业社会主要还是以农业、非熟练工人等职业为主。工业社会以半熟练工人等职业为主；后工业社会主要以专业性、技术性职业为主。从上面丹尼尔·贝尔的分析可以看出，职业结构的变化对社会结构的变化影响很大，主要表现在美国白领的增加，就需要培养高素质的人才，而人才培养又需要教育的发展。

（二）国内趋势

自新中国成立以来，中国劳动者的职业发生了很大的变化。中国从以前的农业社会职业结构向非农业社会职业结构转变。在全部的劳动者中,农业人口的比重在 1952 年为 84.21%，到 1978 年下降到 67.4%，到 1999 年再下降到 44%，据此可以看出我国农业人口的比重在不断地降低，和美国的工业化、城市化有着相似的特点。同时我国现在经商、接受高等教育等的人数大幅度上升，社会结构也在发生快速的变化。

中国非农业人口比重在 1999 年时已经超过了农业劳动者的比重，达到了 53%。非农业劳动者在商业、服务业中就业数量不断地增加。商业服务业从中心城市迅速发展起来。商业服务业的发展，使得需要的劳动人员越来越多，随着新型服务业的发展，涌现出很多新的职业岗位，吸纳更多人来就业。

产业工人的数量和比例从 20 世纪 80 年代开始，有很大的上升。产业转型升级后，虽然有一些传统的工业开始衰落，但又会出现一些新的职业，从而对产业工人的需求会保持在一定的水平上，不会有太大的下降。

职业结构的变化使得中国社会开始由原来传统农业开始转向现代工业和服务业。我国的职业结构变化和西方发达国家职业结构变化从总体上看基本是一致的，都是农业劳动者的比例不断下降而非农业劳动者的比例上升的趋势。

## 二、国内的行业结构变化趋势

中华人民共和国成立后，我国的行业结构和产业结构发生了很大的变化。随着我国社会劳动生产率的提高、非农业人口的增加,第一产业劳动者比例由 1952 年的 83.5%下降到了 2002 年的 50.0%，到 2013 年下降到 30.4%。第二产业和第三产业的劳动者比例分别由 1952 年的 7.4%和 9.1%，提高到 2002 年的 21.4%和 28.6%，到 2013 年提高到 30.1%和 38.5%。①在 60 多年的时间内，第一产业劳动者的份额下降了 53.1 个百分点，对于中国来说，这是社会发展进步的一个重要成就。

劳动者在三次产业的分布状况可以反映一个国家社会发展的程度。一个国家第二与第三产业劳动者的比例及产值，始终是衡量一个国家现代化程度非常重要的指标。美国著名的现代化问题专家阿历克斯・英克尔斯曾在 20 世纪 70 年代初提出了现代化社会的 10 条一般标准，其中有三项与行业密切相关。英克尔斯认为，一个现代化的国家，服务部门产值的比重应至少占社会总产值的 45%以上，农业产值的比重应至少在社会总产值中占不到 25%，而非农就业人员的比重则应大于 70%。2002 年中国第一产业产值占国内生产总值的 14.5%，第三产业产值占 33.7%，非农就业人员为 50%，从这些指标来看中国的现代化发展已经取得了历史性的进步。②

① 参见 1952~2013 年《中国统计年鉴》。

② 阿历克斯・英格尔斯. 1985. 人的现代化——心理、思想、态度、行为. 殷陆君译. 成都：四川人民出版社：

# 第三节 职业地位与声望

## 一、职业地位与声望

### （一）概念

**1. 职业地位**

职业地位主要是指人们从事的不同职业在经济收入、社会声望等方面产生的不同的总体情况。不同的职位所占用的社会资源是不同的。一般来说，人们主要把经济收入、社会地位和社会声望的不同作为职业地位的象征。职业地位是人们在一定时期对所从事的职业的一个主观的评价，随着社会不断地变化发展，内容也在发生变化，如在中国古代的农业社会，人们对农民的评价远远高于商业，但是在商业社会，职业价值观又发生了复杂的变化。

**2. 职业声望**

职业声望主要是指人们对社会上各种各样的职业不同的主观价值评估的集合。人们在评价职业声望的过程中，往往会借助不同的工具，通常主要是看这个职业的物质报酬，如工资、津贴、福利等方面。物质财富和精神财富的创造也是一个衡量职业声望的重要价值尺度，如果某种职业对于社会的作用很大，像从事有关公共福利和国家利益这样的职业，社会责任很大，职业的声望也很高；职业的环境的不同，也会使得职业的声望不同，职业环境主要是指与劳动相关的工作条件，如劳动条件、环境卫生等，职业环境越好，人们对这种职业的评价也就越高，职业声望也就越高。

### （二）研究职业地位与声望的意义

对职业声望或者职业社会地位的研究具有很重要的意义，主要表现在以下三个方面。

**1. 职业地位与声望研究是社会分层研究的一个重要方面**

社会学研究表明，在绝大多数社会里，社会成员常由于其权力、财产、教育、家庭、种族、性别、年龄、职业等特征的不同而被正式或非正式地区分为不同的阶层，即存在给不同的社会成员以不同的地位和荣誉的制度。而职业分层则是区分社会成员的一个非常关键的特征，在当今工业化社会，职业地位的高低往往成了一个人在社会中地位高低的指示器。职业角色将个体置于社会空间之中，为他们与别人的互动设置了一个舞台，同时，它也告知我们从事这种职业的人在社会结构中的位置。

**2. 职业声望是衡量社会经济发展水平的重要尺度**

人们对职业社会地位的评价，反映了当时社会的价值倾向，这种价值倾向与一定的社会发展阶段紧密相关。每一社会发展阶段都既有其占主导地位的职业，也有与这一阶段相关的对职业的评价。例如，工业社会崇尚科学家与企业家，对商人的评价高于农民。

**3. 研究职业地位与声望有助于我们理解劳动者的社会行为与职业流动**

近年来，关于职业地位和声望的研究表明，劳动者的择业行为和流动趋向与职业地位和声望的高低有着很大的关系。劳动者在力所能及的范围内，总是喜欢选择职业地位高或职业声望高的职业。由于受职业社会评价的影响，近年来已在城镇出现了职业选择性失业的问题，一些青年宁可待业在家也不愿屈就职业声望较低的职业。随着社会经济的发展，这个问题将会更加突出。

因此，职业地位与声望研究不但具有学术价值和对个人就业导向的作用，也具有社会决策的实际意义。

## 二、影响职业地位与声望的因素分析

**1. 职业的社会功能**

职业的社会功能是从职业对社会的作用方面来说的。由于一些职业责任很大，而且要求职业的人有很丰富的知识储备和社会经验，以及很高的道德素质。这些岗位往往需要高素质的人才在职位上默默工作，为国家安全和社会公共福利做出很大的贡献。这些职业往往可以让他们获得社会对他的高度评价，自然而然职业的声望也是很高的。

**2. 职业的自然属性**

职业的自然属性主要是指所从事的职业的复杂程度、劳动的强度等因素的影响。如果一个人所做的岗位的工作比较复杂、劳动强度很小、安全稳定，则这类职业往往也被认为职业声望较高。反之，就会发现这种职业声望就相对较低。但是这个标准不是绝对的，只是一般情况下的一个参考标准。

**3. 职业的组织类别**

职业的组织类别主要是指从一项工作任务的完成方式上来看，社会分工的加深、职业劳动的复杂，使得一项工作可能不是一个人可以完成的，而是需要一个团队来完成。如果职业的组织类别是通过个人独立来完成职业，那么这项职业的社会声望可能会远远高于一个团队来完成一项职业。

**4. 职业对组织家庭、社会交往的作用**

职业对组织家庭、社会交往往往也有很大的影响，主要就在于声望较高的职业，由于人们对它的评价较高，认可度就很大。好的职业可能就会使得人们更加愿意接触你，在人际交往中就可能越受欢迎。

## 三、职业地位与声望研究

### （一）测定职业地位与声望的方法

测定职业地位和声望的方面就要有主观法、客观法和排序法三种方法。

**1. 主观法**

主观法主要是指声望尺度法。声望尺度是一种判断尺度，也是目前职业地位和声望研究最重要而且使用最多的一种方法。声望尺度法主要选择很多职业，把选取的职业绘制成为表格形式，使得每种职业在绘制的表格后边排出一个从“很好”到“很差”等级来，大致排出5~10个等级，再根据抽样原理在这些等级中选取样本，抽取的样本的被调查者根据自己的对职业的看法，在其排出的等级后面打分；研究者将得到的资料进行汇总统计分析，并根据声望的研究尺度计算出每一种职业的平均分数，这个分数就代表了这项职业的相对声望。一般地说，研究者所列出的职业应符合以下要求；第一，具有尽量宽的涵盖面和尽可能大的代表性；第二，所列出的职业应尽量采用大众普遍接受的称谓，而且这些职业是普通被调查者都能理解和比较熟悉的。每种职业的声望度可以按照以下公式计算

$$S=\frac{\sum_{i=1}^{T}\frac{F_i}{N}\times W_i\times 100}{T}$$

式中，$S$ 为职业声望分数；$N$ 为调查的总体样本数；$F_i$ 为被调查者选择等级的频数；$W_i$ 为 $i$ 等级的加权数；$T$ 为等级的个数。

美国社会学家诺思和哈特在研究职业地位和社会声望的时候运用了声望尺度这一概念，并汇总职业声望表，为研究职业地位和社会声望做出开创性贡献。

**2. 排序法**

排序法，顾名思义就是要让不同职业的被调查者对职业按照自己的主观评价来进行排序。首先研究者会给出很多经济社会中的不同职业，如给出科学家、工人、农民、教师、门卫五种职业，在这五种职业中，被调查者就可以给出一个从第一到第五的一个排序。通过被调查者的排序的结果，研究者整理汇总和统计分析从而给出一个不同的职业在社会上的一个相对的位置。

美国社会学者康兹最早使用了这种方法对职业地位和声望做了探讨研究。在 1925 年，康兹在美国选取了 45 种不同的职业，进行了一次声望研究，他调查的人员主要是从教师和学生中选取，在抽样选取了 324 个被调查者，让他们根据自己的个人判断来对 45 种职业进行排序，然后按照排序的结果来分析职业地位和社会声望。

**3. 客观法**

客观法也称指标法，就是用可以反映职业地位的各种指标来判断衡量不同职位地位的高低。这种方法最关键的问题就是要找到可以衡量职业地位的指标。研究者必须选择几个关键的因素，这些关键因素就可以作为指标进行量化分析。1940 年，美国社会学家沃纳就运用指标法来对职业地位进行了研究。在他的研究中，选取了教育、收入和职业这三个指标，用这三个指标来衡量职业地位，参见表 3-2。

**表 3-2 (a)沃纳的职业地位表**

| 指标 | 细分指标 | 分数/分 |
|---|---|---|
| 教育 | 大学毕业以上 | 5 |
| | 大学肄业或专科学校毕业 | 4 |
| | 高中毕业 | 3 |
| | 初中毕业 | 2 |
| | 小学或小学以下 | 1 |
| 家庭年收入/元 | 1 000 000 以上 | 5 |
| | 500 000~999 999 | 4 |
| | 80 000~499 999 | 3 |
| | 50 000~79 999 | 2 |
| | 49 999 以下 | 1 |

续表

| 指标 | 细分指标 | 分数/分 |
|---|---|---|
| 职业 | 大公司企业管理人员或专业人员 | 5 |
| | 小公司企业管理人员或半专业人员 | 4 |
| | 普通职员或店员 | 3 |
| | 技工 | 2 |
| | 农业人口或临时工 | 1 |

**表 3-2 (b)评分方法**

| 职业地位等级 | 上上层 | 下上层 | 上中层 | 下中层 | 上下层 | 下下层 |
|---|---|---|---|---|---|---|
| 得分 | 15 | 12~14 | 9~11 | 6~8 | 3~5 | 3 分以下 |

### （二）国外关于职业地位和声望的调查方法介绍

按照时间顺序进行简单介绍如下。

**1. 海特职业地位量表**

海特是美国人口普查局的工作人员，他根据自己的实际经验，在 1987 年以职业角色为依据，把社会职业全部分成了四个等级：①产业主；②职员；③熟练工人；④一般体力劳动者。根据职业角色来确定社会职业的等级，然后再根据职业等级来确定劳动者的社会经济地位。海特职业地位量表主要使用客观法来对社会职业地位进行研究。

**2. 爱德华量表**

爱德华继续用海特研究职业地位的方法进行研究，并在 1938 年根据当时美国人口普查局所得的资料，用不同的职业需要的教育水平和收入水平作为基础，将不同的职业按照当时的平均教育水平和平均收入水平的高低把职业地位分为 6 个大类 10 个等级。爱德华量表反映出某类职业需要的技术、教育水平及工资薪酬水平。6 个大类 10 个等级的量表如下。

（1）非熟练工人：包括农民、除农民以外的体力劳动者。

（2）半熟练工人。

（3）熟练工人及工段长。

（4）职员。

（5）产业主、经理和官员：包括农场主（土地所有者及承租人），批发与零售商人，其他产业主、经理和官员。

（6）专业人员。

爱德华量表是美国运用较早且运用比较广泛的量表。

**3. 赛特职业地位量表**

赛特职业地位量表在美国运用也是非常广泛的。这种职位量表根据社会职业地位高低不同来进行分类。

（1）工商业者。

（2）专业人员，包括教师、教授、法官、工程师、艺术家、作家、编辑和医生。

（3）小企业所有者与经营者：包括小零售商、服务业主、修理业主、小承包商和其他一切非农产所有者。

（4）白领工人，包括各类职员与技术工人，如速记员、图书管理员、打字员、制图员、推销员和其他主要从事管理工作与非体力劳动的劳动者。

（5）熟练体力劳动者，包括砖瓦工、管子工、机械师、火车司机、印刷工、工段长、服务业熟练劳动者、炊事员、理发师等。

（6）半熟练劳动者：如卡车司机、机器操作工、服务站工作人员、餐厅服务员、售货员和其他以体力劳动为主无须多少技术的劳动者。

（7）非熟练体力劳动者，即在技术与责任方面要求最低的工人，如清洁工人、搬运工、看门人、建筑工人和擦鞋人等。

赛特职业量表按财产和管理规模将产业主与企业经理分为两类。其余的则和爱德华的分法相似。

**4. 诺思-哈特职业声望表**

诺思-哈特职业声望表是由诺思和哈特两人在美国国家民意研究中心主持并在 1947 年进行的调查资料基础上而制成的。他们选择了 90 种职业，在美国全国范围内抽样选择 2920 个样本，让每一位被选的调查者评定每个工作属于哪一个等级。从非常好到很不好分为五个等级。诺思-哈特的职业声望表如表 3-3 所示。

**表 3-3 诺思-哈特职业声望表**

| 职业 | 1947年得分/分 | 1963年得分/分 | 职业 | 1947年得分/分 | 1963年得分/分 | 职业 | 1947年得分/分 | 1963年得分/分 |
|---|---|---|---|---|---|---|---|---|
| 最高法院法官 | 96 | 94 | 长篇小说作者 | 80 | 78 | 汽车修理厂技工 | 62 | 62 |
| 医生 | 93 | 93 | 正规军上尉 | 80 | 82 | 地方工会官员 | 62 | 67 |
| 州长 | 93 | 91 | 建筑承包商 | 79 | 80 | 午餐铺个体经营 | 62 | 63 |
| 政府内阁成员 | 92 | 90 | 经济学家 | 79 | 78 | 正规军下士 | 60 | 63 |
| 外交官 | 92 | 89 | 公立学校指导员 | 79 | 82 | 工厂机械操作工 | 60 | 62 |
| 大城市市长 | 90 | 97 | 公立中小学教师 | 78 | 81 | 理发师 | 59 | 63 |
| 大学教授 | 89 | 90 | 地方农产品代理 | 77 | 76 | 售货员 | 58 | 63 |
| 科学家 | 89 | 92 | 火车司机 | 77 | 73 | 自己有船的渔民 | 58 | 56 |
| 国会议员 | 89 | 90 | 农场主兼经营者 | 76 | 74 | 电车司机 | 58 | 58 |
| 银行家 | 88 | 85 | 国际工会官员 | 75 | | 送奶人 | 54 | 56 |
| 政府科学研究员 | 88 | 91 | 播音员 | 75 | | 餐馆厨师 | 54 | 56 |
| 地方法官 | 87 | 88 | 报纸专栏作家 | 74 | | 卡车司机 | 54 | 55 |
| 州政府职员 | 87 | 86 | 图片社老板 | 74 | | 伐木工人 | 53 | 59 |
| 牧师 | 87 | 87 | 电学家 | 73 | | 加油站工人 | 52 | 55 |
| 建筑设计 | 86 | 86 | 教练机机械师 | 73 | | 夜总会歌手 | 52 | 51 |
| 化学家 | 86 | 89 | 市政府福利员 | 73 | | 农场工人 | 50 | 54 |

续表

| 职业 | 1947年得分/分 | 1963年得分/分 | 职业 | 1947年得分/分 | 1963年得分/分 | 职业 | 1947年得分/分 | 1963年得分/分 |
|---|---|---|---|---|---|---|---|---|
| 牙医 | 86 | 88 | 企业家 | 72 | | 煤矿工人 | 49 | 50 |
| 律师 | 86 | 89 | 日报记者 | 71 | | 出租车司机 | 49 | 49 |
| 大公司董事 | 86 | 87 | 小杂货店经理 | 69 | | 铁路工人 | 48 | 50 |
| 核物理学家 | 86 | 92 | 记账员 | 68 | | 餐馆服务员 | 48 | 49 |
| 教士 | 85 | 86 | 保险代理人 | 68 | | 码头工人 | 47 | 50 |
| 心理学家 | 85 | 87 | 农场主 | 68 | | 守夜人 | 47 | 50 |
| 土木工程 | 84 | 86 | 批发公司推销点 | 68 | | 洗衣房工人 | 46 | 45 |
| 飞行员 | 83 | 86 | 游艺场指导 | 67 | | 冷饮售货员 | 45 | 44 |
| 画家 | 83 | 78 | 警察 | 67 | | 酒吧招待员 | 44 | 48 |
| 百人企业主 | 82 | 80 | 列车员 | 67 | | 看门人 | 44 | 48 |
| 社会学家 | 82 | 83 | 邮电员 | 65 | | 雇农 | 40 | 42 |
| 大企业会计师 | 81 | 81 | 木匠 | 65 | | 拣垃圾人 | 35 | 39 |
| 生物学家 | 81 | 85 | 汽车修理工 | 63 | | 马路清洁工 | 34 | 36 |
| 交响乐团音乐家 | 81 | 78 | 管工 | 63 | | 擦鞋人 | 33 | 34 |

资料来源：霍奇，等. 1964. 美国的职业声望（1925~1963），美国社会学杂志，（7）：286-302

**5. 特莱曼的标准国际职业声望量表**

1974年，美国社会学家特莱曼正式提出了标准的国际职业声望量表。这种职业声望量表将各国不同的职业分数进行了标准化，从而得到了一个标准的国际职业声望量表，如表3-4所示。

**表 3-4 标准国际职业声望量表**

| 标准职业头衔 | 标准等级分数/分 | 标准职业头衔 | 标准等级分数/分 | 标准职业头衔 | 标准等级分数/分 |
|---|---|---|---|---|---|
| 物理学家 | 77.9 | 建筑承包商 | 53.4 | 木匠 | 37.2 |
| 大学教授 | 77.6 | 演员 | 51.5 | 泥瓦工 | 34.1 |
| 律师及审判律师 | 70.6 | 簿记员 | 49.0 | 管工 | 33.9 |
| 大商行负责人 | 70.4 | 推销员 | 46.9 | 售货员 | 33.6 |
| 工程师及市政工程师 | 70.3 | 农场主 | 46.8 | 邮差 | 32.8 |
| 银行家 | 67.0 | 电工 | 44.5 | 卡车司机 | 32.6 |
| 飞行员 | 66.5 | 保险代理人 | 44.5 | 公共汽车、电车司机 | 32.4 |
| 中学教师 | 64.2 | 办公室职员 | 43.3 | 矿工 | 31.5 |
| 药剂师 | 64.1 | 汽车机械工 | 42.9 | 理发师 | 30.4 |
| 武装部队官员 | 63.2 | 汽车机械修理工 | 42.8 | 鞋匠 | 28.1 |
| 教士 | 59.7 | 店主 | 42.4 | 侍者 | 23.2 |
| 艺术家 | 57.2 | 印刷工 | 42.3 | 农场雇工 | 22.9 |

续表

| 标准职业头衔 | 标准等级分数/分 | 标准职业头衔 | 标准等级分数/分 | 标准职业头衔 | 标准等级分数/分 |
|---|---|---|---|---|---|
| 小学教师 | 57.0 | 打字员速记员 | 41.6 | 街头小贩 | 21.9 |
| 记者 | 54.9 | 警察 | 39.8 | 看门人 | 21.0 |
| 会计 | 54.6 | 裁缝 | 39.5 | 仆人 | 17.2 |
| 低级公务员 | 53.6 | 工头 | 39.3 | 街道清洁工 | 13.4 |
| 护士 | 53.6 | 士兵 | 38.7 | 收破烂者 | -2 |

资料来源：Treiman D. 1977. Occupational Prestige in Comparative

特莱曼标准国际职业声望量表的计算方法如下：

$$X_{ij}^{'}=\frac{S_{uj}}{S_{ju}}(X_{ij}-\overline{X}_{uj})+\overline{X}_{uj}$$

式中，$X_{ij}^{'}$为$j$国的$i$职业转换后的声望分数；$S_{uj}$为美国分数的标准差，且这一职业在美国和$j$国均被认定；$X_{ju}$为$j$国分数的标准差，且这一职业在$j$国和美国均被认定；$X_{ij}$=$j$国的$i$职业的原始十进制声望分数；$\overline{X_{ju}}$为某职业在$j$国的平均分数，这一职业在美国及$j$国均被承认；$\overline{X_{uj}}$为某职业在美国的平均分数，这一职业在美国与$j$国均被承认。

## 四、中国职业声望的调查与研究

由于一些历史因素，中国在研究职业声望这一方面时间短，起步晚。中国职业声望领域最早的文献产生于20世纪80年代，最有代表性的职业声望研究有三次。①1983年，华裔社会学家林楠和中国社会科学院社会学研究所合作在北京城区抽样，对1774名居民进行了50种职业的声望调查；②1990年，北京大学社会学系“职业声望课题组”在北京和广州对1141位居民80种职业的调查；③李强等在1997~1998年对北京市居民100种职业的调查。根据他们的调查研究发现，中国职业声望具有以下一些特点。

（1）教授、工程师、医生、社会科学家和自然科学家等的评价较高，在职业评价中，中国的职业评价首先是考虑高知识、高教育等因素，与这些因素有关的一些行业都得到了比较高的分值。

（2）对官员的评价不是很高，在北京、广州等地的职业评价中，对官员的评价较低，这与职业声望的国际评价中人们对政府职员给予很高分值相反。

（3）报纸、广播、电视等宣传媒介在很大程度上影响人们对职业评价的分值。

（4）不同的性别、年龄、职业、教育、政治与文化对职业声望的评价表现出相关性。根据研究发现，不同群体对职业声望评价的相关系数在0.95以上。

（5）在调查研究中，农民声望的打分超过我们的预料，以前我们认为农民职业地位低，这些发现表明对职业声望的评价有时候往往也会更加看重职业对社会所做出的贡献和努力，对社会贡献越大的职业，社会职业声望也越高。

2009 年 5 月在北京进行了一次职业声望的调查，方法和 1997~1998 年调查研究一样。根据李强和李海洋的《变迁中的职业声望》一文，这次职业声望调查运用配额抽样，配额比例按照北京市 2008 年居民职业分布情况来决定。共回收有效问卷 430 份，其中男性样本占 56.5%，女性样本占 43.5%。2009 年的职业声望调查结果和 1998 年相比发生了一些变化，从排名变动来看，十年前声望较高的法律工作者，如法官和检察官的职业声望排名跌出了前十位。经济金融类职业声望上升幅度很大，职业所具有的资源控制能力是衡量社会地位的重要指标。音乐家、高级军官和公司董事长的职业声望评价大大上升，其中公司董事长的职业声望升幅最为明显，说明人们在市场经济条件下对企业管理人员的认可大幅度提高，声望值甚至超过了政府的管理人员。①

**[本章小结]**

行业是一个集合体，是人们从事相同或相似的所有经济活动的一个集合体。行业和职业有密切的关系，它们都是社会分工的产物。职业结构的变化可以从科学技术水平的变化和职业结果的变化两方面来考虑。职业地位主要是指人们从事的不同职业在经济收入、社会声望等方面产生的不同的总体情况。研究职业地位和声望的方法很多，主要有海特职业地位量表、爱德华量表等。

**[重要概念]**

行业　职业声望　职业地位

**[思考题]**

1. 什么是职业地位和声望?
2. 研究职业地位和声望有什么意义?
3. 影响职业声望的因素有哪些?
4. 设计一个简单的职业声望调查表。

① 李强，李海洋. 2009. 变迁中的职业声望：2009 年北京职业声望调查浅析. 学术研究，09。

CHAPTER 4

# 第四章 职业生涯

[内容摘要]

本章全面阐述了职业生涯的含义、影响职业生涯的因素，同时介绍了个人职业生涯的发展规划，包括“职业锚”理论的详细介绍，最后介绍了职业生涯的设计，以更好地说明职业生涯设计的重要性。

[学习要点]

1. 影响职业生涯的八大因素。
2. 个人职业生涯发展的主要内容。
3. “职业锚”理论的详细内容。
4. 个人职业生涯设计的含义、步骤。

# 第一节 职业生涯相关概念

## 一、职业生涯

### （一）职业的定义

回顾第三章，职业是指人为维持自己的生计，同时实现社会联系和社会自我而进行的持续活动方式。职业具有社会性、差异性、层次性、时代性等特征。

### （二）职业生涯含义

一个人的一生可以划分为不同的历史阶段，或者说划分为不同的生命阶段，如幼年、少年、青年、中年、老年等。为了从事一定的工作，就需要接受具备工作能力的职业教育。人的一生中，大部分时间都与职业有关，或者是处于职业选择阶段，或者是处于就业阶段，或者是已经结束了就业阶段，但仍然在继续从事社会上一定的职业劳动阶段。从职业学习开始的人生旅程，就是人们所说的职业生涯。

职业生涯的概念是沙特烈提出来的，他认为，职业生涯是指一个人在工作生活中所经历的职业或职位的总称。萨柏则认为，职业生涯包括个人一生中的生活和角色。按萨柏的定义，职业生涯包括人生自青春期至退休所有有酬或无酬职位的综合，除了职位之外，还包括与工作有关的各种角色。

我们认为，职业生涯有其基本含义，是指一个人一生连续担负的工作职业和工作职务的发展道路。职业生涯是个发展和动态的概念，描述的是个体具体的职业和工作职务的发展和变化，要求个体根据自身的兴趣、特点，将自己定位在一个最能发挥自己长处的位置，可以最大限度地实习自我价值。

## 二、影响职业生涯的八大因素

影响职业生涯的相关因素有健康情况、社会阶层的影响、教育、性别、年龄、负担、自我观、地理因素。

**1. 健康**

健康为八大因素中最具影响力的一项。健康对于职业的选择特别重要，几乎所有的职业都需要有健康的身体。譬如，录音师依赖听力，教师依赖声音，邮差依赖两腿。

每个人对身体健全的关切，与其有效的职业掌握直接相关。凡是积极追求健康的人，大都满意他们过去的职业经历。他们看重生命、关心健康，执着于追求安适和自我实现。不过，紧张忙碌的职业会导致压力。因此，要采取一些技巧，既要保持适度的压力激励自己，又不能伤害身体。

**2. 社会阶层**

每个人所处的环境，对他的生活机会有很大的影响。受过高等教育的父母，对子女的教育方式，与贫穷的家庭有很大的差异。小孩本身对世界给予他们的机会毫不知情，四周环境似乎生来即使如此，是固定的、无法改变的。小孩没有觉察到他们的社会关系，这一点正深深地影响着他日后的生活及工作。

数十年来，社会学家已经认识到，职业与社会阶层关系密切。不过，虽然社会阶层深深影响职业生涯，但是社会阶层并非牢不可破，通过一定社会升迁和横向流动，职业的转换是经常变化的，尤其在社会急剧变化的时期。

**3. 教育**

成功的教育与社会阶层的晋升有明显的关系，凡是社会阶层高过他们父母所属阶层的人都觉得，教育是改变社会阶层的主要动力。教育程度虽然是事业成功中不可缺少的因素，但对于大多数的职业而言，却未必如此。雇主对录用者能做什么较有兴趣，而不只是注意他们所具备的教育资格，有时候自我拓展和非正规的学习，比正式的资格还重要。

**4. 性别**

虽然男女平等的观念渐渐普及，但性别因素仍然在职业中扮演着重要的角色。多数人认为事业卓著是男人的幸福。有些女性对自己能做出出色的事业感到怀疑，因为，她们还要把自己的精力分给家人和家务，虽然她们认为事业比较重要。性别问题是对事业掌握有特别意义的挑战。男人觉得他们很难把握好对工作、家庭和休闲时间分配，女性则在家务需求和工作需求的协调方面感到困扰。

**5. 年龄**

工作生活大致可以分为三个阶段:初步学习、操作及清闲。这三个阶段没有绝对的关系，但从某些观点来看，把这三个因素融合在一起，反而更客观。事实上，有少数人在一般认定的年龄之后，才开始事业的重要新阶段。譬如丘吉尔，他在 40 岁之后才开始把绘画当作有益的消遣，里根到了 70 岁才当上美国的总统。

**6. 负担**

负担是对别人（多为家人或朋友）、对社会及对财务状况所承担的义务。成年人必定会受到各种义务的束缚。我们需将事业放在各种关系中审查，选择职业绝不能毫不考虑个人的生活形态。那些事业成功的人都提到，心智、情绪、精神、心理、物质、品德发展，与家庭、友谊、个人成就互相关联、互相影响。把事业当作终点是一种短视的做法。

很多人发现，当我们有了负担之后，谨慎变成生活的共同特点。一切以事业为主的人，都会珍惜闲暇时间，因为他们已经意识到，完成全部工作需要很多时间。

**7. 自我观**

人们对自我能力及性格的定义，往往也决定了自己的行为。犯罪行为研究表明，缺乏自信的人，比行动和行为显得机智自信的人更容易成为街头犯罪肇事者。

自我形象强烈限制着事业抉择，但这点差异可用内心的潜意识来解决。自我形象有时候是一种限制，必须建立真实的自我形象，因为它会导致过度自我膨胀。有人过高地估计自己的能力，结果因为别人不承认其才能，而产生愤怒受伤之感。

**8. 地理因素**

世界上有各种不公平的现象，其中之一就是地理因素。有些人的居住处就是比其他人的居住处更优越，如好莱坞的零售商就比南非小镇的零售商谋利环境要好得多。

## 第二节　个人职业生涯发展

每个人对自己的一生都有良好的设想，这些设想有的可以实现，有的可能不会实现。当一个人在单位工作时，如果他能够有自己的职业发展观念，并且这个单位的管理者能够为他们进行设计，他就会有一种动力。管理者给员工进行具体的设计时，要使他们的职业生涯计划建立在现实的、合理的基础上，并且通过必要的培训、职务设计及有计划的晋升或职务调整，为其个人的职业生涯发展创造有利条件。

### 一、个人职业生涯发展计划

个人职业生涯发展计划基本上有三个方向。

（1）纵向发展，即员工职务等级由低级到高级的提升。

（2）横向发展，指在同一层次不同职务之间的调动，如由部门经理调到办公室主任。此种横向发展可以发现员工的最佳发挥点，同时可以使员工自己积累各个方面的经验，为以后的发展创造更加有利的条件。

（3）朝核心方向发展，虽然职务没有晋升，但担负了更多的责任，有了更多的机会参加单位的各种决策活动。

以上这几种发展都意味着个人发展的机会，也会不同程度地满足员工的发展需求。

### 二、个人职业生涯 PPDF

如今，越来越多的企业重视个人职业生涯发展计划（personal performance development file，PPDF），认为它可使企业和员工形成合力，形成有力的团队，员工会为了公司的目标去努力实现自我价值。

PPDF 看起来很简单，但是作用却非常强大。有不少的企业、公司靠它将自己的员工形成了一种合力，形成了团队，为了单位的目标去努力实现自我价值。为什么它能起到这样的作用呢？主要是它将所有员工的个人发展同企业的发展紧紧地联系在一起。它为每个员工都设计了一条经过努力可以实现个人目标的道路，使他明确只有公司发展了，他个人目标也就可以实现了。这实际上是一种极有效的人力资源开发的方法。正因为如此，许多企业纷纷效仿。

#### （一） PPDF 的主要目的

PPDF 是对员工工作经历的一种连续性的参考。它的设计使员工和他的主管领导，对该员工所取得的成就，以及员工将来想要些什么有一个系统的了解。它既指出员工现实的目标，也指出员工将来的目标及可能达到的目标。它标出，你如果要达到这些目标，在某一阶段你应该具有什么样的能力、技术及其他条件，等等。同时，它还帮助你在实施行动时进行认真思考，看你是否非常明确这些目标，以及你应该具备的能力和条件。

（二）PPDF的主要内容

**1. 个人情况**

（1）个人简历：包括个人的生日、出生地、部门、职务、现住址等。

（2）文化教育：初中以上的校名、地点、入学时间、主修专题、课题等。是否拿到学历，在学校负责过何种社会活动等。

（3）学历情况：填入所有的学历及取得的时间，以及考试时间与分数等。

（4）曾接受过的培训：曾受过何种与工作有关的培训（如在校、业余还是在职培训）、课题、形式、开始时间等。

（5）工作经历：按顺序填写你以前工作过的单位名称、工种、工作地点等。

（6）有成果的工作经历：写上你认为以前有成绩的工作是哪些，不要写现在的。

（7）以前的行为管理论述：写你对工作进行的评价，以及关于行为管理的事情。

（8）评估小结：对档案里所列的情况进行自我评估。

**2. 现在的行为**

（1）现时工作情况：应填写你现在的工作岗位、岗位职位职责等。

（2）现实行为管理文档：填写你现在的行为管理档案，可以在这里加一些注释。

（3）现时目标行为计划：设计一个目标，同时列出和此类目标有关的专业、经历等。这个目标是有时限的，要考虑到成本、时间、质量和数量。如果有什么问题，可以立刻同你的上司探讨解决。

（4）如果你有了现实目标，它是什么？

（5）怎样为每一个目标设定具体的期限？此处写出你和上司谈话的主要内容。

**3. 主要发展**

（1）职业目标：在今后的3~5年里，你准备在单位里做到什么位置。

（2）所学需要的能力、知识：为了实现你的目标，你认为应该拥有哪些新的技术、技巧、能力和经验等。

（3）发展行动计划:为了获得这些能力、知识等，你准备采用哪些方法和实际行动？其中哪一种是最好的、最有效的？谁对执行这些行动负责，什么时间能完成？

（4）发展行动日志：此处填写发展行动计划的具体活动安排、所选用的培训方法，如听课、自学、所需日期、开始时间、取得的成果等。这不仅是为了自己，也是为了了解工作、了解行为。同时，你还要对照自己的行为和经验等，写上你从中学到了什么。

## 三、转换职业与自我创新

### （一）立足本职的道路

**1. 最常见的职业发展道路是把自己所在的职业岗位作为职业生涯发展的首选道路，这是一种明智的选择**

为什么职业道路会成为人们职业发展与成功的最常见的道路呢？

（1）通过职业活动实践，个人可以掌握职业技能、学会专业知识、积累工作经验，从而增长才干、增加人力资本，这是成才与成功的必经之路。

（2）本职工作可以为人的实践活动提供经常性、专门化、固定化的场所，这也是成才与成功的必要条件与环境。

（3）一个人把本职工作作为成才途径，比采取与职业岗位无关的途径有更多的学习时间，比其他途径的“工学矛盾”较少。

（4）随着工作单位的发展、扩大，个人可能获得一定的发展机会，有的单位还会根据发展的需要对有潜力的个人给予选拔、培训。

（5）个人走立足本职的道路，取得一定成就后也就多了一条获得承认的渠道。总之，个人走上职业岗位后，采取立足本职工作的生涯发展道路，不仅可以在本职工作岗位上增加人力资本，而且能够随着工作单位的发展而获得个人的发展和成功的机会。

**2. 工作中“有心”和学业上选择走本职岗位成才的道路**

（1）工作中“有心”。一个人要在平凡的工作岗位上做出并不平凡的业绩来，就要“有心”，从工作岗位的实际出发，制定恰当的目标，勤于观察、钻研，善于学习、积累。

（2）学业上选择。要把学习（包括工作岗位中的学习、单位的教育培训、个人的业余学习）和本职工作有机地联系起来，处理好专业方向的选择、学历等级的确定、职业技能的掌握几个方面的问题，从而使学业最大限度地帮助自己成功。

### （二）转换职业

立足本职的道路虽然是成功的基本道路，但是，并不是唯一的道路，而且在职业生涯发展方向受到方向性的限制时，在新时期，进行职业的转换是普遍存在的现象。

选择合适的专业领域自学为转换职业提供了更广阔的空间与更大的可能性。

**1. 自学成长道路**

自学成长道路是一条空间广阔的职业发展道路。自学成长道路最为突出的特点是，学业、成才和成功的目标不受岗位的约束和限制，自学者对自学的选择，可以完全依据个人的兴趣、爱好和特长来确定。只要兴趣所在，能力所及，条件允许，不管什么层次的，什么类型的目标都可以选择，尤其是个人的兴趣，爱好特点与职业不协调时，选择业余自学的道理更有必要，现代教育的发展，不仅为自学成才提供条件，比如各种技能培训，非学历教育，成人高等教育，继续教育 MBA 等，机会众多，而且用人单位需求提供了方向、等级、具体对象，甚至强化了用人单位的质量。

走自学成长之路，自学的目标要和自己的兴趣爱好相结合。成长的欲望和对目标强烈的追求是人们在业余时间学习的直接动力，如果没有强烈的兴趣爱好和成长欲望的支持，很难想象在 8 小时工作之后还能艰苦地自学和研究，更何况自学和研究要长期坚持，持之以恒。其次，自学的目标要与个人的能力、优势相结合。“尺有所短，寸有所长”，发挥自己的优势。

**2. 自我创业**

每个人犹如社会结构中的自由粒子，在职业生涯的道路选择上，还有一条自我创业的途径。自我创业，即不从劳动市场现存的岗位中寻找自己的岗位，而是在经济市场——商品市场、服务市场上，运用自己的能力和各种资源（许多资源也是靠自己集聚和创造的），举办个体、私营、私营合股企业，开拓自己的事业——小到一家自己站柜台的小卖部，雇佣两三个人的打字社，大到募来百万千万元资产的大企业。

自我创业道路是一条完全自主的道路，对于有一定抱负的人尤其是年轻敢拼搏的人来说，这是一条很好的职业生涯道路。

国家对于开办和发展个体、私营经济提供了良好的政策环境。自我创业者可以充分利用政府对于个体、私营经济的优惠与扶持政策，开拓自己的事业。

我们还要认识到创业成功的复杂性。随着我国经济的发展和市场机制作用的加强，竞争也进一步加剧，与到工作单位就业相比，自我创业要花费很大的精力，付出更多的辛苦，同时，还要面临经营上的风险，不仅要有风险意识和心理承受能力，而且要有屡败屡战的精神和灵活有效的防范应对措施。

## 第三节　“职业锚”理论

“职业锚”理论是在麻省理工学院斯隆管理研究院毕业生的一项纵向研究基础上形成的。所谓“职业锚”，是一种指导、制约、稳定和整合个人职业决策的自我观。E.H.施恩认为，这种自我观有三个部分：①自省的才干和能力；②自省的动机和需要；③自省的态度和价值观。“职业锚”理论是一种以个人为出发点的职业生涯理论。

### 一、“职业锚”概念

#### （一）它的定义比工作价值观或作业动机的典型概念更宽泛

对职业的选择所做的许多分析只强调了动机和价值观，而没有考虑到以实际工作经验为基础的自省才干和能力的临界作用。

#### （二）由于强调了实际工作经验，就不可能凭各种测试来预测“职业锚”

这个概念强调了由实际经验带来的演变、发展和发现。多数情况下，个人的才干在接受实际生活情景的测试以前，它的真正面貌并不清楚。另外，“职业锚”显然是个人和工作情景之间早期相互作用的产物。它们“内含”于一个人的身上，对职业决策和选择发挥了一系列驱动和制约的功能。如果一个人流向了一个可能失败，或者不能满足其需要的环境，那么，这个人会“掉头”进入某种更加和谐的环境。这就是“锚”的比喻。

#### （三）这个概念强调了完整的自我观中的能力、动机和价值观之间具有相互作用

它们的相互作用表现为，我们逐步需要和重视我们所擅长的东西，以及我们在那些自己需要或重视的东西中改善了自己的能力。“职业锚”概念的目的是，突出个人完整的自我观动机、价值观和能力的逐步整合。

#### （四）“职业锚”只有在早期职业的若干年后才能被发现

个人在面临各种各样的实际生活情景以前，不可能了解自己的能力、动机和价值观事实上将如何相互作用，以及将在多大程度上适应可行的自由选择。例如，一个人可能自信有才干和愿意从事咨询事业，也有证据表明他会喜欢这项工作。结果发现，自己生活稳定的需要与一个咨询者的流动生活的特点完全相冲突。或者一个人进入了某公司，找到了一项再合适不过的工作，结果却发现自己的价值观与雇主的价值观之间有一种真正的不一致。

（五）这个概念倾向于识别个人内在的一种稳定的成长区

然而，它不意味着个人停止变化或成长。确切地说，“职业锚”是允许其他方面的成长和变化的稳定源，“职业锚”本身也会发生变化。但必须认识到，设计这个概念是为了了解当我们在更多的生活经验的基础上发展了更深的自我洞察时，我们的生命中成长的更加稳定的竞争。

## 二、“职业锚”的五种类型

斯隆管理研究院的施恩教授总结出五种类型的“职业锚”，在此加以简要的介绍。

### （一）技术/职能型“职业锚”

这一类型的人在做出职业选择和决策时将主要精力放在自己正在干的实际技术内容或职业内容上。他们认为自己的职业成长只有特定的技术或职能领域才意味着持续的进步。这些领域包括工程技术、财务分析、营销、系统分析等各种领域。比如说，一个技术/职能型锚的财务分析员希望成为公司的会计。最高理想是某公司的财务副总裁。他们只对同自己的区域有关的管理任务加以接受，对全面管理则抱有强烈的抵触情绪。在传统的由职能型向全面管理型职业发展通道上，这一个锚型的个体常常经历严重的冲突。为了不损害职业，他们常无法拒绝一些全面管理的工作，可是这使得他们感到害怕或心烦，无法胜任。

### （二）管理能力型“职业锚”

这个类型的个体在职业实践中相信自己具备胜任责任管理所必不可少的技能和价值观。他们根据需要在一个或多个职能区展现能力，但他们的最终目标是管理本身。他们具有三种能力的强强组合：分析能力——在信息不全或不确定性情况下识别、分析和解决问题；人际能力——能影响、监督、领导和操纵组织各级人员更有效地实现组织目标；感情能力——能够为感情危机和人际危机所激励，而不被打到，能承担高水平的责任，而不是变得软弱无力，能使用权力而不感觉内疚或羞愧。

### （三）安全/稳定型“职业锚”

安全锚的人追求稳定安全的前途，比如工作的安全、体面的收入、有效的退休方案和津贴等。安全锚的人仰赖组织和社区对他们能力需要的识别和安排。为此他们会冒险，也愿意高度服从组织价值观和准则作为交换。安全锚的人也可以分为两种取向。有些人的安全感和稳定感来自给定组织中稳定的成员资格，而另一些人的安全稳定则是以地区为基础的，包括定居、使家庭稳定和使自己同某一社团的感情稳定。

### （四）创造型“职业锚”

创造型“职业锚”的个体时时追求创造完全属于自己的成就。他们以自我扩充为中心，对于组建新的组织，团结最初的成员，为克服初期难以应付困难废寝忘食而又乐此不疲。而一旦建成，他们就会厌倦或不适应正规的工作而退出领导层，自愿或不自愿让位于总经理。

### （五）自主、独立型“职业锚”

自主、独立型“职业锚”个体追求的主要目标是随心所欲地制订自己的步调时间表、生活方式和工作习惯，尽可能少地受组织的限制和影响。他们可能是自主性较强的教授、自由职业者，或者是小资产所有者、小型组织的成员。自主、独立型“职业锚”的个体也可以从事这些职业，但是他们可能很少为了自由需要而放弃晋升的机会，为了更高的地位、收入，他们可以自由地拿个人生活方式作为交换。创造锚型的个体同样有很多自主权，但他们关心的不是自由本身，即使是全力以赴地建立自主的职业目标。

“职业锚”的理论为我们提供了一种独特的视角,在职业计划和职业管理实践方面提供了新的理论基础。

# 第四节　职业生涯设计

## 一、职业生涯设计概述

### （一）职业生涯设计的基本概念

职业生涯设计也叫职业规划或置业计划，指的是一个人制定职业目标，确定实现目标的手段的不断发展的过程，它是个人一生中事业发展的战略设想和计划安排。职业生涯设计将个人和组织相结合，在对一个人职业生涯的主客观条件进行测定、分析、总结研究的基础上，确定其最佳的职业奋斗目标，并为实现这一目标做出行之有效的安排。

职业生涯设计的目的绝不只是协助个人实现个人目标，更重要的是帮助个人真正了解自己，并且进一步评估内外环境的优势，在“衡外情，量己力”的情形下设计出各自合理且可行的生涯发展方向。例如，既要有市场竞争优势，也要配合周围环境变动趋势，只有这样才能把握稍纵即逝的机会，发挥个人的潜能，实现预定的目标。

个人进行职业生涯设计的原因在于每一个人都希望在自己的职业生涯中，能够最大限度地发挥自己的潜能，有效地实现自我价值，从而保证在事业上取得更大的成就。著名心理学家马斯洛的需求层次理论可谓众所周知，在他看来，当人们获得了生理、安全和情感需要的满足以后，就要追求自我实现的满足。如今在企业工作的员工，较低层次上的需要一般都能够得到满足，因而自我实现就成为他们在工作中追求的目标。通过职业生涯设计，可选择适合自己的发展道路，确定符合自己兴趣与特长的生涯路线，正确设定自己的人生目标，运用科学的方法，采取有效的行为，化解人生发展中的危机与陷阱，使人生事业发展获得成功，担当起一定的社会角色，实现自己的人生理想。

### （二）职业生涯设计的基本内容

因为职业生涯设计是一个试图去满足员工和组织的需要的互动过程，所以，为员工制定职业道路就需要双方共同参与，需要组织和个人在不同阶段和领域做出各自的努力。

**1. 职业目标的建立**

一个职业计划从自我认识（或自我评价）开始，因为一个人只有首先正确地认识自己，才能选择一个适合自己的职业目标，建立一个可实现的目标。

符合实际的自我评价，可以帮助一个人避免影响一个人整个职业生涯进步的错误。全面准确的自我评价，更有助于个人的能力和目标与合适的工作和职业相匹配。自我认识包括对兴趣爱好和优缺点、能力和追求的认识和评价。只有对自己有了清晰的认识，才能确定自己想做什么，能做什么，但是，客观清楚地认识自己只是职业选择的第一步，同时还要明确哪些工作对于自己来说是合适的，因此，有些人不考虑工作是否符合他的兴趣爱好就选择该工作，这样往往导致失败。确定合适的职业之后，接下来就要确定一个现实的职业目标，你想成为一名总裁，还是想成为一名科学家，只有你目标确定了，才能切实地考虑要实现目标要具备哪些条件，从而为实现各阶段的目标自觉地进行有关知识、能力和技术的开发活动。

**2. 组织对员工职业生涯的设计**

个人一旦选择了某个职业，进而确定了雇主，进入某一组织后，他的职业生涯设计就不仅仅是他个人的事情，组织会参与到这一过程中。组织需要了解员工的兴趣和技能，要将他放到最合适的岗位去，一般来说，在职业生涯设计中，组织要做以下三项工作。

（1）通过有效的沟通渠道了解员工的兴趣和爱好，对工作能力进行评估，确定员工的职业目标是否现实，这一方面可以通过分析招聘中的种种测试结果，以及他们的受教育水平、技能水平和以往经验；另一方面，可以通过组织定期的绩效评估和管理层与员工的面谈得到。例如，在某集团，科级以上的主管每年要和员工进行面谈，了解他们的计划，并指出不足，这样既掌握了员工的想法能力、潜力，又可以指出他们的不足和努力的方向，便于他们在不偏离组织和个人目标的情况下，不断地学习新的东西，提高自己的能力不断发展自己。

（2）保存与职业有关的员工资料，及时公布组织内部的空缺职位，并且保证所有员工都能得到这些信息，以便给符合条件的员工公平的机会，确保企业内部的候选人的职业目标和技能能够与企业内部的晋升机会公开、公正地匹配起来。很多组织为了帮助员工发展，都制定并执行了内部晋升的机制。为了确保内部晋升顺利进行，保持每个员工工作记录和评估结果，及时公布空缺职位是非常必要的。

结合组织的发展战略和个人的发展规划，为员工提供必需的培训，员工在组织内的职业发展可能被提升到一个更高的职位上去，也可能被调到一个级别较低但是有较多的发展机会的职位上去。每一次工资的变动，或者需要员工承担更大的责任，或者需要有新的技能，因此，为使员工胜任新的工作，顺利地实现职业目标，组织必须根据自身的发展战略，给员工提供相应的培训，这样既保证了组织发展所需要的人才和技能储存，也满足了员工发展的需要。

## 二、职业定位

职业定位可以分为以下五类。

### （一）技术型

持有这类职业定位的人出于自身个性与爱好考虑，往往并不愿意从事管理工作，而是愿意在自己所处的专业技术领域发展。我国过去不培养专业经理的时候，经常将技术拔尖的科技人员提拔到领导岗位，但他们本人往往并不喜欢这个工作，更希望能继续研究自己的专业。

### （二）管理型

这类人有强烈的愿望去做管理人员，同时他们自己有能力达到高层领导职位，因此他们将职业目标定位在有相当大职责的管理岗位上。成为高层经理需要的能力包括三个方面。

（1）分析能力：在信息不充分或情况不确定时，判断、分析、解决问题的能力。

（2）人际能力：影响、监督、领导、应对与控制各级人员的能力。

（3）情绪控制力：有能力在面对危机事件下，不沮丧，并且有能力承担重大责任而不被其压垮。

（三）创造型

这类人需要建立完全属于自己的东西，或是以自己名字命名的产品或工艺，或是自己的公司，或是能反映个人成就的私人财产。他们认为只有这样实实在在的事物才能体现自己的才干。

（四）自由独立型

这类人更喜欢独来独往，不愿像在大公司那样彼此依赖。很多有这种职业定位的人同时也有相当高的技术型职业定位。但是他们不同于那些单纯技术型定位的人，他们并不愿在组织中发展，而是宁愿做一名咨询人员，或是独立从业，或是与他人合伙开业。

（五）安全型

这类人最关心的是职业的长期稳定性与安全性，他们会为了安定的工作、可观的收入、优越的福利与养老制度等付出努力。

## 三、职业生涯设计的步骤

（一）自我环境的评估

一个有效的职业生涯设计，必须在充分且正确地认识自身的条件与相关环境的基础上进行。对自我及环境的了解越透彻，越能做好职业生涯设计。因为职业生涯设计的目的不只是协助你实现个人目标，更重要的是帮助你真正了解自己。

你需要审视自己、认识自己、了解自己，并做自我评估。自我评估包括自己的兴趣、特长、性格、学识、技能、智商、情商、思维方式、思维方法、道德水准及社会中的自我等内容。详细估量内外环境的优势与限制，设计出自己的合理且可行的职业生涯发展方向，通过对自己以往的经历及经验的分析，找出自己的专业特长与兴趣点，这是职业设计的第一步。值得注意的是，很多人往往认为选择最热门的职业就意味着对自己最有前途。专家提醒：选择职业重要的是能正确地分析自己，找到自己最适合做的专业，然后努力成为本行业的佼佼者。

（二）确立目标

每个人心中都有一个目标，这个目标至少在你本人看来是切实可行的。没有切实可行的目标作为驱动力，人们是很容易对现状妥协的。盖尔·希伊在《开拓者们》中通过一份内容十分广泛的“人生历程调查问卷”，访问了 6 万多各行各业的人士，发现那些最成功和对自己生活最满意的人有一个共同的特点：他们都致力于实现一个其实际能力所难以达到的目标。他们的生活有意义，而且比那些没有长远目标驱使其向前的人更会享受生活。

目标的设定要以自己的最佳才能、最优性格、最大兴趣、最有利的环境等信息为依据。

通常目标分为短期目标、中期目标、长期目标和人生目标。确立目标是制订职业生涯规划的关键，有效的职业生涯设计需要切实可行的目标，以便排除不必要的犹豫和干扰，全心致力于目标的实现。

### （三）制订方案，立即行动

在确定职业生涯的目标后，就要制订行动方案来实现它们，把目标转化成具体的方案和措施。职业规划成功的案例都是在有明确的职业目标后，在求职过程中不断朝那个目标看齐。

无论是大学毕业刚刚踏上职业路途的年轻人，还是40岁左右并且正陷在一份自己不喜欢的工作之中的中年人，现在都是进行职业规划的好时机。只要还没到安享晚年的地步，任何时候开始职业设计都不为晚。

### （四）评估与反馈

在现代职业领域，变化是永恒的主题。影响职业生涯设计的因素很多，有的变化因素是可以预测的，而有的则难以预料。人是善变的，环境也是多变的。成功的职业生涯设计需要时时审视内外环境的变化，不断对自己的设计进行评估和修订并调整自己的前进步伐。

## 四、职业生涯设计的新发展

管理实践、管理理论和其他任何事物一样，都处于连续不断的发展变化之中，职业计划的工作环境近年来已经出现急剧的变化，这些变化主要有技术的信息化、经济的全球化、劳动力的多样化、平等就业机会的压力和企业再造等，由此引起了竞争的加剧、企业知识工人的增加、双职工家庭的增多及企业内部提升机会的减少等新的问题。这些由环境变化带来的一系列的变动都对传统的职业道路产生了一定影响，促使组织和个人不得不对原有的职业生涯进行重新设计。总括起来，职业生涯设计中的新发展主要有以下几个方面。

### （一）新的职业途径

在过去的很长一段时间里，组织都是按照传统的职业途径引导员工从一个特定的工作到下一个工作上发展的，并且，员工在组织里的向上移动就意味着一名员工最终会成为一名管理者，履行一个管理职位的典型职能，这是认识一个人对组织的价值，报答一个杰出的科学家、技术专家和专业者的唯一方法。但是如今企业合并、缩减及重新设计，引起管理层的大量减少，晋升的机会也大大减少，同时通过提升到管理层来承认专家和技术人员的价值的方法随着知识型工人的增多也日益变得不现实，而且这种方法也难以满足部分专注于自己专业领域、对管理工作不感兴趣的技术人员的需要。为适应这些变化，一些新的职业发展道路被开发出来，其中比较常用的有如下几种。

**1. 横向技术途径**

横向技术途径即采用横向调动来使员工学习新技术，迎接新的挑战，其他地位和报酬与原来的工作大致相同，但是通过这种方法使员工承担了新的责任，扩展了他（她）的技能，故对员工潜力也有较大作用。

**2. 双重职业途径**

这种职业途径最初被开发出来是用来解决受到技术培训且并不希望在组织中通过正常升

迁程序调到管理部门的员工的问题的，如工程人员、技术开发和研究人员等，通过双重职业途径，他们能够增加自己的专业知识，可以为企业做更大的贡献，得到与各个水平上的管理者可以比价的报酬而不进入管理层。事实证明，对部分专业技术人员来说，这是很有效的开发和激励方法。在如今的高科技领域里，专业知识和管理技能同样重要，双重职业途径不是从合格的技术专家中培养出拙劣的管理者，而是允许组织既可聘用具有高技能的管理者，又可雇佣具有高技能的技术人员。

**3. 充实工作内容**

这种方法是通过赋予员工更大的权力而增加工作的挑战性，赋予工作更多的意义，使员工获得更大的成就来奖励员工。

**4. 降职发展**

降职发展是指员工降到一个和原来相比职位较低，但有较多发展机会的工作岗位上去。这种职业途径在晋升机会日益减少的今天，为员工提供了一个现实的选择。但是长期以来，降职总是和失败联系在一起，因而不受部分人的欢迎。

（二）适合特殊群体的职业开发计划

劳动力的多元化和公平就业机会的立法促使组织开始关注职业女性、少数民族员工和老员工的职业开发等问题。

**1. 职业女性的职业生涯**

由于传统的偏见，从一开始，女性进入管理层就面临着比男性更多的困难和障碍，如今，这些困难和障碍在逐渐减少，但是，由于女性对家庭承担了更多的责任及自身的生理因素，职业女性必须有适合自身的职业发展道路。一些组织就在正确地认识女性的需要及其生命周期的基础上，为女性开发出适合的职业生涯，并为其提供了特殊的培训，如选择性的职业道路、弹性工作时间等，为在职业和家庭之间寻求平衡提供了新的方法。

**2. 晚期职业生涯计划**

西方发达国家严重的老龄化和各国对就业中年龄歧视的法律规定，导致组织中老年员工的增加，许多老年员工推迟退休时间。他们的职业生涯周期也因而延长。一般来说，一个人的职业生涯由早期探索阶段、确立和发展阶段、稳定阶段、下降阶段四个阶段构成，当过了60岁临近退休时，就进入下降阶段，开始为退休做准备。推迟退休的老年员工的出现使维持阶段延长，并且随着年龄的增长，他们的需求和兴趣也会发生变化，有些人会继续做原来的工作，有些人会到责任较小的职位上工作，有些人则会像年轻人一样希望面对新的挑战。因此，组织和员工要根据人员配备情况与个人的需要对职业生涯进行校正，制订一个新的、切合实际的晚期职业生涯计划，并为这一新的计划做出心理和技能上的准备。

**[本章小结]**

所谓职业，指人为维持自己的生计，同时实现社会联系和实现自我而进行的持续活动方式。职业生涯是一个发展和动态的概念，意思是个人在职业内容和职业发展和变化方面，要求你根据自身的兴趣、特点，将自己定位在一个最能发挥自己长处的位置，可以最大限度地实现自我价值。“职业锚”理论是在麻省理工学院斯隆管理研究院毕业生的一项纵向研究基础上形成的。所谓“职业锚”是一种指导、制约、稳定和整合个人职业决策的价值观。“职业锚”理论是一种以个人为出发点的职业生涯理论。职业生涯设计也叫职业规划或职业计划，指的是一个人制定目标，确定实现目标的手段的不断发展的过程，是个人一生中在事业发展上的战略设想和计划安排。

**[重要概念]**

职业　职业生涯　人格特征　职业定位　“职业锚”

**[思考题]**

1. 职业生涯管理的基本内容有哪些?
2. 什么是“职业锚”理论?
3. 职业生涯有哪八大因素?
4. 职业的特征有哪些?

CHAPTER 5

# 第五章　职业分层与职业流动

[内容摘要]

本章全面阐述了职业分层的基本理论，中国职业分层的特点，当前中国职业流动现状与趋势。

[学习要点]

1. 马克思主义学派分层理论、韦伯学派分层理论。
2. 当代中国社会分层的特点。
3. 职业流动的概念、原因、决策。

# 第一节 职业分层概述

职业分层是指通过对某种职业所对应的经济收入、权力地位和社会声望进行评价，从而对多种职业进行排序的分层方法。菲兹曼认为，职业分层的基本含义是社会经济，职业流动之基本甚至唯一根据也是经济地位。事实上，职业声望与职业分层是密不可分的。

## 一、职业声望

职业声望是与财富、权力并列的相对独立的要素，是一种特殊形式的社会舆论，反映了特定社会发展历史时期人们对职业的社会心理评价。对职业的社会价值评价是由一定的社会发展阶段和社会经济发展水平决定的，每一社会发展阶段都有其占主导地位的职业。

### （一）职业声望的概念界定

职业声望是人们对职业社会地位的主观评价，最早由社会学家马克斯·韦伯提出。他认为社会分层应该从财富、权力和声望三个方面进行考察。所谓的职业声望是指“人们对某种职业社会地位高低的看法”，是“社会舆论对一种职业的评价”。广义的职业评价，包括该职业的收入水平、晋升机会及对社会的贡献、意义等因素。没有职业分层，职业声望就无从谈起；如果没有职业声望，职业分层也就无法确定和显现，人们正是通过职业声望来确定职业分层的。

### （二）影响职业声望的评价因素

我国社会学者高顺文研究发现，影响职业声望评价的因素主要包括以下四类。

（1）职业的社会功能，即某种职业对于社会的作用，包括对国家建设和公共福利的责任。职业的责任和社会作用越大，职业声望就越高。

（2）职业要求，即一定职业对于任职者的教育程度、技能技巧、工作能力、道德品质、身体状况等方面的条件要求。职业对任职者的要求越高，职业声望也就越高。

（3）职业报酬，泛指职业能给予任职者的各项利益，包括经济收入、福利待遇、晋升机会等。职业报酬越高，职业声望越高。

（4）职业环境，即与职业活动相关的各种工作条件，如劳动强度、卫生条件、技术装备等。职业环境越好，则职业声望越高。

共同的价值观念体系决定了职业声望评价具有相当的稳定性。我国正处于经济转型期，直接导致了职业声望评价的一致性低于西方国家。而职业声望的评价依据也在不断向经济、权力因素倾斜。

### （三）中国的职业声望

**1．中国职业声望的特点**

2009 年，清华大学人文社会科学学院院长李强对北京市的职业声望进行了一项问卷调查并与多年前的同类调查数据相比较得出：在 99 种职业中得分位居前十的职业分别是科学家、物理学家、飞行员、大学教授、高级军官、公司董事长、社会学家、经济学家、音乐家、医生。1997 年在职业声望中得分排名前十位的职业分别是科学家、大学教授、工程师、物理学家、医生、经济学家、社会学家、法官、飞行员、检察官。总的看来，2009 年职业声望调查排名前十位的职业都是高级知识分子或者掌握着较高的专业技术或技能的职业。人们对于知识和专业技能的认可度很高。科学家和社会学家声望非常稳定。公司董事长的职业声望升幅最为明显，说明人们在市场经济条件下对企业管理人员的认可大幅度提高，声望值逐渐超过了政府的管理人员。经济金融类行业的职业声望都有大幅上升，可见，市场经济的观念已经使人们对经济管理人员的评价指标发生了很大的变化。农民群体中进城经商的农民声望上升很快 ，从 1997 年的第九十二位上升到 2009 年的第七十二位。但留守在乡村的种田农民的评价则明显下降，农业的低效率和种田低收入使得种田农民的职业声望并没有得到改善。

**2. 中外职业声望的差异**

大部分美国人认为，在美国，医生、科学家及教师是最受尊敬的职业，而对会计师、银行家、记者、律师等职业的评价反而不高。美国人普遍认为医生享有“最高声誉”，随后是科学家、教师、牧师及神职人员、军官。而另一方面，被认为声誉不佳的职业有会计师、银行家、商业行政人员、记者、工会领袖。自 20 世纪 70 年代以来，教师的声望大幅提升，而律师的声望则大跌。

## 二、职业分层

职业分层是指人们通过对某种职业所对应的经济收入、权力地位和社会声望进行评价，从而对多种职业进行排序的分层方法。由于各国或地区的经济、社会背景不同，发展水平不同，人们的认识教育水平不同，导致了不同国家或地区对同一职业的地位评价也会有所不同。我国学者在对中国社会阶层进行划分时以职业分类为基础，以组织资源、经济资源和文化资源的占有状况为标准，也反映了职业所具有的综合意义。

### （一）按行业划分的职业分层

新国家标准《国民经济行业分类》（GB/T4754-2011）经国家质量监督检验检疫总局、国家标准化管理委员会批准发布，并于 2011 年 11 月 1 日实施。根据统计工作的实际情况，从 2012 年起，定期报送报表统一开始使用。

在新国家标准中，国民经济行业划分为 20 类：

A. 农、林、牧、渔业；

B. 采矿业；

C. 制造业；

D. 电力、热力、燃气及水生产和供应业；

E. 建筑业；

F. 批发和零售业；

G. 交通运输、仓储和邮政业；

H. 住宿和餐饮业；

I. 信息传输、软件和信息技术服务业；

J. 金融业；

K. 房地产业；

L. 租赁和商务服务业；

M. 科学研究和技术服务业；

N. 水利、环境和公共设施管理业；

O. 居民服务、修理和其他服务业；

P. 教育；

Q. 卫生和社会工作；

R. 文化、体育和娱乐业；

S. 公共管理、社会保障和社会组织；

T. 国际组织。

人们可以根据所从事的职业来判断各自所处的社会地位，因为职业分层的具体内容主要表现为权力、收益和声望上的差别，不同的职业对经济资源的占有和控制能力差异、拥有权威的差异，以及所具有权力大小的差别，导致了各种职业在收益和报酬上的差别。

#### （二）按职业技术划分的职业分层

按职业技术划分，我国的职业可分为九类：经理及行政人员、专业人员、辅助专业人员、文员、服务工作及商店销售人员、工艺及有关人员、机器的操作员及装配员、非技术工人、渔农业熟练工人及不能分类的职业。

#### （三）按脑力劳动和体力劳动的性质、层次进行分类

这种分类方法把工作人员划分为白领工作人员和蓝领工作人员两大类。白领工作人员包括：专业性和技术性的工作，农场以外的经理和行政管理人员、销售人员、办公室人员。蓝领工作人员包括：手工艺及类似的工人、非运输性的技工、运输装置机工人、农场以外的工人、服务性行业工人。这种分类方法明显地表现出职业的等级性。

#### （四）按心理的个别差异进行分类

这种分类方法根据美国著名的职业指导专家霍兰创立的“人格–职业”类型匹配理论，把人格类型划分为六种，即现实型、研究型、艺术型、社会型、企业型和常规型。与其相对应的是六种职业类型。

## 三、社会分层理论及其发展

#### （一）传统的社会分层理论

社会分层理论分为两大学派：一个是马克思主义学派；另一个是韦伯学派。

**1. 马克思主义学派**

马克思主要根据对生产资料的占有来划分社会阶层；此外，马克思强调社会存在决定社会意识，社会结构决定人们的社会行为。

马克思提出的阶级结构首先是一种两极结构。在《共产党宣言》中，他和恩格斯认为资本主义使社会的阶级关系简单化了，整个社会日益分裂为两大敌对阵营或两大相互直接对立的阶级：资产阶级和无产阶级或一个数量日渐减少的资本家阶级和一个数量日渐增长的工人阶级。在这两极之间存在着各种过渡型的中间阶级。这一阶级模式显然是对阶级关系超经验的动态的把握。马克思也看到，即使在当时现代社会结构已经有了最高度和最典型发展的英国，这种阶级结构也尚未“以纯粹的形式表现出来”。

在两极的阶级结构中，阶级关系表现为阶级之间利益的对立，这一对立同时说明阶级内部的一致性，而阶级意识正是建立在对阶级利益的认同上。但是，这种对立的阶级关系绝不是对称的、平等的。“社会上占统治地位的那部分人的利益越是要把现状作为法律加以神圣化，并把习惯和传统对现状造成的各种限制，用法律固定下来。”因而，在马克思看来，对立的阶级关系同时也表现为统治和被统治的关系，两极对立的阶级模式也包含了一种两极阶梯式的阶级模式。由此可以看出，马克思的阶级概念不仅具有经济意义，也具有社会意义和政治意义。

**2. 韦伯学派**

韦伯有关社会分层问题的专门讨论主要集中在他的《地位解体和阶级》《阶级、地位群体和政党》两篇文章中。韦伯的分层思想在一定程度上受到了马克思的影响，他的阶级观点同马克思的观点有相同之处，但总的来说，他的分层理论和马克思的观点还是有很大差异的。

韦伯的出发点是个人主义，强调个人行为是构成社会机构的一种主动的生成力量，这是个体主义和整体主义在方法论上的不同。它采用多指标体系来划分，确定了三个指标：财富、声望和权力。韦伯之所以确定这三个指标，是因为他认为人们在追求社会地位时，不同的职业阶层有不同标准。比如经济界追求财富，按财富多少确定社会地位；知识分子追求声望，声望可以给他们带来各个方面的相关利益；政界追求权力。在不同社会，不同的社会群体追求的社会资源是不同的，这里把资源的概念扩大化了，不仅仅指经济上的财富。

韦伯的分层模式及其理论，在西方社会学界影响很大，直到现在它的学说还不断被人引用或被扩充与改造。西方社会学家们认为韦伯的社会分层三位一体模式为分层理论提供了一个系统的、明确的和必要的区分标准。当然，也有一些西方社会学家从实证主义的观点出发，不满意韦伯的理论，认为他几乎没有谈到作为社会分层标准的“地位”和“权力”等概念的可量度的指标及一般度量问题。

概括来说，韦伯的社会分层理论是从多维的角度来看待社会成员的各种差别的。社会分层体系被视为由多个性质不同的系统相对独立构成，它们分别反映了社会成员地位的不同层面。正因如此，韦伯的分层理论所强调的是分层中社会成员的个体性和个体地位的不一致性，而不是分层中某一单位的整体意义。

### （二）社会分层理论新发展

社会存在决定社会意识，理论形态从某种意义上反映着现实社会的结构状况和矛盾状态。诚然，当代西方社会分层理论派别林立，学派之间的争论异常激烈。然而，这并没有遏制学派间的相互融合。

**1. 新马克思主义**

新马克思主义的代表人物之一是美国威斯康星大学教授赖特。他和他的同事基于马克思的关系论视角，对美国的阶级分层结构进行了系统研究。在他们看来，阶级仍然是社会结构中具有重要意义的因素，但是，阶级不能被简化地定义为某种职业分类，而是一种社会关系，是指一种控制资本、决策、他人工作和自己工作的社会关系。他们认为，所谓“管理阶层”或“白领阶层”，在原来马克思非常抽象的阶级理论框架中，被定义为资本主义生产自治的“小资产阶级”形式，这些中间阶级不是一个稳定的社会阶层，但这种小资产阶级或中间阶级的成分已经发生了巨大的变化。新的“管理阶层”已经成为中间阶层的主体。

马尔库塞提出了社会劳动阶级变迁理论。马尔库塞认为，马克思当年所设想的无产阶级革命已经失去了政治的、经济的、文化的和意识形态的基础。现代社会降低了工人阶级的劳动强度，白领增加了工人阶级减少了。工人阶级不再具有承担领导阶级历史使命的能力。工人阶级的生活等得到了满足，他们对社会阶级的反抗削弱了，科技进步就使得工人阶级的否定性减少了。

在新马克思主义看来，阶级结构是宏观-微观社会总体的结果行为的系统决定因素。因此，在对阶级结构特征描述的基础上，新阶级理论的研究将沿着两个主要方向展开：首先，要对其他一些国家的同类调查数据进行比较分析；其次，要把这些宏观分析与对个体层面的各种结果（态度、政治行为和收入等）的分析结合起来。

**2. 网络结构观**

自 20 世纪 70 年代开始，格兰诺维特（Granovetter）将社会网络的概念引进社会学对市场等经济现象进行研究后，社会网络开始被看作是社会关系和社会结构的基本要素之一，在此基础上，与地位结构观不同的网络结构观成为研究社会分层的一个新视角，与社会网络相联系的“社会资本”和“社会资源”概念进入到社会分层结构和地位获得的研究之中。

网络结构观的特殊视角在于，它重视人际关系而不重视个人特征；重视人际关系所形成的网络及人们所处在什么网络中，而不是重视类别（例如男女或职业）；重视人与人之间的联系性和资源的嵌入性，不看人的归属感；重视个人能够通过这种人际网络摄取多少资源，而不是人们现实占有多少资源；重视人们在网络中的位置或者网络所能使用的资源，而不重视人们的阶级地位。因此，网络结构观是通过人们的行为研究人们的社会地位。

网络结构观将社会结构设想为人们构成的一个社会网络，人们按照财富、地位或权力等，得以排列在这一网络中及相应的位置上。传统的有关社会流动和地位的文献中所描述的“个人资源”，包含的是个人的财富、地位和权力，而社会资源的概念则围绕着两个方面建立起来：社会关系及经这些社会关系而联结到的“位置”上所嵌入的资源，即社会资源是潜入在个人通过其社会网络而联结到他人的位置上的。在这个意义上，社会资源被定义为与个体直接或间接相联系的人们所拥有的财富、地位、权力及社会关系。这种网络结构对社会资源的接近与控制呈现出一种金字塔形的结构，越靠近顶部的位置越容易接近和控制更多的社会资源。一些研究发现，人们的资源与其获得的地位之间具有显著的联系。当然，个人资源和社会资源间有着错综复杂的关系。个人资源（尤其是先赋性资源）至少在最初，在很大程度上影响着他所获得的社会资源。但随着其积累的增加，在将来精心构建社会网络和社会资源进一步的发展过程中，社会资源发挥着比个人资源更重要的作用。到那时，个人所积累的社会资源则会转化为下一代人的（先赋的）个人资源。

**3. 市场转型理论与社会分层**

在研究国家社会主义向市场经济的社会转型中，产生了关于社会不平等的制度主义理论。关于不平等的制度主义理论，是在集中研究国家社会主义的市场转型过程里的社会精英的形成和替代模式中，讨论市场转型对利益关系、社会分层结构和机会结构所造成的影响。这一理论的代表人物撒拉尼（I.Szelenyi）和维克多·倪（Victor Nee）认为，过去关于社会不平等的理论，都是将不平等看作是经济整合机制的固有特征，经济整合机制对社会分层和机会结构的影响，必须在特定制度背景和社会关系的基础上才能确定，无论是再分配的经济体制还是市场经济体制，与社会不平等都没有一成不变的关系。关于不平等的制度主义理论就植根于对社会关系的分析之中。在不同的制度背景下，不同的经济整合机制对于社会不平等的形成作用是不同的，应将社会制度和经济制度结合在一起对不平等问题进行分析。因此，这一理论的最基本的假设是，经济体制嵌入于制度背景中，这些代表人物所关心的是造成不平等的独特机制。

# 第二节 职业分层研究及意义

## 一、西方社会结构演变中的职业分层思想

### （一）西方社会分层思想进一步发展

**1. 选择职业分层作为社会分层的基础**

在激烈的资本主义竞争中，人们的生活机会关键取决于社会对某种类型的劳动力或生产资源的需求情况，其突出的标志就是社会对职业的“标价”。对于大多数人而言，在现代社会中，职业也许已经成为人们物质报酬水平、社会地位水平和生活机遇水平的最有力的指示器。因此，在21世纪里，职业结构划分与不同水平的社会和物质不平等相联系，职业结构划分被普遍理解为社会阶级的聚合体。正因为如此，当代社会学研究人们进入社会位置和社会阶层的主切入点是其“进入不同的职业阶层”。

**2. 中产阶级的壮大推动西方社会分层思想发展**

第二次世界大战后，由于工人阶级的衰落，中产阶级初步发展壮大，中产阶级的产生和壮大是推动第二次世界大战后西方思想进一步发展的关键因素。

西方社会学家将中产阶级壮大的原因归结为如下几个方面。首先，资本主义生产关系的变化客观上为管理阶层的出现提供了空间，资本的扩张及其社会化增大了资本经营管理的技术难度，这就在客观上要求有一个具有较高技术水平的阶层来代理资本家本人进行管理。其次，在产业结构调整过程中，随着传统产业的萎缩或大规模的技术改造，他们对劳动力数量的需求开始下降，而对劳动力技术素质的要求不断上升，尤其是第三产业的发展为中产阶级的壮大提供了更加广阔的天地。最后，社会关系的复杂化对社会管理提出了更高的技术要求，同时也决定了国家必须履行更多的社会职能，这也为中产阶级的发展和壮大提供了不可多得的机遇。

### （二）西方社会分层功能理论和冲突理论

在20世纪占统治地位的社会分层理论有社会分层的功能理论和社会分层冲突理论。伦斯基指出，多数关于不平等的现代理论或者属于前者，或者属于后者。功能主义理论往往源于保守主义传统，而冲突理论则往往源于激进主义传统。

**1. 社会分层的功能理论**

1）涂尔干的功能理论

涂尔干认为，道德是在社会系统内对社会秩序和整合起作用的主要因素。和韦伯不同，涂尔干认为，新的社会制度具有为了共同利益而持续不断地调节自私冲突的能力。各种社会制度对于维系这一强有力的道德整合非常重要。涂尔干得出的结论是：一个社会的所有功能——法律、宗教、家庭、工作等都根据它们被重视程度的高低安排成层级；如果一个社会要兴旺发达，那么最有才能的人必须担当最有价值的功能。为了吸引最好的和最聪明的人，社会必须完善他们获取社会报酬的途径。

涂尔干将不平等分为外部不平等和内部不平等两种类型。外部不平等是出生的社会环境强加在个体身上的那类不平等。内部不平等是建立在个人才能基础上的不平等。外部不平等在前工业社会中起支配作用。当外部不平等威胁，又需要内部不平等。因为所有的外部不平等都会危及团结的安全，威胁工业社会秩序和劳动分工。

2）戴维斯和摩尔的功能理论

戴维斯和摩尔的功能理论不是社会分层的全面理论。它将目标局限在解释为什么不平等对于确保复杂社会的适当功能来说是必要的。

（1）每一个社会中某些位置在功能上比其他位置要重要一些，而且要求特别的技能来满足它们。

（2）只有少数有天赋的人经过训练后才能在技能上适合这些位置。

（3）从天赋向技能的转化包括一个训练期。在这期间，人们要为训练做出某种牺牲。

（4）为了促使有天赋的人能做出牺牲，并且得到训练，他们未来的位置必须以有所差别的形式传达一种诱导价值。

（5）这些稀缺的和渴望得到的物品由组成这些位置的各种权利和先决条件所构成，并且它们有助于维持生计和舒适、幽默和娱乐、自尊和自我发展。

（6）他们有差别地享有社会的基本报酬，是不同社会阶层获得的有差别的声望和尊重的一种结果。这些报酬连同权力和先决条件，组成制度化的社会不平等，这就是社会分层。

（7）因此，弥散于不同社会阶层中的由稀缺的和渴望得到的物品的数量，以及他们得到的声望和尊重的大小而形成的社会不平等，在任何社会中不仅具有积极的功能，而且是不可避免的。

3）帕森斯的功能主义进化论

帕森斯的功能主义进化论认为，社会计划通常作为社会具有的一种内在趋势的结果，来增加他所称的社会的“适应能力”（adaptive capacity），包括对外界做出有效反应的能力和处理由人必须生活在社会群体中这一事实所引发的各种问题的能力。帕森斯相信，社会已经朝着越来越高级的适应能力的形态演化了数千年。这样，当代社会在处理社会组织的难题时，比早期社会更有效。帕森斯把社会分层的凸显看作社会生活当中不断增加的适应能力演化的一个重要方面。这对于他来说是一个“进化的突破”（evolutionary break through），是带来社会进步的各种形式的一个巨大成就。

为了详细说明人们在分层系统中的位置安排，帕森斯对社会上最受人尊重的到最不受尊重的那些角色和人物进行了登记划分，这其中也包括对主流价值系统进行细分。首先是功能子系统，即适应环境、目标获取、整合、潜在模式维持；具体制度，即经济、国家、法律、宗教。

**2. 社会分层的冲突理论**

社会分层的冲突理论的代表是达伦道夫的冲突理论，他继承了马克思的两个阶级模式，但是他不同意马克思的一些观点。达伦道夫认为，社会冲突的根源是特定的社会结构，这种社会结构就是阶级结构，现代社会就是围绕权利和权威的两个阶级。

在强制性协作联合体中，作为资源的权利和权威，其分配不可能是平等的。联合体中有上层阶级和下层阶级，发号施令的统治阶级和服从命令的被统治阶级。

冲突理论可以分为批判性冲突理论和非批判性冲突理论。

（1）批判性冲突理论更多地强调阶级作为社会分层的重要维度，并倾向于认为，不平等的程度是可以降低的。社会不平等的主要根源在于财产关系的历史发展。

（2）非批判性理论认为不平等和社会分层是以在更抽象意义上相互区别的人类和群体利益为基础的。不平等总是存在的，复杂的人类组织的必要性是造成这种不平等的原因。在他们看来，社会地位的等级有助于社会秩序的形成。

## 二、当代中国的社会分层的特点

中国社会科学院社会学研究所研究员陆学艺主持的“当代中国社会结构变迁研究”课题组提出如下观点。

### （一）一个现代化社会分层结构在现阶段的中国社会已现雏形

当代中国社会阶层结构正在朝与现代经济结构相适应的现代社会阶层结构方向转变，并且这种结构正在趋于稳定；中国城市的社会等级结构正在朝橄榄形现代社会阶层结构演变，而乡村地区或城乡结合的县级行政区的社会阶层结构要转变为现代社会阶层结构，则还要走很漫长的路。课题组提出了以职业分类为基础，以组织资源、经济资源和文化资源的占有状况为标准划分的当代中国社会阶层结构的理论框架，形成了当代中国社会十大阶层和五种社会地位等级组成的社会分层结构。十个社会阶层分别为国家与社会管理者阶层（在整个社会阶层结构中的比例约为 2.1%）→经理人员阶层（1.5%）→私营企业主阶层（0.6%）→专业技术人员阶层（5.1%）→办事人员阶层（4.8%）→个体工商户阶层（4.2%）→商业服务业员工阶层（12%）→产业工人阶层（22.6%）→农业劳动者阶层（44%）→城乡无业失业半失业者阶层（3.1%）。五种社会等级是社会上层、中上层、中中层、中下层和底层。[①]

### （二）中国社会结构在四大领域正发生着深刻的变化

**1. 从年龄结构看，已步入老龄化社会**

特别有意义的是，中国人口学历水平有了很大的提高，1990 年，高中程度的占 8%，大

① 陆学艺. 2013. 当代中国社会结构. 北京：社会科学文献出版社。

专以上的只有 1.4%；到了 2013 年，高中程度的占 16.5%，大专以上的占 11.2%。

**2. 就业结构发生重大变化**

直到 1978 年，中国还是个农业国家，在全部就业劳动力中，农业就业占 70.5%，第二产业就业占 17.3%，第三产业就业占 12.2%；到 2013 年，三次产业的就业比重已经分别转变为 31.4%、30.1%和 38.5%，初步形成工业化的就业结构。

**3. 城乡结构状况显著改善**

1978 年，中国人口城市化率仅为 17.9%；经过 30 多年的改革和多方调整，到 2013 年，城镇化率达到 53.73%，超过 50%的工业化国家标准。城镇人口新增 5 亿多人，其中 60%以上是从农村转移出来的，数以亿计的农民进城，接受城市化、社会化的洗礼，逐渐转变为市民，从而改变了中国的城乡结构。

**4. 社会阶层结构深刻调整**

改革开放前，中国社会大致形成了由工人阶级、农民阶级和知识分子组成的相对简单的社会阶级阶层结构；此后的 30 年中，中国社会发生了显著的分化，产生了私营企业主、经理人员、专业技术人员、个体工商户、农民工等新的社会阶层。

其中又有三个方面的变化特别值得关注。一是工人阶级队伍空前壮大，1978~2013 年，中国工人阶级总人数增加了 33 711 万人，其中约有 60%是从农村转移出来的农民工，中国工人阶级中农民工占很大一部分。二是到 2013 年私营企业主达到了 2485 万人，就业人数达到了 1.2 亿人,成长为一个具有很强经济实力和社会影响力的阶层。三是社会中间阶层逐渐成长。据估计，2013 年中国社会中间阶层在总就业人口中所占比重约为 31%，预计到 2020 年这一比重将上升到 38%左右，这将对整个国家的经济社会健康发展起重要的支撑作用。①

## 三、社会分层的意义

### （一）客观描述社会成员的基本构成

社会成员由于拥有不同的资源而形成了实际的差别，包括物质财富、政治地位、文化水平、社会声誉等，这种差异是客观存在的，而且具有普遍性。每一个社会成员都与经济、政治、文化、社会资源有关，因而每一个社会成员都在某一个方面占有着一个位置。就社会整体而言，许许多多资源的分布形成众多社会成员占有各种组员的具体结构，这种结构纵横交错，错综复杂。对于社会成员来说，众多方面的地位差异又可以做必要的归总，最终综合形成社会成员分层结构，比如我们经常见到关于职业声望的排序表，就是各种各样的职业在人们心目中占有的经济地位、政治地位、社会地位等多方面综合而成的次序结构图。

**1. 有利于理解社会**

无论是就社会成员占有某一方面的社会资源所形成的单一结构而言，还是就综合性的社会成员分层结构来说，客观地将其描述清楚，对于理解我们面对的这个社会，对于认识社会成员相互之间及社会成员与社会之间的关系，对于揭示社会的本质都是非常重要的，因而是一项很有价值、很有意义的工作。我国由计划经济体制转向社会主义市场经济体制以来，伴随着经济的快速增长和经济结构的大幅度调整，社会成员结构日益复杂，人口众多的农民离

①参见《中国统计年鉴 2014》。

开了土地，自己行动起来，或在小城镇上班进入乡镇企业，或跨区域流入经济相对发达地区，自己创造社会财富，创造社会资源。

**2. 反映了社会变迁的过程和内容**

在过去相当长时间内，城市产业工人阶层受到计划经济体制的保护，在就业、收入、医疗、养老保障、福利等方面占有着比较多的资源，他们虽然经济收入绝对值不高，但相对位置比较靠前，政治地位比较高，看病不用自己掏钱，没有下岗之虞。到了今天，情况则发生了很大的变化。企业劳动工人阶层只拥有自身的劳动能力，如体力、简单技术和服务技能，而这些资源正是社会最为充裕的，相反，许多稀缺的资源则是他们不具备的，于是劳动工人阶层被边缘化，地位下降也就在所难免。社会成员的基本结构及这种结构的变化非常深刻地反映了社会变迁的过程和内容，而对于这种社会成员构成的深刻变化的洞察、把握，是政府义不容辞的责任。改革开放以来，各个阶层的收入到底增加了多少，某一项社会政策的推行，使哪些人获益较多，哪些人得益较少，所有这些非常现实同时也是非常重要的问题都需要通过社会分层的研究予以科学的解答。

### （二）揭示社会资源配置的机制

社会上所有的经济、政治、文化、社会资源，如何分配给具体的人，其规律是什么，社会成员占有这样那样的资源的基本方法是什么？

改革开放以来，社会成员对单位的选择，劳动者个人的流动自由多了。农村发展非农产业得到鼓励，农民进城打工得以允许，农村劳动者大量从事着工业、商业、运输业、服务业，农民开始到农村之外寻找资源，城乡各自封闭的资源配置方式开始被打破。可见，社会资源配置的机制在最近这一二十年发生了很大的变化，这种变化对社会进步具有不可估量的促进作用。

在现代社会，社会资源的配置主要是政府、市场和民间团体支配的。现在的问题并不是要从过去的一个极端——由政府垄断资源滑向另一个极端——任市场去指挥，而在于如何根据资源的性质、社会功能，使其各有所属，政府、市场、民间团体各有所适合自己支配的资源份额，并形成分工合理、功能互补的分配关系。

### （三）缓和社会阶级矛盾，稳定社会

社会分层还有另一个现实意义，那就是通过分层和流动，缓和社会阶级矛盾，在兼顾效率与公平的同时，起到稳定社会的作用。社会分层体制有着不同的开放程度，开放程度大的，流动率就高。流动对于分层结构是很有意义的。人群占有资源的不同导致了分层，有适当的分层和差距，才能促进效率的提高，但差距过大，会造成两极分化，就会影响社会稳定和竞争的公平，因此，就要强调社会流动，以流动保证公平。美国是世界上流动率比较高的国家，社会给人造成的流动余地是比较大的，一个人可以从大学生变成亿万富翁，像比尔·盖茨。高流动率促进了公平竞争，提高了社会效率。近几百年来，中国社会的流动率仍非常高，但这是阶级被打破的流动率，而不是规范制度下的流动率。近几年来，制度化的流动有点规范化了，我们还应努力建立规范的流动制度，这个流动制度可以选择教育作为流动的渠道，教育的普及是保证社会公平的重要措施。

社会成员因职业、收入、地位等的相同或相近，形成具体的阶层，多个阶层组成一定的阶层结构。这一具体的社会成员结构，即社会结构的核心内容，对一个社会的存在、发展起着至关重要的作用。例如，我们常说要确保社会的稳定，而社会稳定的基础在于社会成员结构的有序，在于社会利益在各阶层之间的合理分布。一般认为，社会财富的过度两极分化，也即社会成员之间利益差别过大，对社会稳定是一大威胁。社会保障制度之所以被人们称为社会安全网、社会稳定器，就在于这一制度会确保社会全体成员的基本生活，通过这一制度工具对社会利益在社会成员之间的分配起适当的平衡、平抑作用。

（四）对调整社会阶层结构提出政策建议

社会阶层化是社会的基本现象。社会阶层化亦即社会资源在不同人群之间的分布状态。由于社会资源总是有限的，资源的不均衡分布必将引起不同成员之间的利益矛盾。社会阶层化的表象特征是形成了人与人之间在经济、政治、社会地位上的差异，由此也产生了社会阶层之间的矛盾。而社会阶层之间的矛盾是新时期人民内部矛盾的最集中表现，处理好这些矛盾事关社会稳定、改革、发展的大局。因而社会分层既是一个十分严肃的理论问题，也是一个非常重要的现实问题，特别是在社会变化比较快，社会结构重组不断发生，利益关系不断打破、重构的背景下，就容易出现一系列的社会冲突，所以合理调整社会阶层结构是社会的基本政策之一。

社会整合是指运用一系列手段——制度、法律、组织、舆论等对社会重大关系进行协调，是社会内部的要素变动与秩序的进行，并使各种要素朝着社会总目标的方向运行。社会结构的分化、社会的急剧变动、社会要素的重新搭配、社会的阶层化，始终会有一个秩序问题，如果没有秩序，社会结构的分化必将引起极大的混乱，甚至造成灾难性的后果。建立与现代化进程相适应的新的社会整合机制是我们迫切需要解决的问题。

## 第三节 职 业 流 动

### 一、职业流动概况

（一）职业流动的概念

职业流动是指劳动者为追求自身的发展、寻求自己的价值而改变工作岗位，改换职业行为。从经济学的角度看，作为已经就业的人，可能会因为种种原因调换职业，做出经济生活的重新选择，完成自身资源再配置。用民间的语言表述，即“人往高处走，水往低处流”。

（二）职业流动的原因

一个人在某个职业岗位上处境不好，可能有多种原因：或许是大材小用，不能施展自己的才能，不能实现自身的价值；或许是自己才疏学浅，不能胜任工作；或许二者兼而有之——虽在所处的本职岗位上表现能力差，但同时具有从事别的职业的优异才能。这实际上是岗位与个人条件不匹配，而并不是个人能力差。这时，则应该脱离处境不佳、没有前途的职业环境，到广阔的职业世界中去寻觅，去开拓，才能找到适合自己的新天地。

职业流动的原因，我们可以用公式来表示。如果我们用 $V_0$ 表示个人价值的期望值，用 $V$ 表示个人价值的实现值，用 $S$ 表示劳动者个人价值的实现率，那么这三者之间的关系可以用公式表示为

$$S=\frac{V}{V_0}\quad (0\leqslant S\leqslant 1)$$

对这一公式，可以从以下三个方面加以分析。

（1）劳动者个人价值的实现值很大，或者说期望值与实现值之差趋于零。在这种情况下，个人满足程度（期望值 $V_0$）和价值实现程度较高，劳动者将成为工作单位内一个积极向上的、稳定的元素，能够在本职工作范围内进行卓有成效的工作。

（2）劳动者个人价值的实现值与期望值相差较大，个人的愿望在一定程度上得不到满足，才华和能力难以充分发挥。劳动者就成为本单位内一个行为不积极的元素，不能发挥主观能动性。这时，劳动者在本单位中缺乏长期稳定性。

（3）劳动者个人价值的实现值和期望值相差很大，个人的愿望基本上不能实现，或大部分不能实现。在这种情况下，劳动者在单位内的行为是消极的、不稳定的，并为改变这种现状而要求流动，即朝着劳动者个人价值实现值增大的方向流动。

从这个公式可以看出，当 $S$ 值较大时，劳动者个人价值的实现率比较高，工作单位的人员环境也相对稳定；当 $S$ 值较小时，劳动者个人价值的实现率比较低，职工就趋于流动。

这不是说把职业流动的原因全部归于客观原因，忽略个人的主观原因，而是说我们要承认外部环境、客观条件的重要性。所谓“尺有所短、寸有所长”，即使总体能力差的人也有其特殊的长处（例如，盲人失去了“眼睛”这个极为重要的器官，但他们的听觉、触觉比常人有很大的发展，替代和弥补了视觉的不足）。一个人在某职业岗位上不顺心、不成功、不如意，一般来说，反映的是他“不适于这个岗位而更适于别的职业”。因此，改变环境，改变客观条件，寻找到合适的职业，就能使一个不成器的人成器、成才！无怪乎人们会说，某某人在这个岗位上是个“虫”，换了个地方就成了“龙”。因此我们说，职业的流动就是人们在有了职业的人生实践以后，寻求再一次的“人与工作的匹配”的努力。“人往高处走”的实质，是“人往‘适处’走。”

## 二、职业流动的影响因素

### 1. 个体性因素

（1）年龄与职业流动。年龄是影响职业流动的一个非常重要的个人特征，据 1983 年美国的资料，职业流动随着年龄的增加而下降。35 岁以下人口其职业流动数倍于 35 岁以上的人口，中国的情况也大体相同。一般说来，中国劳动者在 40 岁之后就很少自主更换岗位了。第三产业的服务人员的职业流动率在青年阶段比较高，说明服务行业的职业吸引力还是很强的。

（2）文化程度与职业流动。文化程度是影响职业流动的一个重要因素，一般来说，文化水平越高越容易改变其社会地位，以至于有人把受教育作为改变社会地位的途径。大体上，文化程度越高，职业流动强度越大。

（3）性别与职业流动。女性人口的职业流动率高于男性，这主要是因为，20 世纪 80 年

代以来女性从业人口的增长率高于男性。另外，女性更适合多种灵活的工作。

男女人口在各种职业的流动率比较一致，男女之间在职业流动上的差别不大。但是男女人口在服务人员这一职业的流动上差别较大。因为一些服务工作需要女性较多，所以女性服务人员的职业流动率高于男性。

男女人口在专业人员这个职业上的流动率差别是非常大的，由于客观上存在着性别不平等，男性在谋求职业时有一定的优越性，选择范围广。女性则不然。

**2. 社会性因素**

（1）科技进步与职业流动。科学技术的发展会带动一系列的社会发展和变革，使得社会结构，以及生产和生活方式进行重组，改变过去落后的生产工具和生产方式，产生许多新的职业。旧职业的消亡，从旧职业岗位上被迫分离出来的劳动者要继续生存，就必然要向新职业岗位流动，从而引起了职业流动。这种职业流动是在整个社会的大背景下发生的，个体只能顺应科学技术发展的大潮流，进行职业流动。

（2）产业结构调整与职业流动。我国正在产业结构调整的转型期，旧的产业部门及职业岗位淘汰一部分劳动者，而新的产业部门及职业岗位又产生了大量的新的劳动力资源。在我国的产业结构调整中，第三产业得到较大发展，许多的劳动者从第一、第二产业分离出来，流向第三产业。

（3）制度性因素与职业流动。打破户籍制度的壁垒，促进劳动力合理流动已成为改革的一个重要目标。在不少城市中，拥有城市户口仍是进入某些职业或行业的先决条件，而一旦经济发展和就业形势发生变化时，最先受影响的也往往是没有城市户口的农民工们。户籍制度的改革将加大特别是农民工们的职业流动。

社会保障体系人性化特点差，流动性不强。城乡二元社会保障体系仍然存在,牵制了职业的流动。随着社会保障制度改革，国家会颁布一些新的关于社会保障的政策和规定，加快社会流动的步伐，合理的职业流动就能完全实现。

## 三、职业流动的决策

古人云，“良禽择木而栖，名臣择主而事”，要调换职业，必须要对新的职业目标有所选择，并对新的职业岗位有深入的了解，有所比较，慎重而果断地做出决策。一般来说，人的职业流动决策程序可分为六个步骤。

### （一）明确职业流动的目标

职业流动决策的首要问题是确定自己要选择哪种新职业，所追求的是什么。这就是职业流动的目标。一个人在职业流动时要去某个工作单位，他看重的是这个自己愿意考虑的单位能给自己提供哪些优于原单位的条件，诸如工资薪酬、住房、职位、职称、发展机会、科研条件、发挥才能、福利待遇，等等。这些就是人们进行职业流动的倾向性目标。一个人的职业目标状况如何，从根本上取决于自己的职业价值观。

### （二）选取适宜的用人单位

职业流动者按照自己的条件，衡量可供自己选择的工作单位，看其是否符合自己的要求。

与此同时，这些单位也要选择流动者，看流动者的条件是否符合自己的要求（如专业、年龄、性别、工作阅历、专长等）。这个“选取单位”阶段，与一般的职业选择过程中双方的互相挑选是相同的。职业流动者要花费很大的时间、精力，才能顺利完成这一过程。

（三）分析接收单位的状况

当一个人职业流动方向的单位初步确定后，还要详细了解和分析这个单位有无发展前途、组织文化如何、能否发挥自己的专长、与原单位之间有无竞业禁止等各方面的情况。而一个人是否被某个单位确定能够真正接受，还要了解进入这个单位的手续（如编制、户口）等方面有无问题。

（四）分析由原单位流出的可能性

一个人准备流动，其所在单位是否同意其辞职、调离，采取什么方式和交换条件进行挽留，是否存在流动障碍，单位是不是设置障碍，这也是一个人能否顺利实现职业流动的现实因素。我国现在仍然处在体制转轨期，市场经济环境尚未完全具备，从个人和家庭生活的角度看，职业流动以后会出现能否解决住房、子女上学等方面的问题，这些都是关系着职业流动顺利与否的重要因素。有时，虽然接收单位落实了，但所在单位存在的问题也会成为人们职业生涯转换的“拦路虎”。

（五）“流动”与“维持现状”的比较

当一个人准备流动，并且具备新单位能接收、本单位能调出的条件时，还要对“流动到新单位”和“在原单位维持”两种情况进行比较，权衡二者利弊，从而判断流动以后对个人职业生涯的发展究竟有什么益处、有多大益处，最后做出流动与否的判断和决策。这时，还应当对“自己在原单位究竟有何转机、有无新的机遇”等进行深思甚至付出努力。这不是职业生涯选择中过度谨慎的胆小行为；恰恰相反，这正是积极改善职业生涯并且有效地实现目标的聪明之举。

（六）完成流动

经过慎重分析，在“流动”明显好于“维持”的情况下，就正式向原单位提出申请，然后办理一应手续。在实现流动后，一般就能走上“柳暗花明又一村”的职业生涯新路。

## 第四节　中国的经济发展与职业流动

### 一、当前中国职业流动的现状

（一）职业流动的基本情况描述

根据职业流动的定义，如果各类职业的从业总人数的增长比例大致相当，就表明人口在不同的职业之间没有发生流动，但如果各类职业的从业总人数的增长比例有差距，并且差距较大，这就表明这些职业之间存在流动。改革使中国劳动资源配置方式从计划经济配置型转向市场经济配置型，这为职业流动创造了有利条件；就业的自由度明显加大，流动频率逐渐增强。当前中国职业流动主要有以下几个特点。

**1. 从事商业、服务业人员的人数和办事人员的人数增长比例最大，职业流动率最高**

这表示，自改革开放以来，市场经济体制的实行、第三产业迅速发展，使得大量的生产工人流向第三产业，直接改变了职业结构的构成，大批人员流入商业、服务业。再者，自改革开放以来，社会上的经商热潮始终不退，吸引了众多的人从事商业。由于办事人员属于所谓的白领阶层，工作体面而且具有很高的工资报酬，所以许多人对办事人员这个职业趋之若鹜。

**2. 农业劳动者的人数在逐年增长，但是职业流动却为负数**

社会的发展，使得农业劳动者越来越成为一个“弱势职业”，农业劳动者被迫进行职业流动。近几年来，进城务工人员的数量一直在增加，然而即使他们转换了职业，不再从事农业，他们的身份也并没有随着职业的改变而改变，他们依然是农业劳动者，只是被称为农民工。农民工群体的职业转换已经成为职业流动过程中最值得关注的问题。

**3. 专业技术人员和生产工人的流动率上升**

科学技术日益发展并且广泛应用于社会生活中的每个角落,必然需要掌握一定的专业技术和生产技术的人们尤其是专业技术人员。受经商大潮的影响,大批生产工人流出，专业技术人员与生产工人职业流动率上升。

### （二）职业流动的机制发生变化

计划分配机制的职业流动大幅减少，市场机制和社会网络机制进行职业流动的比例上升。通过市场机制，以职业介绍、机构介绍、个人直接申请和自雇等手段促进职业流动，改变了过去的单位内部招工、国家分配、组织调动等分配方式。随着网络化的发展，可以运用网络机制获得信息达到职业流动的目的。市场经济是不完善的经济，主要表现在信息不对称，即信息拥有者的信息是确定的、丰足的，而信息需要者得不到确定的信息，其信息也是相对贫乏的。这就不利于职业的有效流动。通过社会网络谋职不一定能解决信息不对称的问题，但至少可使求职者广泛而深入地了解有关职位的情况，也为雇主扩大和筛选了申请人后备军。这种机制将会在我国的职业流动方面发挥着越来越重要的作用。

### （三）职业选择趋于稳定和高福利职业

单位虽然不能决定从事何种职业，但是一个单位的职工却有强烈的职业认同感，因而，对职业的分析可以一定程度地结合单位的性质。在市场经济条件下，职业流动反映的是经济结构的变化、经济利益的追求及个人发展的需要。人们对职业的选择不再盲目多变，而是趋于稳定、福利好或者高薪、体面的职业。因而,在职业流动方向上，社会成员对国家党政机关工作人员的取向近年来开始急剧增长，从全民报考国家和地方公务员的高度热情就可以体会到这种变化。在同等收入的情况下，人们更愿意成为一名公务员。

## 二、社会青年的职业流动

### （一）社会青年职业流动的特点

随着信息时代的到来，经济全球化和国内改革开放的不断深入，中国青年的职业选择和价值取向发生了多重变化，朝开放、多元、现实等方向发展。

2000 年以后，农民工才进入平等流动就业的阶段，我国就业制度、户籍制度、粮油供给制度有所松动，加上农村实行了家庭联产承包责任制，劳动生产率大为提高，劳动力出现了过剩。同时，城镇经济体制改革带来了城市经济的发展，需要大量的劳动力，农村青年开始向城镇流动。

大学毕业分配制度逐步转为自主择业、双向选择，经济因素逐渐成为大学生择业的重要条件。工资收入较高的外资、合资企业逐渐成为大学生择业的新宠。随着行业范围的多样化，新兴产业的岗位也成为大学生新的追逐目标，青年不再视一份工作为终身职业，工作流动性增大，就业方向多元化，从国企、私企到外企，从出国工作到自主创业，职业选择空间更大，范围更广。考研、留学深造不仅仅是为了追求科研水平的提高，而是为了实现更高层次的就业目标，为了收入、地位、声望的提升，接受新挑战，自我成长和以后的家庭幸福。报考公务员的人数年年递增，千百年来“官本位”思想，使国家工作人员成为学生和家长的第一选择，表现出青年为社会做更大贡献的取向，同时也是追求稳定收入、声望和个人价值实现的形式，个别青年和家长也有对国家公务人员寻租的一种非正常的期待。国企依然是青年职业选择的理想目标，除了个别国企回签职工子弟外，大部分企业倾向于招收重点大学毕业生。

参军入伍的报国热情有所降低，青年参军多半是为了找到一份稳定的工作。近几年，退伍后不再安置就业，只是给予经济补偿，随着岗位的增多，许多青年不再选择参军。随着民营企业崛起，外资企业的进入，追求自我发展、追求物质金钱、勇于接受挑战的青年，选择了外资和民营企业。物质产品的丰富，使人们开始追求全面发展，对艺术、时尚的追求成为职业价值取向的热点，出现了时尚、艺术等产业链，部分青年为了追求艺术、美感、创造性，成为艺术设计工作者、作家和自由职业者。随着国家对创新创业的倡导和引领，出现了一大批追求创造、挑战、自由、独立、财富的创业者，他们中的强者成为中小企业的创始人，正发展壮大为民营企业的中坚力量。

### （二）社会青年的职业流动趋势

**1. 从产业的角度看**

目前，第三产业已成为当代青年就业的一大方向。伴随产业结构的变化而来的是就业结构的变化，其趋势是：劳动力由传统工业部门流向新兴工业部门，如信息产业；劳动力由供应基本物质生活资料的物质部门流向享受资料的部门；劳动力由劳动生产率较低的部门流向劳动生产率提高较快的部门。随着科技的进步、社会的发展，一些高新技术产业开始兴起。这些新兴行业的从业人员普遍年龄偏低，法律、美术、营销等行业在我国都属于新兴行业，在这里正是年轻人施展身手的舞台，而计算机行业更是年轻人的天下。21 世纪，正从工业经济时代进入知识经济时代，智慧、知识和信息共同成为人类社会进步的驱动器，高科技产业和第三产业已成为这一驱动器的主要体现者。因此，这两个产业是青年人才青睐的对象。

**2. 从地域的角度看**

我国沿海经济发达地区及沿海开放城市由于环境优越、经济高速发展，吸收了大量人才。反过来，大量人才的进入，又促进了这些地区经济的发展。例如，在经济比较发达的上海地区就有技术人才 50 万人，占了全国的十分之一左右；而内地特别是西北地区却感到人才严重匮乏。

**3. 从企业的性质看**

随着中国对外开放的进一步发展，越来越多的外国企业先后在中国设立了代表机构或投资办企业，而且雇员本土化、本地化已成为外国公司用人的一大趋势。

具体而言，青年人才流向外资企业和私营企业有以下几个原因。

（1）在这些企业和单位中能充分实现青年人的个人价值。人们普遍认为，只有身在具有良好的发展潜力的企业、单位中，才会有施展个人才华的好机会。而在外资企业和私营企业中，公司均会鼓励其员工充分发挥个人潜力、个性和创意，这种自由的气氛也正是青年所期望的。因此，青年人会希望自己到私企和外企工作。

（2）私企与外企的管理方式先进，人际关系简单。外企与私企有相对先进的管理手段和方式，这是许多国有大中型企业所欠缺的。而在这些企业、单位之中，人际关系也相对简单、公私分明，这种气氛也是私企与外企受到当代青年欢迎的又一重要原因。

（3）高薪吸引。人们普遍认为自己的报酬和努力应该成正比，而年轻人则更为看重待遇，他们希望通过自己的努力能够得到社会的肯定，同时也能收获较好的经济效益。因此，便不难解释青年为何倾向于选择工资高、待遇好的单位。

（4）企业中的激烈竞争。青年是一个喜好竞争的群体，在激烈的竞争中，青年会感受到一种刺激，这正是激发一个人豪情壮志的催化剂。因此，他们喜欢那些竞争激烈、效率高的企业，希望通过这种竞争去验证自己的实力。在这些企业、单位中，提升机会相对也较多。既有竞争，又有成果。

（5）外资企业和私营企业选拔人才的手段多种多样。外企在时间上即先发制人，比国有企业抢先一步进入高校，又大张旗鼓地介绍企业的情况，并以问卷、考试、面试等多种形式全面检阅学生。就这样，毕业生中最优秀的人才被选走了，而且准确无误。同时，专门搜索人才的“猎头公司” 也千方百计以各种手段寻找他们所需的人才。这些“猎头”的最大客户就是外企与一些实力雄厚的私营企业。

### （三）对青年人才职业流动的引导

**1. 为青年就业创造良好的条件**

（1）通过大力推进青年就业创业见习基地建设，帮助青年积累工作经验，提高就业创业能力。

（2）通过开展青年创业小额贷款工作，破解创业青年资金缺乏的困境，为有创业意愿的青年提供必要的条件。

（3）政府要进一步完善创业培训扶持政策，广泛动员各类职业培训机构、技工学校和大中专院校开展就业创业培训，加大青年职业培训的投入力度，扩大青年培训项目，提高青年职业技能培训水平，尤其要加大对下岗失业青年提供免费的职业培训力度，扩大中等职业学校的奖助学金制度，对吸收实习生进入企业实行税收优惠制度等。

（4）加大大学生实习基地建设和培养指导力度，创新服务手段，提高青年的职业实习机会，提高职业技能。

（5）政府也可以协调社会各方面力量办好各类技术培训，尤其是青年热衷、社会急需的专业技能培训。

（6）发展第三产业、扩大就业渠道。

（7）建立激励机制吸引人才。

**2. 从青年人才的客观条件出发，给他们以正确有利的引导**

（1）要引导青年人才从根本上认清自我。人们总想找一份更为理想的工作，但在这之中有许多值得注意的地方，对自身有一个明确的认识很重要。在一些发达国家，对人的智力、能力、潜质等方面，都有较为科学的检验测定方法，每个人都知道自己适合什么职业。我国目前在此方面起步较晚，理论、技术水平、设施和从业状况都差强人意，这就需要我们自己不断且及时地对自身的问题加以认识和评判，以达到自我调整的目的。

（2）要给自己的职业做出定位，也就是说，要具有一个明确的职业观。首先，要明了自己发展的目标。其次，要认清目前社会人才市场的局面。最后，要把提高自己的文化业务技能素质作为前提。在求职择业时把这三个方面结合起来，给予正确的定位。

## 三、中国经济发展中的新生代农民工职业流动

### （一）新生代农民工的职业流动特点

20 世纪 90 年代以来，中国内地以获得更好的发展机会和更高的收入为主要特征的农村迁往城市的人口开始大量出现。2010 年第六次人口普查的最新数据显示，流动人口规模已经增长到 2.21 亿人。中国人民大学进行过“新生代农民工调查”。该项调查于 2010 年 2 月进行，样本包括全国 28 个省（自治区、直辖市）的 1595 名新生代农民工。调查内容除个人、家庭基本信息外，主要内容包括新生代农民工外出务工情况、认知态度与行为、社会融合与社会认同等方面（表 5-1）。

**表 5-1 新生代农民工调查样本分析**

| 变量值 | | 样本量 | 比例/% |
|---|---|---|---|
| 性别 | 男 | 953 | 59.8 |
| | 女 | 640 | 40.2 |
| 文化程度 | 小学及以下 | 91 | 5.7 |
| | 初中 | 759 | 47.9 |
| | 高中 | 498 | 31.4 |
| | 大专 | 170 | 10.7 |
| | 本科及以上 | 66 | 4.2 |

资料来源：2010 年，中国人民大学“新生代农民工调查”课题组对全国 28 个省（自治区、直辖市）共 1595 各新生代农民工的调查

调查发现，较之于其父辈，新生代农民工文化程度相对较高。被调查者中，初中学历所占比例最高，为 47.9%，高中学历次之，为 31.4%。新生代农民工有着热情与理想，同时拥有相对较高的教育水平，但缺少父辈的吃苦耐劳精神。同时，与城市孩子一起成长的经历也使

他们向往城市生活，不愿再回到农村继续务农。

进入 21 世纪以后，农民工内部出现代际分化，第一代农民工的子女已经逐步成为新一代农民工的主体。2010 年第六次人口普查数据显示，30 岁及以下的流动人口规模达 1.34 亿人，占总流动人口的 61%，国务院相关文件中首次使用“新生代农民工”的提法，并要求采取有针对性的措施，着力解决新生代农民工问题。

农民工进城后初次职业选择的主要渠道，多数处于非正规的个体和私营企业之中，而且他们就业多在技术含量低、劳动强度大的低端行业中。相比较而言，新生代农民工就业层次比第一代农民工高，但是依旧以生产运输、设备操作及相关人员为主，是纺织业、制造业、电子业等技术性行业的主力军。新生代农民工相比父辈拥有更高的受教育水平，其职业期望值高，物质和精神享受要求高，然而，他们仍旧面临职业声望低、收入水平低、受保障程度低等问题，而且就业行业差、住房条件差。收入水平低、受歧视等因素造成农民工职业流动频繁，但是由于前次职业业绩不能累积，各次职业获得的相关性很弱，多数农民工的职业流动只是一种“平移”。

### （二）初次职业与职业流动性的影响分析

初次职业流动是指，人们离开了自己刚参加工作时的第一个职业，进入了第二个职业。从表面上看，农民的第一个职业必然是农业劳动者，农民的初次职业流动必然是从农业劳动转为工业劳动，但深入分析却发现，事情并非如此。有些农民在农村时就已经从事非农业生产了，比如有做工的，有做小买卖的，也有的甚至做了企业主。又如，目前，很多年轻的农家子女从学校一毕业就到城市去打工，所以他们的第一个职业就是工人、服务员等，而不是农民。中国人民大学“新生代农民工调查”数据显示，在职业未发生流动的新生代农民工中，初次职业为专业技术型工作的占 46.41%，非技术型工作的占 50.16%，经商的仅占 3.43%；而职业流动的新生代农民工中，初次职业为专业技术型的占 46.26%，为非专业技术型的占 48.08%，经商的占 5.66%。从差异中我们可以看出，职业未发生流动的新生代农民工，其初次职业为经商的比重低于职业发生流动的新生代农民工，而其初次职业为技术型及非技术型工作的比重则高于职业发生流动的新生代农民工。而新生代农民工更加注重收入、发挥自己专长及工作环境等个人的发展，对于他们来说初次职业的性质对职业流动与否的影响并不是那么大。

### （三）关于农民职业流动的几点建议

#### 1. 以完善的市场就业机制为前提

要促进农民职业流动，就要建立以市场为基础的人才资源配置机制。劳动力市场作用的发挥，可以从几个方面来评价：一是搭建信息畅通、服务周到、机制灵活、运作规范、监督有力的劳动力市场平台，加大劳动力市场信息网络建设的力度，把劳动力市场网络延伸到农村，形成省、市、县（市、区）、街道（乡、镇）四级劳动力市场网络；二是规范职业介绍机构运作，发挥它们在劳动力管理、职业培训、政策咨询等方面的服务功能；三是减少农民在职业流动过程中不必要的程序，降低流动的成本。

**2. 以提高劳动者素质为根本**

市场经济体制的建立提供了公平的竞争环境，但是农民要有效地参与竞争需要以提高素质为着力点，农村劳动力的有效转移依赖于农民的职业培训。当前，农村劳动力的转移培训与市场需求存在一定的差距。要建立和完善职业培训体系，保证职业培训的针对性、实效性，避免农村劳动力培训的盲目性、片面性，要做到两点：一是培训内容要满足农村劳动力职业流动的需求，着力于文化教育、科技普及、技能培训；二是要整合资源，建立多层次、多渠道的职业技能培训体系，鼓励社会力量参与农村劳动力培训。建立政府、社会、用人单位、个人合理分担的多元投入机制,多渠道提高农民素质，缩短农民就业能力与市场需求之间的偏差，增强市场竞争力。

**[本章小结]**

职业声望是与财富、权利并列的相对独立的要素，是一种特殊形式的社会舆论，反映了特定社会发展历史时期人们对职业的社会心理评价。从劳动社会学的角度看，所谓职业分层，就是按照一定的标准、一定的方法，将劳动者所从事的职业区分为职业地位和声望不同的等级序列。社会分层理论分为两大派：一个是马克思主义学派；一个是韦伯学派。随着社会的发展，社会分层理论有了新的发展，影响较大的有社会分层功能理论与冲突理论。当代中国的职业分层也有着自己的特点，社会阶层结构方向发生了转变。职业流动，是指劳动者为追求自身的发展、寻求自己的价值而改变工作岗位，改换职业的行为。而随着中国社会的发展，青年的职业流动和新一代农民工的职业流动也有着这一时期的特点。

**[重要概念]**

职业声望　　职业分层　　社会分层　　职业流动

**[思考题]**

1. 论述职业分层和职业声望的联系。
2. 职业流动有哪些特征？
3. 讨论当前中国职业流动的现状。
4. 如何引导青年人才进行职业流动？
5. 论述新生代农民工的职业流动特点。

CHAPTER 6

# 第六章　劳动报酬与社会收入分配

[内容摘要]

本章全面阐述了收入分配的概念，分配不公的影响因素、原因、表现，劳动报酬与薪酬管理相关理论。

[学习要点]

1. 影响收入分配的主要因素。
2. 分配不公的原因和表现。
3. 激励理论类型、薪酬管理的主要理论。

# 第一节 社会收入分配

## 一、收入分配的概念

所谓收入分配，是对一定时期的生产成果进行分配。收入分配的类型分为国民收入分配和个人收入分配两种。

国民收入分配分为初次分配和再分配。初次分配是指国民收入再生产过程中当事人之间的分配。经过初次分配，国民收入分解为劳动报酬、企业收入、政府收入（间接税）。再分配是初次分配基础上的再次分配，又称第二次分配。其基本途径有两种。

（1）国家凭借行政手段进行强制性再分配。主要手段是税赋制度（所得税、遗产税等）和财政转移支付。

（2）自愿性的再分配，如捐助、赠与等。

## 二、我国收入分配机制的运行现状

我国现行的收入分配机制是一种由市场机制、政府机制和社会机制共同组成的复合分配机制，其中市场机制在收入分配中起基础性作用，政府机制起调节作用，社会机制起补充作用，三种机制共同运行形成了现有的收入分配格局。

### （一）市场机制在收入分配中起基础性作用

我国已初步建立了社会主义市场经济体制，在收入分配领域实行的是按劳分配和按生产要素分配并存的分配原则，市场机制在收入分配中起基础性作用，市场在初次分配起决定性作用。在初次分配中，劳动、资本、技术、管理等生产要素按对创造价值和财富的贡献大小参与收入分配，初次分配的结果主要取决于要素所有者提供的要素的供求、价格及竞争关系。

我国城镇居民可支配收入及农村居民纯收入由工资性收入、经营性收入、财产性收入及转移性收入四个部分构成。随着收入分配机制的调整，分配主体、分配方式的多元化格局逐渐形成，城镇居民可支配收入及农村居民纯收入结构都发生了较大的变化。

城镇居民与农民居民的收入分配主要有以下几个特点：工资性收入在城镇居民可支配收入中所占比重逐年降低，在农村居民纯收入中所占比重逐年增长；经营净收入在城镇居民可支配收入中所占比重逐年增长，在农村居民纯收入中所占比重逐年降低；财产性收入在城乡居民可支配收入中所占比重不断增长；转移性收入在城镇居民可支配收入中所占比重变化不大，在农村居民纯收入中所占比重逐年增长。

### （二）政府机制在收入分配中起调节作用

在收入分配机制运行过程中，政府机制发挥着调节初次分配结果的作用。政府主要利用税收、社会保障、转移支付等政策调节工具对国民收入进行再分配，调节初次分配形成的收入差距。改革开放以来，我国政府不断调整再分配的政策和方式，再分配调节体系逐步完善。

（1）在税收调节方面，我国对个人收入分配的调节主要依靠个人所得税，其他与个人所得税相互补充、相互配合的税种，如社会保障税、赠与税、遗产税等尚未开征。2006~2011 年，我国先后三次对个人所得税起征点进行调整，2011 年个人所得税工资、薪酬扣除标准从 2006 年的 800 元提高到 3500 元，税率级数由九级减为七级，2013 全国征收个人所得税达到 6531 亿元。

（2）在财政转移支付方面，我国实行的是分类财政转移支付制度，中央对地方的财政转移支付主要包括一般性转移支付、专项转移支付和税收返还。一般性转移支付的作用是缩小地区发展差异，促进地区间公共服务均等化的实现；专项转移支付则主要是用于公共基础设施建设、补偿灾害损失等特定项目；税收返还主要包括增值税和消费税返还、所得税基数返还、成品油价格和税费改革税收返还，以及其他税收返还。近年来，中央对地方转移支付的结构发生了一定的变化，其中税收返还占财政转移支付的比重连续下降，2007 年中央对地方的税收返还比重为 23% ，2013 年下降到 11%；一般性转移支付占财政转移支付的比重逐渐上升，2007 年中央对地方的一般性转移支付比重为 39% ，2013 年上升到 55%；专项转移支付近些年来占财政转移支付的比重相对稳定，占转移支付总量的 34%左右①。

（3）在社会保障方面，目前我国的社会保障体系包括社会保险、社会福利、优抚安置、社会救助和住房保障等，其中社会保险是我国社会保障体系的核心部分，主要包括养老保险、失业保险、医疗保险、工伤保险和生育保险。截至 2013 年年底，全国参加城镇职工基本养老保险、基本医疗保险、工伤保险、失业保险人数分别为 32 218 万人、57 073 万、19 917 万、16 417 万人。②

### （三）社会机制在收入分配中起补充作用

改革开放 30 多年来，我国的第三次分配也有了一定的发展。随着我国经济的快速增长，人民生活水平显著提高，富裕阶层迅速增长，为第三次分配奠定了一定的物质基础；与此同时，第三次分配的社会意识逐步形成，民间组织和志愿者队伍日益发展，据统计，截至 2014 年 6 月底，全国共有社会组织 56.1 万个，其中社会团体 29.4 万个，基金会 3736 个，民办非企业单位 26.4 万个。2014 年 1~6 月民政部门直接接收社会各界捐款 20.5 亿元，接收捐赠衣被 253.0 万件，捐赠物资价值折合人民币 1.2 亿元。间接接收其他部门转入的社会捐款 0.5 亿元。2014 年 1~6 月共有 305.9 万人次困难群众受益。③

## 三、影响收入分配的主要因素

收入分配是社会再生产过程中的中间环节。在我国，收入分配也同样是经济发展中的一个重大理论问题和现实问题，其存在和发展不但与众多的经济因素紧密相关，而且要受到多种条件的约束和影响，主要有经济因素和体制因素。

### （一）制约收入分配的体制因素

#### 1. 分配方式受所有制性质制约

所有制结构制约分配关系的结构。现阶段，我国存在着多种形式的所有制结构，如全民

① 参见《中国税务年鉴 2014》。

② 参见人力资源和社会保障部，《2013 年全国社会保险情况》。

③ 中国社会科学院社会政策研究中心. 2015. 慈善蓝皮书：中国慈善发展报告（2015）. 北京：社会科学文献出版社。

所有制、集体所有制、租赁、合资、独资等。与多种所有制结构相适应，就形成了多种形式的分配关系，也就形成了多种形式的分配实现形式，如现阶段的按劳分配、按资分配等。

**2. 分配方式受企业经营方式的制约**

分配方式在一定程度上受不同的经营方式的制约。在我国，企业的经营在不同历史时期先后出现过国家直接经营、承包制、租赁制、股份制等方式，与此相适应出现了多种分配方式共同发展的现象。

**3. 分配方式受宏观调控体系的制约**

分配本身就是宏观经济控制系统的一个重要组成部分，分配方式的选择必然受宏观模式的制约，不同的经济运行模式有不同的分配模式与之相配套。

### （二）制约收入分配的经济因素

生产力发展状况是制约收入分配的经济因素，是制约社会发展的根本原因，也是制约一种分配方式向另一种分配方式演进的重要因素。我国现阶段的生产力状况，对个人收入分配具有多方面的影响。

**1. 相对落后的生产力水平对收入分配的影响**

所谓相对落后的生产力水平具有两层含义：一是与社会生产力总量比较，生产力水平低；二是就发达国家已达到的生产水平而言，我国的生产力水平是相对低下的。

**2. 区域发展不平衡导致分配的不公平**

我国地域辽阔，在长期的历史发展过程中，由于其地理位置、经济条件等的限制形成了东部、中部、西部三大不同的经济区域。三大地区的经济呈现发达—比较发达—不发达三级梯形差异。

**3. 技术结构导致收入分配的不公平**

在不同部门、企业，由于各自条件不同，如资源配置合理程度、新技术的应用、设备状况、劳动力水平等的不同，其生产率就有所不同，生产价格和质量也有所不同，因而各自获得的收入也就存在差异，而只有承认这种最终分配利益上的差别，才能使企业改进技术，提高生产能力和竞争力，这实际也是分配的一个重要功能。

## 四、公平的概念及分配不公的原因和表现

### （一）公平的概念

公平（或平等）既是一个伦理学范畴，又是一个社会历史范畴。收入分配中的公平，主要是指某一类社会各成员之间在利益分配上的合理性。换句话说是指人与人之间在政治、经济、文化等各方面处于同等的地位，享有同样的权利。具体表现在四个方面。

（1）权利的平等，即政治上的自由平等，如公民的选举权、受教育权、劳动权等得到充分的尊重和保护。

（2）机会的均等。社会的一切机会都均等地对每一个成员开放，如就业方面，每个人都有同样的付出劳动、发挥自己才干的机会，通过公平竞争，自主择业，人们可以在不同地区、不同部门、不同企业、不同岗位上自由流动。家庭出身、民族、种族、性别等都不应影响一个人对职业的选择，只有其才能和智慧对他所得到的机会具有决定性的意义。

（3）规则的平等。对参与竞争的人都以同一个标准进行公平的评判，“所有的人都应该在一个平等的游戏场上按同样的规则参加游戏”。

（4）结果的平等，即“收入均等化”，在这里人们被保证得到基本相同的收入和消费水平等。

### （二）公平分配的内容

**1. 分配机遇公平**

全体社会成员都有平等地参与个人收入分配的机遇，分配机遇公平首先体现在按劳分配上，其次体现在市场分配的机遇公平上，即人们有同等参与市场竞争和致富的机遇。

**2. 分配规则公平**

这是指保证个人收入分配正常运行，以及维护居民收入利益的各种制度和规范公正和公平。企业和政府作为个人收入分配和调节的主体，必须严格按相关的制度和规则行事，防止在分配中出现不正当竞争和不规范行为。

**3. 分配结果公平**

分配结果公平是收入分配公平最主要的内容。现阶段，我国居民收入分配结果公平有两层含义：一是个人收入与其投入相对称；二是社会成员间个人收入应反映个体社会成员劳动技能、经营能力和资产占有量的差异，允许出现一定的收入差距，但这种差距应以社会安定、经济持续健康发展为前提，不能出现收入差距悬殊，甚至两极分化。

### （三）分配不公的原因和表现

**1. 分配不公的原因**

（1）平均主义观念的影响。在改革开放前相当长的一段时期内，我们将平均主义、“大锅饭”作为公平分配的原则，将“铁饭碗”、统包福利作为社会主义的优越性，这种思想至今还有着根深蒂固的影响，致使许多分配制度改革的效果并不明显。在国有企业内部一些人以招聘高学历人才为荣或为了达到上级设定的人才比例结构，使工资奖金作为激励劳动的职能被淡化，“干不干一个样，干多干少一个样，干好干坏一个样”的情况仍然存在。

（2）体制性的原因。第一，初次分配过于“余资本”、“弱劳动”，一次分配力度严重不足，分配不公的程度反而逐渐扩大。第二，在二次分配中存在负福利效应和政府职能的错位。

（3）收入分配机制运行主体存在问题。初次分配中生产要素市场扭曲，我国虽然已初步建立了社会主义市场经济体制，但市场经济发展时间短、不平衡、不完善,特别是生产要素市场改革踟蹰不前，导致生产要素价格不能完全由市场竞争决定，市场无法对生产要素价格形成客观的评判标准，初次分配关系扭曲，居民收入分配差距持续扩大。在国民收入再分配过程中，政府作为分配主体，通过转移支付、社会保障等方式来提供公共服务、公共产品，以调节初次分配形成的收入分配差距。但由于我国政府在提供公共服务、公共产品过程中没有发挥政府职能，反而使公共服务、公共产品成为收入分配差距拉大的因素之一。

（4）国有资产监管制度不完善，造成个人收入侵蚀国有资产。国有企业的监管制度、分配制度不健全、不完善，不仅经营管理者中存在“穷庙富方丈”的现象，而且员工在国有资产未保值增值甚至严重亏损的情况下，工资、奖金依然逐年上升，这种个人收入侵蚀国有资产的现象是十分严重的。

（5）市场发育不完全造成非法收入泛滥。市场运行监管的法律体系在中国尚未发展完善使得中国市场无序，欺骗和造假盛行。有些行业和企业凭借对资源的垄断而获取大量收益，并将这些收益转化为个人分配，这种现象也是某些个人收入增长快的原因，是不合理的。

（6）法制不健全，给违法分子乘机敛财提供了机会。改革开放以前，我国一直是采取高度集权的计划管理模式，借行政手段来调整分配关系，基本上无法制可言。改革开放以后，通过立法部门的努力，尽管制定了许多法律、法规，但很多领域的法律还是空白，部分法律还有待进一步完善，这就给违法分子非法牟取暴利提供了机会。

**2. 分配不公的表现**

1）城乡居民收入差距

我国城乡居民的收入差距在逐渐拉大。由于历史原因，我国城乡经济发展不平衡，城乡经济发展的起点和条件都不一样，中国城乡经济社会发展不平衡的主要结果之一就是城乡居民收入差距过大。尽管在城市化过程中，农村相对剩余劳动力流入城市在一定意义上缩小了城乡收入差距，但在客观上，目前城乡收入差距还是比较大的。

国际上通常用基尼系数来考察居民内部收入分配差异状况，基尼系数越高，收入分配差距就越大，分配就越不公。基尼系数为 0~0.3，收入分配是公平的；0.3~0.4，收入分配是比较合理的；基尼系数超过 0.4，就表明社会收入差距过大，分配不公比较严重。按国家统计局发布的数据，2014 年全国居民收入基尼系数为 0.469，远远超过了 0.4 的国际警戒线，而在 0.469 这个数据中，城乡居民收入差距约占 70%。由此可见，我们如果要解决中国的收入差距问题，核心问题是要缩小城乡居民收入差距[①]。

2）地区收入差距

中国是一个区域发展不平衡的国家，区域跨度和差距非常明显，经济社会发展非常不平衡。沿海地区由于自然条件和地理位置相对优越，再加上改革开放以来的一些政策和措施，在 1978 年后进入了经济快速增长的轨道。相对而言，中西部地区发展就比较缓慢，地区差异还表现在同一地区内部的差距和不平衡，如沿海地区总体来说是比较发达的，但沿海地区内部也有区域发展不平衡的问题。例如，广东省的北部、南部，浙江省的东部、西部，江苏省的北部、南部也存在着较大的收入差距。所以我们国家区域发展差距具有多样性的特点，加大了我们解决收入差距问题的难度。

3）行业收入差距

在目前的整个收入分配格局中，行业差距也成为非常突出的问题。以上海为例，收入最高的行业是高科技、信息技术行业，第二位是金融、房地产行业，收入最低的行业是家政服务业，最高行业收入是最低行业的 8~9 倍，行业差距比较大。值得注意的是，一些行业收入差距是由经济发展的内部结构导致的，如高科技、金融和房地产行业，人力资本含量较高，科学技术的作用比较大，相应的回报比较多，这是这些行业收入高的原因，这类收入差距是合理的。而有些行业和部门的收入差距却不是由行业结构属性所决定的，如一些行业的高收入是由行业垄断所导致的，这种差距与其说是收入差距，不如说是分配不公。

---

① 参见《2014 年国民经济在新常态下平稳运行》，国家统计局网站。

4）城市内部的收入差距

城市内部的收入分配差距近几年呈上升趋势。改革开放以来，中国的城市化进程加快，城市内部各阶层的收入都在增长，但是城市内部分化的趋势也在加快，特别是大城市内部的城市户籍人口和非户籍人口之间的收入差异，以及公共服务等方面的差异都非常大。这就是在原有的城乡二元结构的基础上，又在城市内部产生了新的二元结构，即非户籍人口和户籍人口在公共服务方面的差异和不平衡，这些差异尤其表现在教育和医疗卫生等方面。

5）宏观国民收入分配格局中的不合理

宏观国民收入分配结构不合理主要表现在两个方面：一是劳动者的报酬在初次分配中的比重偏低；二是居民收入在整个国民收入中所占的比重偏低。在经济快速发展过程中，我国劳动者的报酬占比逐年降低。目前，我国劳动者报酬占比小于 40%，而发达国家的这一比例一般在 70%左右，这也导致我国的居民收入在整个国民收入中所占的比重也偏低。两个占比偏低使得我国的内需，尤其是消费需求长期不足，甚至出现消费需求下降的现象，这也是我国近两年在收入分配问题上的一个突出问题。

### （四）缓解分配不公的措施

**1. 推动机会均等**

推动机会均等、不断向公众开放一切参与市场的机会，达到最大限度的公开透明，让所有参与市场活动的主体都有相等的地位、相同的条件，做到公平、公正、公开。

推进机会均等的目的就是给人们一个公平、公正、公开透明的制度安排，使每个人都享有经济上同等的条件、同样的机会。人们获得资源的机会不均等，造成了收入分配制度的严重不平等，一部分人由于先发优势占据着大量的资源，于是获得了更多的机会，总是得到高额收入，而另一部分人却由于得不到平等的机会，总是处在收入水平的底部，而且无论他们多么努力都很难达到机会拥有者的收入水平。机会不平等是两部分人产生收入差距的主要因素，与市场化的分配制度背道而驰。

推进机会均等，政府要做好以下几件事。

（1）积极推动全国义务教育的普及，确保所有人拥有平等的受教育机会；

（2）逐步取消城乡分割的户籍制度，为农民提供平等的就业机会；

（3）加快社会保障体系的建立，逐步实现所有人拥有平等的社会保障机会；

（4）进一步完善投融资体制，为所有人提供平等的融资机会。

**2. 推进政治体制改革，发挥政府机制在初次分配中的作用**

收入分配改革的关键是要实现政府的职能回归。首先政府应转变职能，明确自身在收入分配中的职责和功能；其次政府职能应该按照“经济调节、市场监管、社会管理、公共服务”的要求转变。

提高劳动报酬在初次分配中的比重是重中之重，它关系到后续的所有环节，如财政收入、居民收入进而影响到再分配、消费税收、社会保障等。首先，处理好政府、企业与居民的收入分配关系，科学确定政府性收入的总水平，适当控制政府性收入的过快增长，减轻居民和企业的负担，把国强建立在民富的基础上。其次，逐步提高最低工资标准，增加劳动报酬在国内生产总值中的比重是提高低收入人群生活水平的必要措施，并列入政府年度计划和纳入政府绩效考核体系。最后，建立正常的工资增长机制及行业、区域工资集体协商机制，健全企业工资支付保障制度。这些分配方式对经济社会稳定、建立良好的分配制度起很大的作用。

**3.** 加大对过高收入者的调节力度

这种调节可从两方面入手：一方面要过滤过高收入阶层，对合法合理的收入，代表先进生产力、为社会创造巨额财富或做出卓越贡献的人员，名正言顺地让他们得到高收入，同时要清理“灰色”收入，取缔非法收入；另一方面对过高收入群体要进行重点监控，使个人收入透明化，完善个人所得税的征缴体系，加快企事业单位的财务会计制度的改革，加快建立社会金卡工程，做到所有收入分配都有账可查。银行部门加强监管，减少现金往来，从根本上杜绝工资外收入，以此来规范收入分配行为。

**4. 加强社会配套制度建设，努力实现收入分配结果的公正**

（1）加强社会保障制度的建设，提高低收入群体的收入水平，减少低收入群体的数量，即做好“两个确保”工作，完善城镇居民最低社会保障制度，实施农村扶贫开发计划，在切实保障城乡低收入者或无收入者的基本生活的前提下，采取拓宽普通劳动者的就业门路、消除城乡壁垒、参与西部大开发、推动城市化进程等手段减少低收入群体人数。

（2）通过国家财政转移支付制度，缩小地区和阶层差距。依靠中央政府在生产要素上对西部地区有计划、有目的的援助来缩小地区差距；可通过发放实物、交付补助金、发放购物券、以工代赈等手段把富裕阶层的部分收入无偿转移给贫困阶层。

## 第二节　劳动报酬与员工激励

### 一、劳动报酬的概念

劳动报酬是指劳动者通过劳动获取其全面的满足。社会学上的劳动报酬不仅包括劳动者通过劳动获得工资、奖金和津贴，还包括劳动者通过劳动得到其他方面的收益，特别是心理上与精神上的满足。

劳动者通过劳动获得报酬的项目众多，包括劳动组织支付的工资和所有其他形式的奖励，内容非常复杂。从总体上看，劳动报酬分为内在报酬与外在报酬两部分。劳动者的外在报酬是指由于就业关系的存在，从企业或其他形式的劳动组织得到的各种形式的财务收益、服务和福利。通常意义上的报酬指的是外在报酬，它可以分为直接报酬与间接报酬。

（1）直接报酬包括基础报酬、绩效报酬、鼓励劳动者进一步提高生产效率的各种激励性报酬和各种延期支付。

（2）间接报酬即福利，主要包括如下内容：社会保险福利（法律所要求的）、养老保险、失业保险、残疾保险、医疗保险等；用人单位集体的保险福利、养老金、储蓄、补充失业保障保险；带薪休假、培训、工作间歇、病假、休假、节假日、事假；其他各种福利，如老年照顾、幼儿照顾、健康疗养、额外津贴、低价/免费餐饮、休闲设施。

（3）基础报酬在大多数情况下是企业或劳动组织根据劳动者的工作性质支付的基本现金报酬，它只反映工作本身价值，而不反映劳动者因为经验或工作态度而引起的对企业贡献的差异。

（4）绩效工资是对劳动者的工作行为和取得成绩的奖励，是在基础工资上的增加额，它取决于劳动者的绩效水平。

（5）激励报酬直接把劳动者的报酬和绩效联系起来，可以是短期的，也可以是长期的；可以以单个劳动者为对象，也可以以劳动群体为对象。

## 二、员工激励理论

### （一）激励理论类型

**1. 基于行为主义研究结果的激励约束机制**

基于行为主义的激励约束机制将行为主义学者的研究思路纳入基于非对称信息博弈的激励约束机制研究模型，两大研究思路的融合，由此出现了“隐性激励机制”、“代理人市场声誉模型”及“股票期权激励”等激励方式，前两者打破了“经济人假设”，而“股票期权激励”体现了激励约束机制研究模型与行为主义研究思路中的期望理论的结合，同时，行为主义学者运用行为学的研究方法进一步深入研究高层经营管理者追求的目标，以及这些目标是如何对高层经营管理者实施激励的。

**2. 基于对企业经营者的激励**

在以往的激励工作乃至当前的改革中，缺乏对企业经营者的理论探讨和实践。企业经营者的工作主要是决策、计划和人力资源开发，其工作的直接成果主要是指令、目标、规范、制度等，是软性的、无形的。企业经营者的间接劳动成果具有非常复杂的背景和归因。企业经营者的劳动成果、企业表现，不但隐含着异常复杂的背景而且还受到不少非经营者所能控制因素的影响。因此，对企业经营者的激励日益成为现代激励理论的研究重点。

**3. 从对激励方法、方式的研究过渡到对经济机制的设计和研究**

企业系统主要包含人与物和人与人两种主要的关系。一方面，在人与物间主要存在着知识信息不对称，激励可使人减少对物的知识不对称，最大限度地使自己的认识与客观物质世界相一致。另一方面，在人的组织系统中也存在着信息不对称。信息不对称包括动机不对称和知识不对称，从理论上讲，知识不对称是可以解决的，而动机不对称难以克服。信息不对称又必然导致逆选择行为和败德行为。解决问题的关键在于经济机制的设计理论，以系统、健全、完整和适宜的经济机制自动有效地整合和规范企业的信息通道，减少信息不对称，提高员工的工作积极性，以尽量少的成本和资源来更好地完成组织功能和实现资源最优配置。

### （二）劳动报酬与员工激励

**1. 团队激励**

随着企业管理模式的变革，团队管理成为越来越多的企业为适应市场变化而采取的新的管理模式。在团队管理中，团队更加注重对团队成员的激励，并希望在不同的阶段，通过不同的激励手段的使用，促进团队成员之间的合作，最终实现团队的目标。如何实现对团队的有效激励，何种激励理论对团队激励更加有效，成为团队激励中不可回避的问题。

团队目标的设定，会直接影响成员行为的选择，如果目标制定得合理，员工通过适当的努力可以实现，则对员工产生激励作用。首先，对于团队目标的设定应该切合实际，团队目标的设定不能过高、过快，即应结合团队的实际能力，让团队成员对实现团队目标充满信心。

其次，应在全体成员的共同参与下，进行团队目标的设定，这样不仅能够充分地实现和了解所有成员对目标的认识，同时也能让成员清楚地知道，在未来目标的实现过程中各自的位置和任务，加强未来合作的基础。再次，团队目标的设定必须结合个人目标，应该充分地收集和分析团队成员每个人的目标追求，并将团队目标和个人目标进行有机的结合，在目标的设定和讨论中，充分地讨论如何在实现团队目标的前提下，实现个人的目标，让团队成员切实了解团队目标和个人目标之间的相互依赖关系，从而加强个人对团队目标的认可程度。

公平公正是激励的一个基本原则。如果不公正，奖不当奖，罚不当罚，不仅收不到预期的效果，反而会造成许多消极后果。激励的程度必须与被激励者的功过相一致。在实际中，赏与功相匹配，罚与罪相对应，既不能小功重奖，也不能大过轻罚。

团队成员的成长环境及对团队目标的不同认识，会导致成员面对目标时采取不同的行为方式，这些行为方式有些是正确的，但有些可能会伤害到整个团队的利益，为此团队激励中必须对团队成员的行为方式进行必要的引导和规范。团队主要通过制定团队规范，并采取适当的奖惩激励，对成员的行为进行规范，对于符合团队发展要求的行为采取正强化激励措施，使其得到强化和发展；对于不符合团队发展要求的行为采取负强化激励措施，促使其削弱或消失。

企业文化以调动人的积极性、创造性，提高企业效益，为社会创造更多的财富为根本目的，渗透于企业的各项活动之中。企业文化作为特殊的精神“黏合剂”,使员工产生使命感、自豪感和归属感。

**2. 个人激励**

1）薪酬机制

薪酬是人力资源中激励的最核心要素，是企业管理水平的重要标志，是企业吸引人才、留住人才和激励人才的最基本手段。对于员工来讲，薪酬是他们从企业获得相对满足的回报之一，是得以维持生活、提高生活质量的重要前提。

2）股权激励制度

股权激励制度是以员工获得公司股权的形式给予其一定的经济权利，使其能够以股东的身份参与企业决策、分享利润、承担风险，使员工自身利益与企业利益更大程度地保持一致，从而勤勉尽责为公司的长期发展而服务的一种制度。现代企业理论和国外实践都证明，股权激励对改善公司治理结构、降低代理成本、提升管理效率、增强公司凝聚力和市场竞争力起到非常积极的作用。

3）自助式薪酬

自助式薪酬也称整体性薪酬，是指企业在员工充分参与的基础上，建立每个员工不同的薪酬组合系统，并定期随着他们的兴趣爱好和需求变化，做出相应的变更，它是一种自主风格的薪酬制度，员工可以按照事业发展、工作和个人生活的协调比率，决定自己的薪酬组合及组合中各种薪酬元素的比例。

4）精神激励

情感是影响人们行为最直接的因素之一，任何人都有渴望各种情感的需求。这就要求领导者要多关心群众生活，关心群众的精神生活和心理健康，提高员工的情绪控制力和心理调节力，努力营造一种相互信任、相互关心、相互体谅、相互支持、互敬互爱、团结融洽的氛围。精神激励即内在激励，是指精神方面的无形激励，包括向员工授权，对他们的工作绩效的认可，公平、公开的晋升制度，提供学习和发展并进一步提升自己的机会，实行灵活多样的弹性工作时间制度及制定适合每个人特点的职业生涯发展道路等。精神激励是一项深入细致、复杂多变、应用广泛、影响深远的工作，它是管理者用思想教育的手段倡导企业精神，是调动员工积极性、主动性和创造性的有效方式。

## 第三节　薪 酬 管 理

### 一、薪酬相关理论

薪酬分为经济报酬和非经济报酬，前者是员工的工资、津贴、奖金等；后者是员工获得的成就感、满足感或良好的工作气氛等。从狭义上来说，薪酬指的是经济薪酬。主要的薪酬理论包括如下几种。

#### （一）马克思主义经济学的工资决定理论

传统的马克思主义工资理论认为工资是资本主义社会特有的经济现象，工资是劳动力价值或价格的转化形态，是在劳动力市场中根据劳动生产费用和劳动供求关系而形成的。它主要分析和揭露资本主义工资的剥削实质和运动规律。其核心内容如下。

（1）社会主义工资仍以按劳分配为基本原则，但要借助于商品、货币、价值和市场等范畴来运行。

（2）工资分配以企业为单位，企业有决定与分配工资的自主权。

（3）个人工资水平由企业的有效劳动量与个人劳动贡献双重因素决定。

（4）工资水平取决于劳动力市场供求状况与经济收益。

（5）建立工资谈判机制。工资水平及其增长、工资构成等由劳动力市场主体（劳动关系主体）双方谈判决定。

#### （二）维持生存薪酬理论

这一薪酬理论最初是由古典经济学的创始人威廉·配第提出的，他把薪酬和生活资料的价值联系起来，提出薪酬是维持工人生活所必需的生活资料的价值。这一见解后来就成为古典经济学派关于一般薪酬理论的基础。18 世纪初的法国经济学家魁奈、杜尔哥及后来的英国经济学家亚当·斯密和李嘉图在此基础上有所发展。

这一理论的主要观点是，产业社会中工人的薪酬应该等同或略高于能维持生存的水平。他们认为工人应获得必要数量的生活用品，以维持自己及其家属的生活，从而为社会的未来扩大再生产提供足够数量的劳动力。如果出于某种原因，薪酬暂时提高到维持生存的水平以上，那么，工人阶级的人口增长率上升而使劳动力供应增加，薪酬最终仍会降到维持生存的水平。如果将薪酬降低到维持生存的水平以下，它不会持续多久，因为劳动力供应将会因疾病、营养不良、出生率下降而减少，薪酬最终会提高到维持生存的水平。亚当·斯密还认为薪酬决定于经济活动中劳动力的供求关系，在他看来，劳动力供应是有限的，最低人数取决于生活必需品的价格或食物的一般价格。所谓生活必需品，他指出：无论一国的风俗习惯如何，都得向其人民即使最下层人民提供维持生存所必不可少的物品。他还认为劳动力需求决定于一国的剩余资财或国民财富。国民财富增加是决定薪酬水平的最重要的因素。李嘉图在前人薪酬理论的基础上，提出劳动同时具有自然价格和市场价格。自然价格是指在其他条件相同的情况下，可使劳动者大体活下去并不增不减地延续其后代所必需的价格。他认为劳动的自然价格随生活必需品价格的涨落而升降。市场价格是指根据劳动力供求比例实际付给劳动者的价格。劳动的市场价格可能会与其自然价格偏离，但是，由于工人阶级人口增长率的变化，二者到头来还是会再次趋于平衡。他认为如果薪酬超过了维持生存的必要量，人口增长速度就会加快，从而超过食品和其他生活必需品的增长速度，结果劳动力供大于求的压力又会使薪酬重新降到仅能维持生存的水平。因此他认为薪酬的提高只能是暂时的状况。这就是他的著名的薪酬定律。

### （三）人力资本理论

人力资本理论的渊源可以追溯到古典经济学家亚当·斯密和近代经济学家马歇尔等人。但是都未做深入研究。真正提出人力资本理论的是美国经济学家西奥多·舒尔茨，后来加以发展的是加里·贝克尔。

西方经济学认为资本采取两种形式，即体现在物质形式方面的物质资本和体现在劳动者身上的人力资本。劳动者的知识、技能、体力（健康状况）等构成了人力资本。人力资本对经济增长起着十分重要的作用，促进国民收入的明显增加，人力资本投资也必然影响到薪酬收入。

人力资本是通过人力资本投资形成的，其投资是多方面的，包括教育(培训)支出、保健支出、劳动力国内流动（移居）支出或用于移民入境的支出（为了寻找工作），以及搜集价格与收入的信息等多种形式，其中最主要的是教育支出（包括在职培训）。人力资本投资还包括为了补偿劳动力消耗，在衣、食、住等方面的支出。不过这种支出并非仅仅是为了工作，而是人的生理需要所必需的经常性支出，所以一般不计算在内。这些投资都有初始支出，都希望未来获得投资报酬。劳动者的知识和技能形成一种生产资本储备，这种生产资本的价值派生于劳动力市场上技能的报酬，寻找职业与迁移等提高技能储备的价格(薪酬)，从而增加人力资本的价值。

### （四）边际生产率薪酬理论

劳动的边际生产率这一概念由克拉克提出，是指最后追加的单位劳动所带来的产量的增加。由于存在边际生产率递减的规律，对劳动力的雇佣数量并非越多越好，在劳动雇佣量达到某一足够大的量后，劳动的边际生产率为零。

按照边际生产率概念，薪酬取决于劳动边际生产率。这就是说，雇主雇佣的最后那个工人所增加的产量的价值等于该工人的薪酬。如果工人所增加的产量小于付给他的薪酬，雇主就不会雇佣他；相反，如果工人所增加的产量大于付给他的薪酬，雇主就会增雇工人。只有在工人所增加的产量等于付给他的薪酬时，雇主才既不增雇也不减少工人。自然，工人的薪酬水平由最后雇佣的工人的产量决定。

边际生产率薪酬理论开创了薪酬问题研究的新时代，因为它致力于企业和厂商层次的微观分析，建立起薪酬和生产率之间的本质联系。

### （五）供求均衡薪酬理论

供求均衡薪酬理论的创始人是马歇尔，他在其名著《经济学原理》中以均衡价格论为基础，从生产要素的需求与供给两方面来说明薪酬水平是如何决定的。他认为，各种生产要素（劳动、土地、资本等）都被可视为商品，而要素收入（薪酬、地租和利息等）都表现为这些商品的价格。作为价格，它们也都取决于市场供求这两方面的均衡力量，即取决于要素的边际产出与要素供给者的边际负效用之间的某种均等关系。从需求方面看，薪酬取决于劳动的边际生产率或劳动的边际收益率。厂商愿意支付的薪酬水平，是由劳动的边际生产率决定的；从供给方面看，薪酬取决于两个因素：一是劳动力的生产成本，即劳动者养活自己和家庭的费用，以及劳动者所需的教育、培训费用；二是劳动的负效用或闲暇的效用。

供求均衡薪酬理论对薪酬的分析结合需求和供给两方面，较边际生产率薪酬理论大大前进了一步，奠定了现代薪酬理论的基础。

### （六）集体谈判薪酬理论

边际生产率薪酬理论、供求均衡薪酬理论均以劳动力市场买卖双方的完全竞争为假设前提。随着劳动力市场双方组织力量的成长，这个前提很难成立，薪酬分配越来越取决于市场不同主体力量的对比，取决于市场均衡之外的交涉和权利斗争，因而以集体谈判为背景的薪酬理论逐渐发展起来了。其中较著名的有庇古的范围论等。

### （七）效率薪酬理论

效率薪酬理论的基本观点是工人的生产率取决于薪酬率。薪酬率的提高将导致工人生产率的提高，故有效劳动的单位成本(薪酬、福利、培训费等)反而可能下降。因此，企业降低薪酬，不一定会增加利润，提高薪酬也不一定会减少利润。

这一理论可用函数形式表达为

$$\lambda = \lambda(W,\ W-1, u)$$

式中，$W$ 为企业支付的薪酬率；$W-1$ 为其他企业支付的薪酬率；$u$ 为失业率。

于是，每个有效劳动单位的劳动成本是 $W/\lambda$。最初，生产率随 $W$ 增加呈加速度增加，$W/\lambda$ 递减；但在某个有效点之后，生产率$\lambda$的增长速度减缓，$W/\lambda$递增。假定企业目标是利润最大化，因此必然追求每个有效单位的劳动成本最小化，即薪酬劳动成本 $W/\lambda$ 处于最低点，这个最低点便是效率薪酬。

## 二、薪酬管理的主要内容

### （一）确定薪酬管理的目标

薪酬管理的主要目标包括四个。

（1）建立稳定的员工队伍，吸引和留住企业或组织核心员工。

（2）激发员工的工作热情，创造更高的工作效率。

（3）使员工的能力不断得到开发。

（4）努力实现组织目标和员工个人发展目标的协调。

这就要求我们设计的薪酬体系，对内要公平合理，不断提升员工的人力资源能力；对外要具有足够的竞争力，同时符合国家和地方的法律、法规。

### （二）选择薪酬政策

企业或组织薪酬政策实质是企业或组织管理者对企业或组织薪酬管理的目标、任务、手段所做的选择和组合，是企业或组织在员工薪酬管理方面所采取的方针政策。其内容包括企业成本投入政策，根据企业自身情况选择企业合理的工资制度，确定企业工资结构及工资水平。

### （三）制订薪酬计划

薪酬计划的内容包括企业预计要实施的员工薪酬支付水平、支付结构及薪酬管理重点等。制订薪酬计划要遵循两个原则。

（1）与企业的管理目标相协调的原则。

（2）以增强企业竞争力为目的的原则。

### （四）调整薪酬结构

薪酬结构是指企业员工之间的各种薪酬比例及其构成，主要包括企业工资成本在不同员工之间的分配，职务和岗位工资率的确定，员工基本、辅助和浮动工资比例及基本工资的调整等。

薪酬管理主要受到如法律法规、生活水平、市场供求关系、自然环境等外在环境，组织内在因素及员工个人因素的影响。考虑这些因素，可以得到确定薪酬的五大指标，即工作的价值、员工的价值、人力资源（或人才）市场的情况、生活成本及企业的支付能力等。

**[本章小结]**

在我国，收入分配是经济发展中的一个重大理论问题，其存在和发展不但与众多的经济因素紧密相关，而且要受到多种条件的约束和影响。在我国，市场机制在收入分配中起基础性作用，政府机制在收入分配中起调节作用，社会机制在收入分配中起补充作用。收入分配中存在分配与公平问题，本章论述了分配存在的不公平现象，以及产生的原因及缓解分配不公的措施。

社会学上的劳动报酬不仅包括劳动者通过劳动获得的工资、奖金和津贴，还包括劳动者通过劳动得到的其他方面收益，特别是心理上的满足与精神上的实现。劳动报酬分为内在报酬与外在报酬两部分。通常意义上的报酬指的是外在报酬，它可以分为直接报酬与间接报酬。而激励理论也是劳动报酬的主要内容，有基于团队的激励理论和基于个人的激励理论。

**[重要概念]**

收入分配　　公平　　公平分配　　劳动报酬　　直接报酬

间接报酬　　个人激励　　团队激励

**[思考题]**

1. 影响收入分配的因素有哪些?
2. 分配不公的原因和表现是什么?
3. 简述如何缓解分配不公。
4. 列举劳动报酬的种类。
5. 简述激励理论类型。
6. 个人激励包括哪些?

CHAPTER 7

# 第七章 劳动组织

[内容摘要]

本章全面阐述了劳动组织概念，正式组织和非正式组织的含义、特点与类型，西方主要劳动组织理论，我国单位组织体制的研究，以及事业单位改革的展望与设计。

[学习要点]

1. 劳动组织的结构、含义与功能。
2. 非正式组织的概念、特点、类型和作用。
3. 西方主要劳动组织理论。
4. 我国单位体制的成因、特点与发展变化。
5. 我国事业单位改革的总体目标设计和发展方向。

# 第一节　组织和劳动组织

## 一、组织概述

### （一）组织的含义

在当今世界，人类社会的组织空前发展，其影响已深入到社会政治生活、经济生活、文化生活和家庭生活等各主要的社会生活领域之中，可以说，组织对人类生活的渗透已经无所不在。一个人从生到死，无不处于这种或那种社会组织之中，如医院、保健院、幼儿园、各类学校、机关、团体、工厂、商店、企业等。

现代组织理论强调组织与外部环境的联系，把组织与环境看成是一个大系统，即所谓的开放社会技术系统。

从广义上讲，组织是指由诸多要素按照一定方式相互联系起来的系统。系统论、控制论、信息论、耗散结构论和协同论等，都是从不同的侧面研究有组织的系统的。从这个角度来看，组织和系统是同等程度的概念。

从狭义上讲，组织就是指人们为实现一定目标，互相协作结合而成的集体或团体，如党团组织、工会组织、企业、军事组织等。狭义的组织专门指人群而言，运用于社会管理之中。在现代社会生活中，人们已普遍认识到组织是人们按照一定的目的、任务和形式编制起来的社会集团，组织不仅是社会的细胞、社会的基本单元，而且可以说是社会的基础。

一个有效能的组织是由多种要素构成的完整体系，其中最基本的是组织环境、管理体系和组织文化。这三个基本要素相互结合、相互作用，共同构成一个完整的组织。

**1. 组织环境**

组织环境是组织的必要构成要素。组织是一个开放系统，组织内部各层级、部门之间和组织与组织之间，每时每刻都在交流信息。任何组织都处于一定的环境中，并与环境发生着物质、能量或信息的交换，脱离一定环境的组织是不存在的。组织是在不断与外界交流信息的过程中得到发展和壮大的。

**2. 管理体系**

组织的管理体系包括管理主体和管理客体。

如前所述，组织组成要素应当是相互作用的，或者说是耦合的。在组织中，这两个相互作用的要素是管理主体和管理客体。管理主体是指具有一定管理能力，拥有相应的权威和责任，从事现实中管理活动的人或机构，也就是通常所说的管理者。管理客体是管理过程中组织所能预测、协调和控制的对象。

管理主体与管理客体之间的相互联系和相互作用构成了组织系统及其运动，这种联系和作用是通过组织这一形式而发生的。管理主体相当于组织的施控系统，管理客体相当于组织的受控系统。组织是管理主体与管理客体依据一定规律相互结合，具有特定功能和统一目标的有序系统。在管理过程中，管理主体领导管理客体，管理客体实现组织目标。同时，管理客体对管理主体也有反作用，管理主体依据管理客体对组织目标的实现情况调整管理主体的行为。他们通过这样的相互作用，形成了耦合系统，从而更好地实现组织的目标。

**3. 组织文化**

这里的组织文化是企业的一个无形的构成要素。组织文化是指一定的历史条件下通过社会实践所形成的并为全体成员所遵循的共同意识、价值观念、职业道德、行为规范和准则的综合，是一种特定环境中的特殊文化倾向。

### （二）组织的内容

组织包括以下内容。

**1. 组织设计**

设计和确定各部门和人员的职责范围，确定企业的组织机构系统，确定各部门及工作人员的相互关系，在合理分工与协作的基础上，充分发挥协调配合的功效，使全体职工齐心协力达成组织目标。

**2. 组织运用**

执行组织所规定的各部门及工作人员的工作职责，根据组织原则，制定具体的方法，并开展正常的组织活动。

## 二、劳动组织

### （一）劳动组织的含义

**1. 传统的劳动组织**

在马克思主义经典作家的著作里，劳动组织的含义有广义与狭义之分。

广义的劳动组织概念，泛指人们的社会生产组织，劳动的分配和组合，劳动者与生产资料的结合，以及劳动者之间在社会生产过程中的关系。例如，马克思在《资本论》中所讲的劳动力在生产过程中的社会结合，以及社会劳动组织可以帮助提高社会劳动生产力，要求生产大规模地进行，从而要求单个资本家预付大量货币资本，这不是专指企业内部的具体的劳动组织，而是泛指劳动的社会结合，即不同的社会有不同的劳动组织。这种意义上的劳动组织既有社会生产力的含义，也有生产关系的含义。

狭义的劳动组织基本上是生产力的概念。在生产力各个基本因素中，劳动资料和劳动对象对于劳动者来说是客体，唯有劳动者自己才是主体。而劳动组织就是研究如何把劳动的主体力量合理地组织起来，更好地发挥其作用。马克思说："结合劳动的效果要么是个人劳动根本不可能达到的，要么只能在长得多的时间内，或者只能在很小的规模上达到。这里的问题不仅是通过协作提高了个人生产力，而且是创造了一种生产力，这种生产力本身必然是集体力。"劳动组织所要求的，就是要把劳动者恰当地按照一定的形式和方法组织起来，形成一个集体的力量。换句话说，狭义的劳动组织的概念就是作为整体来看的劳动力的概念。

**2. 现代的劳动组织**

传统的劳动组织概念强调社会生产力和生产关系，而现代的劳动组织概念侧重于强调其组织性，认为劳动组织是一种集生产和管理于一体的有机体。我们认为劳动组织就是在合理的劳动分工基础上，保证在安全生产和文明生产的条件下，使所有人员能协调地工作，有效地利用人力和物力资源，以及工作时间，是一个以劳动者为主体的由劳动者、劳动资料和劳动环境三项要素组成的有机系统。

所谓科学劳动组织即运用科学的方法组织生产活动，达到“人、机、环境”的最佳结合，既要提高企业劳动效率和经济效益，又要为劳动者身心健康和体力智力全面发展创造条件，包括劳动组合、劳动组织形式和轮班形式等方面。其有如下三个特征。

（1）现代劳动组织不再只靠劳动者的体力进行作业和增加劳动力数量去谋求增产，而是谋求通过科技进步推动机器体系的运转、提高劳动者的素质来提高劳动者积极性。

（2）现代劳动组织不再依靠过分延长劳动时间以增产，而是充分有效利用法定时间。

（3）现代劳动组织的分工协作是科学劳动组织的一项重要内容，用精确的劳动组织实现高效率，并随着科学技术的进步而不断更新，不能停留在一种模式或一个水平上。科学技术的进步必然引发劳动组织的变革。

### （二）劳动组织的结构

生产经营管理人员在具体的业务管理中，可以根据不同的需求，采用不同的方法设置生产组织机构。具体来说，主要有如下几种方法。

**1. 按产品设置**

在许多企业中，产品和服务是组织工作的着眼点。因此，生产经营业务按产品的类别来进行设置。图 7-1 为一家保险公司按产品设置的组织机构。

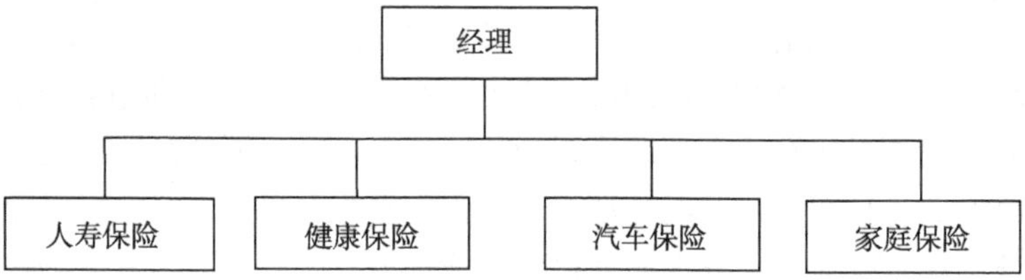


图 7-1　按产品设置组织结构

**2. 按客户设置**

职务内容也可以按所服务的客户类型组织起来，这样更有利于生产经营业务的组织和进行。

**3. 按地区设置**

有些企业往往按地理位置来组织生产经营。因为许多产品和服务地区往往是选在接近客户的所在地区。

**4. 按职能设置**

以人们在其工作单位中所从事的职能为依据来组织生产经营，这是组织工作通常采取的一种方法。图 7-2 举例说明了某网络公司的生产职能。

**5. 按计划项目设置**

按计划项目设置的组织结构是为完成某一特定任务而设计制造的产品所组成的机构。它是按产品和职能设置组织形式的一种变通方法，对于政府部门、研究和发展工作，以及大型的建设项目等都极其有用。图 7-3 举例说明在国家航天局内按项目设置的组织机构。在这种机构中，各个单位在项目完成后便要解散。

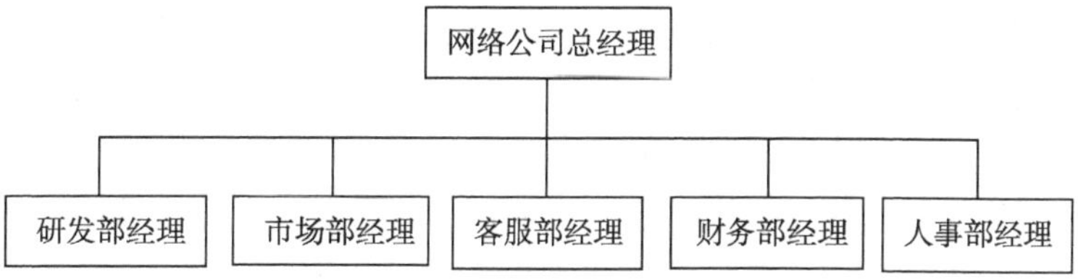


图 7-2 某网络公司的生产职能

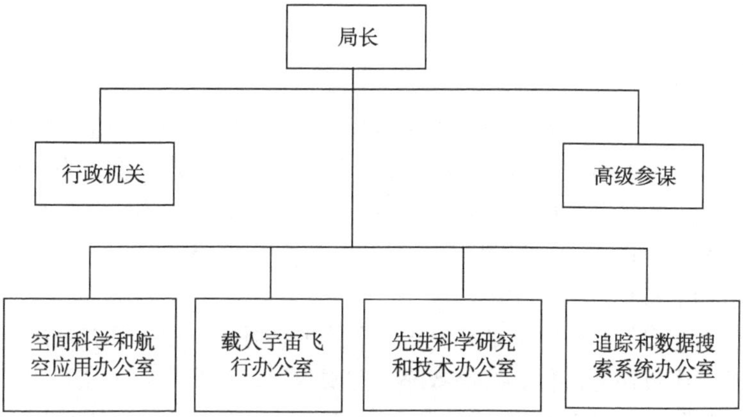


图 7-3 按产品项目设置的组织机构

### （三）劳动组织的功能

劳动组织是社会经济发展的必然产物，对于社会经济的发展具有巨大的推动作用。具体说来，劳动组织有以下社会功能。

**1. 组合劳动功能**

单个劳动者的劳动能力是有限的，劳动者组合在一起，进行分工协作，会实现同样数量的劳动者在分散劳动时无法实现的生产能力。劳动组织的功能之一就在于组合劳动。正是劳动组织的作用，人类才可能使大桥飞架天堑，使海底贯通隧道。

**2. 发展经济功能**

劳动组织首先是经济组织。劳动组织通过生产商品、提供劳务，创造经济价值。通过生产资料的生产和提供生产服务，促进社会经济的发展。通过运用先进技术，刺激科学事业的发展。

**3. 社会心理功能**

劳动组织不仅能够向其成员提供职业保障、生活保障和安全保障等方面的需要，而且还能通过劳动组织及在组织中建立的各种人际关系，使成员获得社会地位、社会声望及职业成就等方面的精神需要。

**4. 教育训练功能**

就业以前，劳动者在家庭与学校中曾接受过一定的文化教育与思想教育，加入劳动组织以后，他们还有一个继续社会化的过程。在劳动组织中，他们会得到职业道德教育、劳动纪律教育、职业知识教育，以及工作技能的训练，从而成为一个合格的劳动者。

**5. 社会控制功能**

劳动组织将分散四处的劳动者组织在一起，为想工作而没有工作的社会青年提供劳动场所，起着维护社会稳定的作用。在劳动组织内部，劳动组织通过思想教育、劳动纪律和奖罚机制，对劳动者行为实施控制，使劳动者行为步入正轨。

## 第二节 正式组织与非正式组织

### 一、正式组织

巴纳德认为，正式组织是有意识地协调两个以上的人的活动与力量的体系。我国的大部分学者认为正式组织是根据一定的思想和理念，制定一定的规章制度，为实现一定的组织目标，按正式文件规定的层次结构而建立起来的开放式的社会技术系统，如企业组织、行政组织、教育组织等都属于正式组织范畴。

正式组织有如下特点。

（1）有明确的组织目标和整体性。组织的职能关系对各个成员具有强制性，以效率逻辑为重要标准，要求成员保持协作，提高效率，并要求以尽量小的投入获得尽量多的产出。

（2）有正式的阶层结构和严格的规章制度，有明确的分工职责，以协调人员的行动。正式组织是一个开放系统，包括职能化系统、有效激励系统、权力系统和合理决策系统等。

（3）成员的互动方式是正式而又片面的，组织的场地、设备、资源及活动程度也是正式的。

### 二、非正式组织

在任何企业中，都存在着大量非正式群体构成的复杂社会关系体系，这些形形色色的非正式团体，称为非正式组织。

管理学家发现其中有一个定则，即人们有相互结合的需要，倘若不能从正式组织或领导措施上获得需要的满足，则非正式的结合就会增多。相对于正式组织强调以权力、责任体现的正式地位，非正式组织更关注的是人及其关系。因此，正式的权力依附于职位，而非正式的权力则属于个人。正式的权力有官方色彩，而非正式的权力则带有个人色彩。

非正式组织的存在通常被认为是一把“双刃剑”，对企业发展积极的一面是提高团队精神，协调人际关系，充分体现人性化管理的优势；不利的一面是降低管理的有效性，员工缺乏创新精神。

#### （一）非正式组织的概念

非正式组织是指以情感、兴趣、爱好和需要为基础，以满足个体的不同需要为纽带，没有正式文件规定的、自发形成的一种开放式的社会技术系统。这种组织一旦形成，也产生各种行为规范，以制约非正式组织的成员。集邮组织、绘画组织、技术革新组织等都属于非正式组织范畴。

研究表明：非正式组织是个人、社会关系的网络，并非由正式组织建立和要求的，而是在人际交往中自发而生的。这种组织的产生，是基于人们之间彼此“合得来”，大家觉得言语、服装、行动等都非常随便而没有不自然的拘束，于是乐在其中。当然非正式组织的存在，可能尚有其他因素，如年龄、地位、能力、工作地点、志趣、嗜好及利害关系等。不能正确对待非正式组织，就无法很好地驾驭整个组织系统。

### （二）非正式组织的特点

**1. 有较强的凝聚力**

非正式组织成员之间相互信任、有共同语言，成员间关系紧密。成员对组织有较强的认同感。在非正式组织里，共同的情感是维系群体的纽带，人们彼此的情感较密切，相互依赖，相互信任，有时甚至出现不讲原则的现象。非正式组织的凝聚力往往超过正式组织的凝聚力。

**2. 规模小，结构松散**

非正式组织规模小且形式灵活，通常是自然形成的。从组织形式看，非正式组织有权威型、利益型、爱好型、信仰型、感情型、业缘型、地缘型等，但它们都没有严密的组织形式，没有共同的纲领和目标，没有严明的纪律。合则聚，不合则散，结构比较松散。

**3. 自发形成核心人物**

非正式组织有自发形成的核心或领袖人物，他们对组织的各种不成文的规范起主导作用，对其成员具有较大的影响力和约束力。非正式组织内“领导”的形成，是在发展过程中自然涌现出来的，成员的拥戴程度比正式组织高，号召力强。

**4. 满足成员心理的需要**

非正式组织比正式组织更注意满足组织成员个人的心理和感情的需要。如果说正式组织的生命在于效率的话，非正式组织的生命在于心理和感情的平衡和满足。从某种意义上说，没有心理和感情的安慰就没有非正式组织。虽说有私益型的非正式组织存在，但成员间的共同利益不是长期的，而是短暂的，利益目标达成后，就各奔东西，如果没有长期的共同利益，那就不是简单的非正式组织了。

**5. 信息沟通灵活**

非正式组织成员之间感情密切、交往频繁、知而不言，信息传播迅速，成员对信息反应往往具有很大的相似性。非正式组织具有信息沟通渠道多、传播快捷的特点，往往是“小道消息”、“小报告”的传播媒介。

### （三）非正式组织的类型

**1. 分别对待不同类型的非正式组织**

企业领导人应深入研究非正式组织产生的具体原因，根据不同类型的非正式组织，采取不同的态度加以对待。

1）对积极型的非正式组织应当支持和保护

例如，某开发部的几个青年人对某项技术革新很感兴趣，自愿结合，设计方案。像这样的非正式组织，不仅不能排斥，还要采取积极的保护措施。领导还要在精神上、物质上帮助那些正当的团体，给予必要的投资，这对企业的发展是有好处的。

2）对消极性的非正式组织应当积极引导并加以改造

企业领导对待消极型的非正式组织不宜简单斥责，而应持慎重态度，并应积极引导以改变其消极行为。例如，某钢厂的某班组有一支自发足球队，该队中 5 人曾因赌博、打架被司法部门拘留过，不良之气颇重。受其影响，该队中许多队员有不良习气，踢球不分地点、场合，既破坏公共设施，又妨碍了单位的正常工作秩序。该单位领导一再下达禁令也无济于事。后来，钢厂党委正式组织了一支业余足球队，并解决了训练场地和训练时间的问题，使这支自发足球队纳入了正式组织轨道，其成员受到集体主义教育，在组织纪律和班组生产上都表现良好，有的还被评为先进工作者。

为了使非正式组织成为企业正式组织的有力助手，必须根据不同情况，采取疏导的方法，对其进行改造。由于非正式组织的目标是各式各样的，所以企业要通过改造，强化同企业目标一致的非正式组织目标，改变有害目标，消除对立目标，协调好企业正式组织与非正式组织的目标体系，使非正式组织目标围绕企业的正式组织目标，起到紧密结合、密切合作的作用，为实现正式组织目标服务。

3）对破坏性的非正式组织应当采取果断措施

如果存在破坏型的非正式组织，经教育仍不改正其行为的，视其情节轻重、态度好坏，予以取缔或适当处理。例如，某商场曾一度发生商品丢失的情况，经调查发现是一个柜组 3 个年轻营业员共同所为。有关部门根据有关法规对 3 人中的首犯做了劳动教养 3 年的处罚，商场内对其余 2 人做了记过、警告、停发工资等适当的处分。这样一来，3 人的非正式组织被打散了，商场内的商品安全及工作秩序恢复了正常。

**2. 针对不同类型非正式组织，采取不同的改造方式**

（1）兴趣转移。从企业目标需要出发，对某些非正式组织的爱好加以改造。比如把爱养小动物的兴趣改变为钻研业务的兴趣等。

（2）环境设置。人为地设置某种环境，以改变非正式组织成员的心理意识和群体目标。如开展职业道德、文明经商等方面的宣传教育，使在这种环境中形成的非正式组织目标更接近企业的总体目标。

（3）联络感情。感情是非正式组织形成的基础。企业管理人员要密切同非正式组织成员的联系，加深相互间的了解，消除隔膜，增进感情，然后施加影响力，这样就能加强非正式组织同正式组织在行动和目标上的配合。

（4）角色强化。非正式组织成员同时也是正式组织成员，担负着双重角色。许多人把正式组织中的角色当作第一角色，把非正式组织中的角色当作第二角色。如果强化第一角色吸引力，使得第一角色的吸引力大于第二角色的吸引力，这就意味着企业正式组织的目标引力增大，非正式组织目标的引力相对减少，使非正式组织目标向正式组织的目标靠拢。

（5）目标导向。企业要切实地把企业职工的切身利益，同职工的心理需求紧密地结合起来，使群体目标与企业目标趋同。

### （四）非正式组织的作用

非正式组织是一种客观存在，其作用在于维护其成员的共同利益，使之免受其内部个别成员的疏忽或外部人员的干涉所造成的损失。为此非正式组织中有自己的核心人物和领袖，有大家共同遵循的观念、价值标准、行为准则和道德规范等。

**1. 积极作用**

（1）化解矛盾，提高凝聚力。当个人与正式组织发生矛盾冲突，而正式渠道的工作难以奏效时，可利用非正式组织讲情义、重感情的特点，通过他们的核心人物出面做工作，从而化解矛盾，提高凝聚力，增强团结。

（2）提高劳动生产率。可通过非正式组织的行为规范，使其成员积极参与和响应正式组织的行动，从而提高劳动生产率。

（3）信息传播快。它可以作为正式组织的某种信息通道而起作用，主要表现在如下两个方面。一是收集信息。正式组织有正规的信息收集渠道，而且也比较有效，但正规的信息收集渠道并不是万能的，它难以覆盖社会生活的各个领域、各个方面，难以深入到社会的最深处。而非正式组织覆盖社会成员的各个领域，涉及社会生活的方方面面，非正式组织的信息可以验证正规信息收集渠道所提供信息的真实性，还可以弥补正规信息收集渠道的不足。二是传播信息。一些有争议、尚无把握的事情、意见，可通过非正式渠道交换意见，观察反应，为最后决策寻求支持。

（4）维护个人自尊心，并抵制正式组织的不利影响以维持个人人格和感情。正式组织将效率放在第一位，它组织规范，纪律严明，等级严格。为了效率，有时会不太注意成员的个人自尊心，一些措施还会损害成员的自尊心。这种自尊心的损害，可以在非正式组织中弥补、恢复和维持。

**2. 消极作用**

（1）非正式组织过于活跃，会干扰和影响正式组织的作用。有可能造成有令不行、有禁不止的局面，影响正式组织的凝聚力，甚至造成分裂。

（2）如果引导不当，非正式组织会阻碍或破坏正式组织管理目标的实现。非正式组织带有浓厚的感情色彩。理智成分较少，一言不合就会反目相向。如果非正式组织走向了对抗，就会阻止和破坏正式组织实现目标，降低劳动生产率。

（3）非正式组织的信息传递快，有可能使“小道消息”、“小报告”泛滥，成为影响稳定的因素。

## 第三节 劳动组织理论

### 一、主要组织理论

组织作为一种有目标的人群心理活动与技术系统有机结合并按特定关系模式工作的统一体，自始就是人类最普遍的社会现象。组织活动与人类的活动同样古老，组织的范围与人类活动的范围同样宽广。但对组织进行系统研究进而建立一套完整的组织理论却是 20 世纪以后的事。以往人们对组织的认识是自发的，因而对组织的认识的发展远远落后于组织实践的发展。现在人们对组织的研究是自觉的，从而对组织的认识发展可以同步甚至比组织的实践超前。

#### （一）古典组织理论

古典组织理论形成于 20 世纪 30 年代。这个阶段组织理论的代表人物有法国的法约尔、德国的韦伯、英国的厄威克及美国的幕尼等。古典组织理论的核心是组织结构的合理化。它涉及整个组织的协调和管理人员在组织中的作用，它比科学管理涉及的内容广泛而复杂，它着重研究组织结构的设计、组织的运行基本原则和组织中管理的基本职能。在这个阶段，组织理论研究者多用静态的、结构的和法规的观点来分析研究组织的结构、分工、层次、责任、制度和职权等问题。

传统组织理论主要侧重于组织结构及其合理性，试图建立几种通用法则，以确保组织目标的实现。

**1. 韦伯的三种权力**

马克斯·韦伯认为，任何组织都必须以某种形式的权力作为基础，没有某种形式的权力，任何组织都不能实现自己的目标。人类社会存在三种为社会所接受的权力。

（1）传统权力：传统惯例或世袭得来。人们服从传统权力是因为领袖人物占有着传统所支持的权力地位，同时，领袖人物也受传统的制约。但是，人们对传统权力的服从并不是以与个人无关的秩序为依据，而是在习惯义务领域内的个人忠诚。领导人的作用似乎只是维护传统，因而效率较低，不宜作为行政组织体系的基础。

（2）超凡权力：来源于别人的崇拜与追随。超凡权力的合法性，完全依靠于对领袖人物的信仰，他必须以不断的奇迹和英雄之举赢得追随者。超凡权力过于带有感情色彩并且是非理性的，不是依据规章制度而是依据神秘的启示。所以，超凡的权力形式也不宜作为行政组织体系的基础。

（3）法定权力：理性–法律规定的权力。只有法定权力才能作为行政组织体系的基础，其最根本的特征在于它提供了慎重的公正。原因在于：第一，管理的连续性使管理活动必须有秩序地进行；第二，为以“能”为本的择人方式提供了理性基础；第三，领导者的权力并非无限，应受到约束。

随着社会的发展，组织中法定权力的重要性和科学性日益凸显。在中国历史上，各类组织中基本都是传统权力和超凡权力远远比法定权力更有影响。当前我国提出建设法治国家的目标，其关键就是要确定法定权力在国家行政组织体系中的基础及决定地位。

**2. 法约尔的组织理论**

法约尔的理论集中体现在他的代表作《工业管理与一般管理》（1916 年）一书中。法约尔的理论概括起来，主要体现在两个方面。

（1）总结出管理的定义和管理要素，指出管理是企业的全部六项活动（即技术活动、商业活动、财务活动、安全活动、会计活动和管理活动）中的一项，管理由五个职能（要素）组成，这就是计划、组织、指挥、协调和控制。

（2）提出了多达 14 条“管理的一般原则”，为一般的企业组织管理行为确定了基本规则和活动方向。

法约尔在管理和组织的研究方面提出了许多奠基性的理论，如著名的“管理 14 条原则”，至今仍是指导人们建立组织进行管理的指导原则。而其在组织设计方面，提出的直线职能制组织结构和“法约尔桥”沟通方法，则是具有历史意义和现实意义的天才创造，是对组织理论的创造性发展。

所谓直线职能制，是把军队直线指挥制和泰罗的职能管理制有机结合起来，取其二者之利，而舍其二者之弊的新型组织结构。这种组织体制把管理机构和人员分为两类：一类是由若干等级组成的直线指挥链条，他们有权对下级下达指挥和命令，并对该级组织的工作负全部责任；另一类是按专业划分的职能机构和人员，他们由各种管理专门人才组成，充当同级直线指挥者的参谋机构的职能人员，对下级可以进行业务指导，而不能进行指挥和命令。这一组织体制以其巨大的优越性和生命力沿用至今。

“法约尔桥”，也是法约尔针对直线指挥系链存在的弊端而创造的一种组织完善方法。当企业规模扩大之后，直线指挥系链会变得很长，企业基层的有些管理问题，如果都要遵循逐级向上反映后再逐级向下下达指令，费时且低效，甚至贻误时机，所以法约尔提出可以允许两个平行的指挥系链的同级之间，在一定范围内，可以横向像搭一个桥一样，直接沟通，解决问题，从而大大提高了管理效率，这被后人称为“法约尔桥”。

法约尔的组织论，特别是围绕组织结构方面的理论为企业组织学的产生奠定了基础。

### （二）科学组织理论

起始于 20 世纪 20 年代的行为科学理论，它不仅更清楚地映射出传统组织理论的不足，而且更强烈地影响到组织理论的发展。行为科学的代表人物有原籍澳大利亚的美国行为科学家梅奥、美国的马斯洛和麦格雷戈等。

**1. 梅奥的社会系统组织**

梅奥在早期的研究中发现，工人的问题不能用任何一个单独的因素来解释，而必须在他的“总体情况的心理学”中来探讨。梅奥把组织作为一个社会系统来看待。他于 1926 年进入哈佛大学从事工业研究，不久即参加了有名的霍桑试验，并编写了《工业文明的人性问题》一书，于 1933 年出版。

通过霍桑试验，梅奥得出了三个新的论点。

（1）职工是“社会人”。他认为工厂中的职工不是单纯追求金钱收入的“经济人”，也不是机械地依赖制度管理的“机械人”，而是具有社会和心理方面需求的“社会人”。这就是追求人与人之间的友情、安全感、归属感和受人尊重等，因此，必须从社会和心理方面来满足职工的要求，以提高组织的效率。

（2）企业中除了正式组织之外，还存在非正式组织。所谓正式组织，就是有正式组织名称、组织成员，并有经任命或选举的领导人，而且在企业组织图中标出，又规定了其权责线路和信息渠道的组织，如工厂车间、班组等。这是韦伯、泰勒、法约尔等都着力研究的重点。除此之外，还存在着非正式组织。这是梅奥等在霍桑实验中发现并命名的。所谓非正式组织，是人们在共同工作和活动过程中，一部分人之间形成了共同的感情、共同的看法和共同的准则，进而形成一个非正式的小团体，这就是非正式组织。这种非正式组织，有组织而无名称，有成员而未明确，有领袖而未任命，成员、领袖和目标都依靠相互之间心照不宣的默契。梅奥对非正式组织的发现和研究，开辟了一个新的局面，即组织中的人性面和人际关系的领域。从而使组织理论的研究由侧重机构和制度，转向侧重人性和意识，大大丰富了组织理论的内涵和深度。

（3）企业领导必须努力满足人的社会需求。梅奥从关于“社会人”和“非正式组织”的观点出发，认为人的需求不仅仅是物质和金钱，金钱和经济刺激对提高劳动生产率的作用不是第一位，起第一位作用的是满足职工的社会需求，包括工作场所的安全，人与人之间的尊重、友情、归属等人际关系。上下级的人际关系好坏、同事之间有无友情，直接关系到职工的情绪和士气，从而决定劳动生产率的高低。

从梅奥开始，对组织理论的研究，出现了一个新的学派，即人际关系学派，它给后来的组织理论的发展带来了深远的影响。

**2. 马斯洛的需要层次理论**

需要理论是有关激励的最早的思想之一。马斯洛提出的“需要层次理论”把人类的需要分成五种等级，在这些基本需要得到满足后，其刺激作用就会明显降低，而较高级的需要就涌现出来，成为影响和控制人的行为的主要因素。马斯洛的“需要层次理论”的实质在于提出了人们需求的演变的、动态的性质。在一种仅能维持生存的经济中，生理的需要占统治地位。随着经济水平的提高，其他需要的地位就会不断上升。

### （三）现代组织理论

自20世纪中叶，由于科学技术的蓬勃发展，生产力水平的巨大进步和生产社会化程度的日益提高，组织理论进入了以系统论方法为主的现代发展阶段。这个阶段的代表人物主要有美国的卡斯特、罗森茨韦克及卢桑斯。其中，卡斯特和罗森茨韦克基于贝塔朗菲提出的一般系统论，并结合信息论、控制论而建立一种系统管理组织理论，强调组织是一个开放系统。《组织与管理–系统方法和权变方法》一书是他们关于组织理论的代表作。

基于系统论的现代组织理论除从组织内部来分析组织子系统的特点及其相互关系外，尤其着重研究组织与外部环境的相互作用。这就告诫人们，在研究组织及其子系统时，必须考虑其外部环境——社会、经济、政治、文化等因素。组织与其外部环境是一种相互影响的互动关系。因此，对于任何组织都要考虑其对外部环境的适应性。这种能够适应环境、顺应时代变化而不断调整本身结构与工作方式的组织就是生态组织。以系统论方法为基础的现代组织理论的基本思想包括六个方面的内容。

（1）组织是一个面向外部环境的开放系统。组织从外界输入资源、能源、信息，经过转换而向外界输出产品或服务。通过这种输入输出的不断循环来维持组织的生存与发展。

（2）组织是一个分工有序的子系统的统一体。组织包括结构子系统、技术子系统、心理社会子系统、目标与价值子系统和管理子系统。

（3）组织具有界限性。界限性作为一个抽象的概念是将组织与环境区别开来的标志。作为封闭系统，其界限是刚性的、不可渗透的，说明它是一个自我封闭的系统，与外界没有任何联系。作为开放系统，其界限是柔性的、可渗透的。这时界限起着组织的过滤作用，即对环境的输入进行筛选。筛选掉组织不需要的东西，从而使组织有效而可靠地运行。另外，界限还有确定组织活动范围的作用。当然，社会组织中的界限不像生物组织那么具体、明确和确定，它将随着组织的功能与活动而变动。

（4）组织是一个反馈系统。反馈使组织不断从外界输入信息而有助于组织的调查。

（5）组织是一个新陈代谢系统即负熵系统。组织不断与外界交换资源、能源与信息，而输入负熵流（des），组织内部由于不可逆过程而新生内熵流（dis），整个组织的熵变（de）为两者之和。当 des 的绝对值大于 dis 时，de 为负——组织总熵减小最终形成一个低熵的耗散型组织结构。

（6）组织具有维持功能和适应功能。组织的维持功能在于保持组织各组成环节的协调均衡；组织的适应功能使组织能快速适应外界环境的变化。组织的这两种功能的综合就是自组织性。

基于传统的贝塔朗菲一般系统论方法的组织理论在按着组织与外界环境互动关系分析研究实际问题时常常推崇一种优化准则——如何用最佳方式实现目标最优化。

## 二、西方劳动组织新理论——劳动组合论

劳动组合（或作业组合）是西方企业内部进行劳动组织的主要理论。这个理论的创新之处主要表现在组合原因、组合类型、组合研究几个方面。

### （一）实行劳动组合的原因

西方学者虽然没有用分工协作原理去分析劳动组合，但他们从另外的角度，提出了劳动组合的原因。

**1. 经济原因**

劳动者为了获得工资、奖金等经济利益必须组合起来，只有完成了规定的任务，才能取得报酬，满足个人和家庭的需要。

**2. 工作中的距离、位置**

在企业里将不同作业的人组合一起，因为工作中相互靠近或经常接触，他们就会相互影响，进行信息交流，如吊车司机和地面指挥一般总是分在一个作业组。

**3. 社会心理因素**

作业组合可以满足工人安全的、社会的、尊重的及自我实现的需要。企业职工为了满足自己的某些需要，也会促成作业组合。

### （二）劳动组合的类型

每个企业都有自己的经营目标，为了实现目标就要将其雇员分派在不同的组合中，以完成组织任务。所以，作业组合是由共同持有某些准则的雇员（管理与非管理）所组成的集合体。具体形式有如下几种。

**1. 指令组合**

指令组合即按组织要求，依据指令所组成的组合。它具有明确的上下隶属关系、信息传递渠道和管理跨度。按指令组成的各种组合，在企业组织图中有明确规定，并随着组织结构的调整而变化。

**2. 任务组合**

为完成一项相互依赖性很强的工作，工作人员在所处工作环境中彼此要相互交往，协调一致地工作，可组成任务小组。他们的活动和相互作用对任务小组的形成有明显的促进作用。

**3. 利益组合**

利益组合是由经济因素构成的组合。同一个组织里因成员的地位、个人情况的差异，不

同成员可能会有不同的利益组合。如老年职工，为获得优厚退休待遇可能会形成一个组合。在利益组合中，一旦期望的目标已经实现，这个组合就可能解体。因此，这类组合与其他组合相比存在的时间短些。

**4. 友谊组合**

在工作场所，职工往往因某些共同的特点，如年龄、种族、籍贯、政治见解、体育爱好、生活习惯等相同或相近而相互联系起来形成满足某种需求的友谊组合。这种组合成员间的联系和交往，往往超出工作范围，组成各种业余的友谊组合，如桥牌小组、钓鱼小组等。这种组合不受组织的严密控制和管辖，在不危害组织利益的条件下，不要妄加干预。

**5. 委员会**

这是一种特殊种类的组合，它的任务是协调，通过情报、意见沟通解决相互之间的矛盾和冲突，提出设想、制定决策，共同推动不同部门、不同环节的工作。委员会实质是管理人员的组合，是为解决某个问题而建立的组合。

### （三）作业组合的研究方法

一些人形成作业组合后，这个组合的效果怎样，这是管理必须注意的。目的就是要从中发现问题，以便及时调整。作业组合的研究方法包括贝尔斯相互作用分析法和莫雷诺社会计量分析法。

**1. 贝尔斯相互作用分析法**

贝尔斯研究认为，人们的组合行为可分为工作任务型和人际关系型两种。工作任务型、人际关系型中又有积极和消极两种形式。这四种类型中，又有不同态度，可以归纳为 12 个人员相互作用的状态（图 7-4）。在图 7-4 中，（1）和（2）属于能够满意解决问题的组合；（3）和（4）属于不能满意解决问题的组合。

贝尔斯的研究还表明，在没有专门设领导的组合里，平等参与总是比具有地位高一点专设领导的组合里多。组合的规模大（5 人以上），领导总是向整个组合发表意见，而不是向具体成员发表意见。随着组合的增大，组合的行为越来越多趋向于领导个人，而越来越少趋向于组合成员。这就是说，在大型组合中，其意见交往的形式往往“集中”在领导周围。

从组合内各成员相互作用看，在组合内有两种人：①有主意、起指导作用的人，即组合任务专家；②受人喜爱、群众关系好的人，即组合人际关系专家。在一个组合中存在这两种人，千万不可人为扼杀某一种人，因为这两种专家的组合将使工作更有成效，他们在组织里都是不可缺少的。

**2. 莫雷诺社会计量分析法**

这种方法比较简单，首先搜集组合成员对组合内其他成员的看法，即让被调查者说明在组合内所喜欢的和不喜欢的，根据收集到的资料，莫雷诺设计了一张“社会表”（图 7-5）。一个组合就是一个“小社会”，“社会表”反映了组合内的人员关系。如果管理者在管理活动中能注意到组合内的人员关系，无疑能使工作管理少受挫折，更有的放矢。但应该认识到，这种关系表不是浮在水面上的叶子，需要管理者深入实际、观察了解，然后利用关系网络搞好工作。

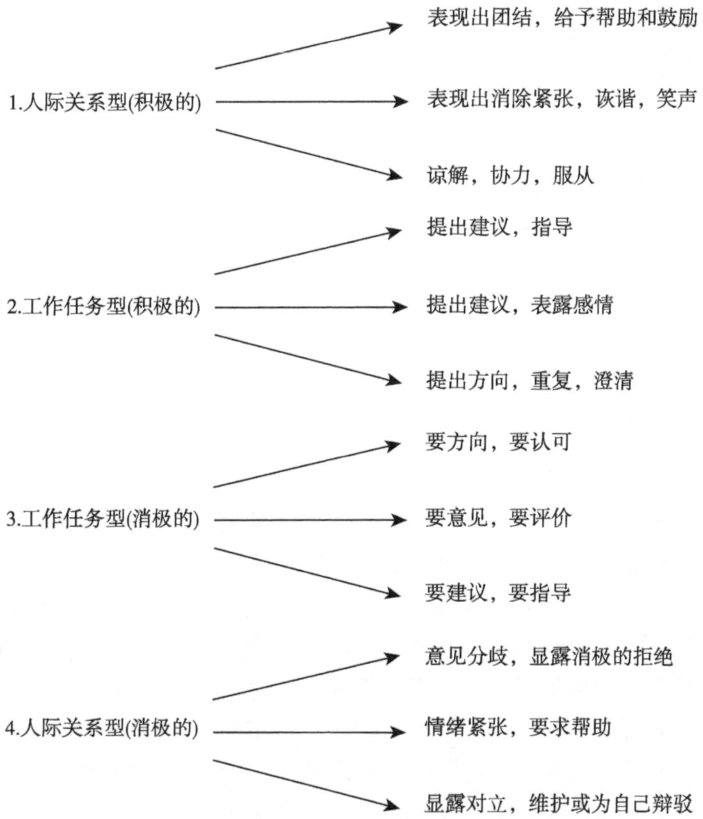


图 7-4　相互作用分析法

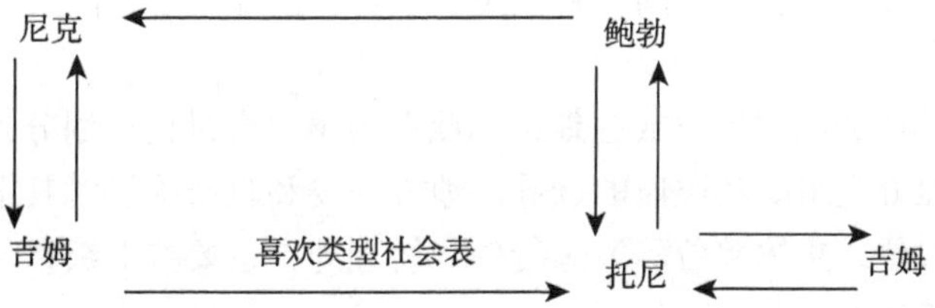


图 7-5　莫雷诺社会计量分析法

**3. 作业组合的巩固和发展**

作业组合须按组合成员、团体的需要，以不同的方式建立起来，要使它进一步巩固和发展，需要经历四个阶段。

（1）相互容纳。信任是组合成员相互容纳的前提。组合成员之间，成员对管理者不信任，就难以相互容纳。这种不信任有多种原因，如怕自己不能胜任工作，怕难以和别人相处等。通过接触、了解、谅解，彼此感情融洽，协调一致，达到相互容纳的地步。

（2）共识决策。组合成员相互共容，逐步能够交流思想，相互沟通，对工作中的问题提出自己的看法和见解，并在共识基础上制定出决策。制定决策是组合存在的必要条件。

（3）激励。大家共同商量，一起工作，完成组织的任务。在此基础上，也会得到组织奖励，包括工资、奖金等物质报酬，以及证书、表扬等精神奖励。激励是维持组合的必要条件，不给下属激励的组合，迟早会夭折。

（4）控制。控制是组合维持自己的组织形态及有效进行工作的必要管理职能。要维持组合，组合成员必须遵循组合规范及其价值观念。没有控制，组合规范和价值观念势必荡然无存，组合也就无法继续生存和发展。

## 第四节 中国单位组织研究

### 一、中国的单位体制

#### （一）中国单位制度的成因

“单位”是中国人对自己就业组织的统称。对这种具有广阔内涵和外延的“单位”概念的诠释并非易事，它在实际生活中对个人的意义往往大于纸面上的文字解释。工厂、机关、学校、商店、医院、公司、部队、农场、科研院所、文艺团体乃至宗教组织、社会团体等都可以称为“单位”。单位是个人领取工资的劳动组织，是个人社会地位、社会保障、社会交往的保证和后盾，是个人的保护者、监护者和依靠者。每个成年人从参加工作的那一天起，个人的命运就与单位紧紧联系在一起。从广义上讲，城市街道也属于“单位”范畴，尽管它们并不发工资、管理也相对松散，人们往往不把其视为“单位”，但在居民和农民外出或遇到问题时，街道和生产队同样是对他们负有管理责任的“单位”。在改革开放前，全国的老百姓几乎都从属于某一个单位，都具有“单位人”的角色，没有“单位”的个人在社会上是难以合法立足的。在单位管理体制中，单位是等级有序的各级组织。每个单位都有自己的上级和下级，都隶属于一个可以上溯到中央的主管系统，都有自己在系统中的级别地位。这就是所谓的“条条管理”。

每个单位都有具体的工作地方或驻地，因此有的单位有时也被划分到所在的行政区域管辖，同时接受同级地方党组织和政府的领导。地方党委和政府除了对其下属的行政部门、社会组织（如企事业单位、集体单位等）进行领导管理外，也要按上级指示兼管或代管一些单位。这就是“块块管理”。

这种集行政与生活功能于一体的“单位大院”是单位管理体制中不可分割的部分。单位对人的管理主要是通过生活区所提供的生活保障（如住房、伙食等）实现的，而单位大院的存在形成了改革开放前中国特有的“单位社会”现象。每个单位只要有条件，都争取成为一个功能完善的“小社会”。个人（在有的单位中包括他们的子女）只要进了这种单位，就有了生老病死的所有保障。正是由于“单位社会”的存在，增强了单位的凝聚力，形成了职工对单位的依赖性，从而保证了单位对人的管理的有效性。

#### （二）中国单位组织的特点

经过较长时间的发展，中国的单位组织体制发生了巨大的变化。总体上讲，其具有如下特点。

**1. 功能合一**

任何单位组织都有自身的专业分工，同时又承担政治管理职能和社会职能。它组织其成员进行专业活动，又代表政府对其成员进行全面管理，同时满足他们的多种需要。

**2. 组织资源的非流动性**

单位组织中的人力、物力和财力资源归国家所有，国家将一系列管理制度应用于单位组织上，使资源难以在组织间自由流动，客观上决定了单位组织具有特殊的稳定性。

**3. 单位组织成员对单位组织的强依赖性**

单位组织掌握了其成员所需要的多种资源，而在单位组织之外缺乏这些资源，导致了其成员对单位的依赖关系。

**4. 行政等级性**

单位组织内部具有行政等级，由此决定了它在政府那里获取的资源和权力的大小。一个单位组织本身就是一个行政管理体系。

### （三）中国单位制度的发展变化

**1. 改革开放后“单位体制”逐渐解体**

改革开放以来，随着经济体制和政治体制改革的逐渐深入，随着“下海”“跳槽”和单位改制、新经济组织建立等社会现象的产生，无单位的个人和无上级的单位开始出现，全国一统的“单位体制”也出现了逐渐解体的趋势。

（1）单位的功能发生了根本性的变化，对任务（生产、业务、工作等）的管理成为单位的中心功能，对人的管理功能开始淡化。同时随着教育、住房、医疗、养老等制度的改革，单位“小社会”的福利保障功能很快消失，对人的管理力度大大削弱，并逐渐由单位转向社会。

（2）在体制改革的进程中，单位的所有制形式呈现出多样化，其隶属关系也发生了变化。一方面，各系统的行政管理逐渐改为行业管理；另一方面，“三资”企业、私营企业、个体经济等大批没有主管单位的“单位”日益增多，无法按照过去的“条条”或“块块”的规定去进行管理，而只能按照国家和地方的有关法律法规，由政府职能部门实施管理。所以，对单位的管理也开始转向社会。

（3）上述变化加上城市化的进展，改变了过去“单位占地一方，自成社会体系”的区位格局。就业单位和居住地不一定在同一个地方，同一个居住区里的邻居也不一定是单位里的同事，“宿舍区、伙食团、小卖部、幼儿园、子弟学校、职工医院”等单位话语也早已失去了原有的特殊意义……凡此种种，使单位开始恢复它最基本的意义——就业组织，而过去由单位承担的对人的管理和福利保障，则全面转向社会，由政府承担起为公民提供公共服务和安全、福利保障的责任和义务。单位体制的解体，使过去的“单位人”开始向“社会人”转化。但是，长期以来单位体制留下的影响和社会服务、保障制度的不成熟、不完善，使刚刚从单位“襁褓”中走出的人们立刻感受到了生活的压力。人们，特别是老人、妇女等在改革中生存状况发生急剧变化的弱势群体，迫切需要有替代单位归属的新归属感，以获得新的安全感。

**2. 市场经济体制下的事业单位职能**

一般认为，计划经济体制下的事业单位体制内的所谓事业，是特指“没有生产收入”、

“所需经费由国库支出”的社会组织，主要包括教育、科技、文化、卫生、体育等行业，受国家机关尤其是政府部门领导。虽然我国的事业单位体制改革已在很大程度上取得了进展，但依然没有取得本质性的突破。我国部分学者认为，“现行的事业管理体制，是基于指令性计划经济体制建立的，其基本特征是：国家包办、政府部门分类统管、财政统包供给，各事业单位仅仅是政府部门的附属物，事业发展和运营直接受制于政府部门。各事业单位既无自主权又没有实质性责任，更无‘断炊之虞’，因此就形成各事业单位对上级‘等、靠、要’，吃国家财政‘大锅饭’的格局”。这段话精辟概括并生动描述了我国传统事业管理体制的基本特色。这说明，政事不分、事业单位主体责任不明、职能不清、运行效率较低等问题亟待解决，而要使事业单位体制运转做到科学、高效，就必须明确界定事业单位的职能。

就我国当前的现状而言，事业单位的存在代表着一定的社会利益，主要从事教育、科技、文化、卫生、体育等准公共物品的组织与供给工作，以满足一定的社会需求，不以利益（利润）为追求目标。事业单位与政府、企业及其他组织之间应是一种分工与合作的关系，在政府解决不好、企业也不好解决的领域中，事业单位可以充分发挥其应有的作用，从而使我国的政治、社会、经济三方面做到协调发展。市场经济体制下的事业单位，应当是拥有独立法人地位及合法的经济来源（主要是国家财政拨款、社会捐赠及合理收费），在国家（政府）的宏观指导下，按照社会经济运行、发展的客观规律，自主管理，科学运作。

**3. 单位制度的变化对中国社会结构的影响**

首先，国家及其单位组织的垄断地位已经发生改变。国有企业改制的数轮风潮过后，国家及其国有和集体单位所控制的社会资源已不再占据绝对优势，城市人口中生活在国有、集体单位中的也不再是大多数，对于生活在各类单位组织中的多数个人而言，国家已经成为一种抽象的政治或行政概念而远非“雇主”这样具体的经济概念。

其次，个人对于单位组织的依赖程度也逐步降低。随着单位制度的改革，我国单位组织内的人员在住房、医疗、养老等福利保障上逐步和单位组织外的其他社会职工并轨。

再者，单位组织权威的命令权力和利益依赖统治已逐步分离并弱化。虽然我国依然坚持“公有制为主体”，但市场化的资源配置机制已经使个体独立于单位组织之外满足自己基本利益需求成为可能。从1996年到今天，国人经历了经济危机、下岗再就业、房改、医改、教改等一系列重大转变，心态已不断成熟，单位组织对于个体而言，难以再保持权威的命令权力和利益依赖统治，国家对于单位组织的统治也必须纳入法律框架之内。

最后，单位组织对社会分层的影响也有所降低。随着分配制度的改革，人们所在的单位组织，不再构成人们社会地位的基础。例如，国企负责人的经济收入、福利待遇和社会地位的确可观，但国企职工的社会地位就可能比不上“世界500强”外企普通员工。当前社会分层也并非仅源自单位组织间的分化，“同样职业、同样教育水平、同样年龄或同样性别的人，由于在不同单位组织中工作，会在社会地位各方面形成极大的差异”的现象将越来越少。

随着社会不断发展进步，虽然单位现象、单位体制和单位组织仍然是理解中国社会结构的一个重要视角，但在可预期的未来，单位组织的概念也许将逐渐被职业取代。

## 二、事业单位改革的展望与设计

### （一）改革的总体目标设计

社会事业体制是指社会事业由谁来办、如何办的基本制度模式。因此，事业单位改革的实质是对现行社会事业体制的重组；对事业单位改革总体目标的设计，必须放在社会事业体制改革的宏观背景下来进行。

根据党的十八届三中全会《中共中央关于全面深化改革若干重大问题的决定》第十二条“推进社会事业改革创新”的思想，“实现发展成果更多更公平惠及全体人民，必须加快社会事业改革，解决好人民最关心最直接最现实的利益问题，努力为社会提供多样化服务，更好满足人民需求”。由此可见，事业单位的改革，既要解决人民群众现实中的利益问题，又要实现社会服务的多样化，满足人民日益增长的物质文化需求。单一成分的社会事业体制，比如纯粹由政府承担责任而不让企业参与，很难满足人民多层次、多领域的诸多需求。因此，市场经济体制下的社会事业单位体制应由政府、企业和非营利性组织共同构成。

**1. 在私益性社会事业领域，企业扮演着主要角色**

在市场经济体制下，无论是理论分析还是实践经验都表明，就私益物品的生产而言，以市场为基础配置资源、由追逐利润为目标的营利性市场主体自发提供最有效率。因此，凡是具有私益物品性质的社会事业，原则上都应当由企业通过市场的机制来提供。

**2. 在公益性社会事业领域，政府以多种形式承担着主要责任**

即便在完善的市场经济体制下市场也不是万能的。有许多社会事业、市场及营利性市场主体常常是不愿干、干不了或干不好的。譬如，一些具有纯粹公共物品性质的社会事业，如环境保护、灾害控制、基础科学研究等，营利性市场主体可能会因无利可图而不愿干；一些需要较大规模投资和风险的社会事业，如大型航天计划，特定条件下的营利性市场主体可能没有能力干；还有一些社会事业，如基础教育和基本的医疗卫生服务，完全依靠市场也无法保证其公平性。上述社会事业具有社会公益性。为实现这种公益性，政府应当承担起相应的责任，这是政府的职责所在，也是市场经济体制下政府存在合理性的基本依据。当然，政府承担社会事业责任可以采取多种形式。从发达的市场经济国家的实践经验来看，存在两种基本模式：政府自己组建相应的公共组织（国立或公立），直接向公众提供社会事业服务；或者政府鼓励民间机构（企业或非营利组织）为公众提供社会服务。根据党的十八届三中全会的精神，在“深化医药卫生体制改革”中，前者体现在“统筹推进医疗保障、医疗服务、公共卫生、药品供应、监管体制综合改革；深化基层医疗卫生机构综合改革，健全网络化城乡基层医疗卫生服务运行机制”，后者体现在“鼓励社会办医，优先支持举办非营利性医疗机构”。

**3. 在私益性和公益性社会事业领域之间，非营利性组织起重要的补充作用**

非营利性组织是一种具有特定含义的社会组织形式。笼统地讲，非营利性组织指介于政府和企业之间的社会组织；具体而言，在不同的国家，非营利性组织有不同的称呼，概念的界定也并不完全一致。但民间性和非营利性是非营利性组织的本质性规定。一般认为，在“市场失灵”与“政府失灵”并存的领域，非营利性组织发挥着重要而独特的作用。

在公益性社会事业领域，除上文所述的“市场失灵”外还存在着“政府失灵”的问题。

比如政府倾向于提供单一化、标准化的公益性事业产品或服务，而部分公众的特殊需求常常无法得到满足；政府能力是有限的，有时由于受到财政能力或其他方面能力的限制，政府机构往往只能关注那些极端重要的社会事业，对有的公益性社会事业则无暇顾及。此外，在部分私益性社会事业领域，由于服务提供者和消费者之间存在“信息不对称”，缺少足够的信息来评估服务的质量，如果由营利性企业经营公益性事业有可能以次充好欺骗消费者，而如果由政府经营，效率又比较低下。

在上述各种情况下，非营利性组织由于其非营利性和民间性、灵活性的特点，都能发挥独特的作用。一项针对几个发达市场经济国家的调研发现，教育科研、医疗卫生、社会服务和文化娱乐等社会事业是非营利性组织比较活跃的领域。但需要指出的是，尽管非营利性组织具有政府组织和企业都不具备的优点，但其自身的局限性又使得它难以成为社会事业领域的主要提供者。与企业组织相比，其运作效率相对较低，因而难以取代企业成为私益性社会事业的主要提供者。

政府在对社会事业实施分类改革时，其首要问题应是明确政府的职责范围。当然，在确定政府职责时必须认识到政府能力是有限度的。在特定的历史时期，即使对于具有公益性的社会事业，政府也不可能全部顾及。因此，确定政府职责还存在一个对公益事业的排序与选择问题。政府应当有所为、有所不为，重点支持那些对国家和社会最为重要的社会事业，以及一些涉及基本人权的社会事业，如基础教育、卫生防疫、基本医疗、基础性和公益性科研、环境保护等。

### （二）事业单位改革发展方向

**1. 从组织的法律定位角度来进行改革**

首先，从法律地位上予以确定。目前的事业单位在法律上分成两种：一种叫“法人事业单位”；一种叫“非法人事业单位”。不管是“法人事业单位”还是“非法人事业单位”，其产权都属国家所有，从业人员除了临时工外，职工都分为事业单位工人和事业单位国家干部。因此，从法律的角度来看，首先应该把现在的事业单位分成三个类型：执行政府职能的法定事业单位、提供公益性服务的公益法人事业单位、可以企业化运作的营利法人事业单位。

其次，在这三个类型的法人事业单位中，把只有提供公益性服务的公益性法人事业单位保持事业法人的身份，把执行政府职能的法人事业单位转变成政府机构，把“营利性法人事业单位”变成企业法人，除了执行政府职能的法人事业单位转变成政府机构具有行政级别外，所有单位都取消行政级别。

**2. 从财务运作的角度来进行改革**

党的十八届三中全会关于“推进社会事业改革创新”部分提出，“形成合理有序的收入分配格局；改革机关事业单位工资和津贴补贴制度”。转变政府机构的法人事业单位，在体制、人员管理、职能上完全纳入国家行政管理范围，完全由国家提供财政支持，它们可以根据所提供的服务收取适当的用户费用，如企业代码证书的成本费或者罚款收入，但所收取的费用全部上缴财政，实行收支两条线；企业化的营利法人事业单位，国家不再提供财政支持，但是国家如果有科研、培训、救护等方面的项目，这些营利性的科研、教学、医疗法人事业单位，可以参与竞争招标；提供公益性服务的公益法人事业单位，国家提供图书服务的图书馆、提供科技文献服务的标准、法规部门，对它们提出服务标准要求，以提高这些公益服务机构的竞争性。

**3. 从人员运作的角度来进行改革**

从用人、人力资源管理的角度去看，转变成政府机构的法人事业单位人员转变成公务员纳入政府人员管理体系，转变成企业法人的法人事业单位人员完全按照现有企业管理人事制度进行，保持公益性服务的法人事业单位人员参照企业人员管理方式进行，逐步地、积极地推行招考制和人事代理制，按照“公开、平等、竞争、择优”的原则，法人事业单位的融资机制应该进一步向民间资本和民间人员开放，废除所有具有歧视性的法律规定。面向社会，公开招考，择优选聘，待条件成熟后，要实行全员人事代理制。通过实行人事代理制，逐步解除计划经济体制下形成的职工与单位的人事依附关系，变“单位人”为“社会人”，使人才资源配置逐步社会化。

**4. 从运作机制的角度来进行改革**

陆续消除各种限制民间资本进入事业单位和不具有国家干部身份的民间人员创办事业单位这些障碍，使得民办的非企业单位与国家投资的事业单位一样具有同等的身份和地位，并能够根据公平竞争的原则，在公益事业和公共事业等项目上获得国家财政的补助和支持。

从管理机制的角度来看，转变成企业法人和保持公益性服务的法人事业单位的“法人代表”应该按照现代企业管理者的要求进行公开招考、选聘，并有一定的试用期。事业单位的“法人代表”一经选定，要有独立的经营、管理自主权，按照现代企业经营、管理模式，建立奖罚制度、考核制度及监督制约机制，使改革后的事业单位真正能适应和满足市场经济的发展要求。

**[本章小结]**

现代组织理论强调组织与外部环境的联系，把组织与环境看成是一个大系统，即所谓开放的社会技术系统。企业劳动组织的目的是使所有人员最有效地利用工作时间并协调地进行工作，做到人事相宜，各属所长。企业劳动组织应抓好劳动定额与编制定员、组织机构设置、合理的劳动分工与协作、人力资源培训开发工作。按照构成的原则和方式，组织可分为正式组织和非正式组织。以往人们对组织的认识是自发的，因而对组织认识的发展远远落后于组织实践的发展。现在人们对组织的研究是自觉的，从而对组织认识的发展可以同步甚至比组织实践超前。

“单位”是中国人对自己就业组织的统称。改革开放以来，随着经济体制和政治体制改革的逐渐深入，随着“下海”“跳槽”和单位改制、新经济组织建立等社会现象的产生，无单位的个人和无上级的单位开始出现，全国一统的“单位体制”也出现了逐渐解体的趋势。我国经济体制改革的最终目标是建立市场经济体制，因此，事业单位改革及整个社会事业体制改革的最终指向和目标也应是建立适应于市场经济体制的社会事业体制。

**[重要概念]**

组织　劳动组织　正式组织　非正式组织　单位　事业单位改革

**[思考题]**

1. 现代劳动组织有哪些特征？
2. 非正式组织有哪些影响？如何加以利用？
3. 简述各学派的劳动组织理论。
4. 试述我国事业单位改革的发展方向。
5. 科学劳动组织的基本特征有哪些？

CHAPTER 8

# 第八章　劳动关系与工会

[内容摘要]

本章全面阐述了劳动关系的相关概念、西方主要劳动关系理论、劳动关系的调整机制、外资企业劳工关系，以及工会在劳动关系调整中的地位和作用。

[学习要点]

1. 劳动关系的基本概念、内容、主要类型和重要影响因素。
2. 西方主要劳动关系理论。
3. 外资企业劳工关系的特点、性质、问题和改善方法。
4. 工会的来源、基本性质和职能。
5. 工会在调整劳动关系中的地位和作用。

# 第一节　劳动关系概述

## 一、劳动关系的基本概念

劳动关系是指劳动者与用人单位（包括各类企业、个体工商户、事业单位等）在实现劳动过程中建立的社会经济关系。

从广义上讲，劳动关系指劳动主体在实现集体劳动的过程中彼此之间发生的社会关系，包括劳动力的使用关系、劳动管理关系、劳动服务关系等。

从狭义上讲，根据《劳动法》中所规定的调整对象，双方当事人被一定的劳动法律规范所规定和确认的权利和义务联系在一起，其权利和义务的实现是由国家强制来保障的。劳动法律关系的一方（劳动者）必须加入某个用人单位，成为该单位的一员，并参加单位的生产劳动，遵守单位内部的劳动规则；而另一方（用人单位）则必须按照劳动者的劳动数量或质量给付其报酬，提供工作条件，并不断改进劳动者的物质文化生活。劳动关系表现为合作、冲突、政策、法律制度和社会文化背景的影响。

劳动关系发生的过程中常常伴随着劳动合同的签订和执行。机关、企事业单位、社会团体和个体组织与劳动者个人之间，依法签订劳动合同，劳动者接受用人单位的管理，从事用人单位安排的工作，成为用人单位的成员，从用人单位领取报酬并受劳动保护。

## 二、劳动关系的基本内容

劳动关系的基本内容包括劳动者与用人单位之间在工作时间、休息时间、劳动报酬、劳动安全、劳动卫生、劳动纪律及奖惩、劳动保护、职业培训等方面形成的关系。此外，与劳动关系密不可分的关系还包括劳动行政部门与用人单位、劳动者之间在劳动就业、劳动争议及社会保险等方面的关系；工会与用人单位、职工之间因履行工会的职责和职权，代表和维护工会合法权益而发生的关系等。《劳动法》，对劳动关系做出明确的界定，是指劳动者与所在单位之间在劳动过程中发生的关系，从法律的角度确立和规范劳动关系，主要包括以下三个法律特征。

（1）劳动关系是在实现劳动过程中发生的关系，与劳动者有直接的联系。

（2）劳动关系的双方当事人，一方是劳动者，另一方是提供生产资料的劳动者所在单位。

（3）劳动关系的一方劳动者，要成为另一方所在单位的成员，要遵守单位内部的劳动规则及有关制度。

## 三、劳动关系的主要类型

### （一）按产权制度划分

按产权制度分类是划分劳动关系类型的一种主要方法。这是因为生产资料所有制是劳动关系的性质及其特征的决定因素。因此，有什么样的所有制就有什么样的劳动关系。在我国，按产权制度划分，劳动关系主要有国有经济、集体经济、股份制经济的劳动关系。

（1）在国有企业中，生产资料归国家所有，企业隶属政府，由政府代表国家行使所有权。在职工与国有企业建立的劳动关系中，企业只是与职工进行劳动交换的形式主体，企业背后的真正主体是国家。在计划经济体制下，国有企业由政府直接负责经营管理，企业没有自主权，其职工具有国家职工的身份，职工与企业的劳动关系的各个方面均由政府确定。在市场经济体制下，国有企业具有独立的法人资格，并享有充分的自主权，企业成为劳动力市场的主体，因而也是与职工进行劳动交换的主体；不过，职工与企业的劳动关系也在一定程度上受到政府的制约。

（2）在集体所有制的企业中，生产资料归本企业全体职工集体所有，即每个职工都是所有者中的一员。同时，职工又是与企业建立劳动关系的劳动者，与企业进行劳动交换。因此，集体所有制企业职工具有双重身份。在这种情况下，每个职工既享有作为所有者的合法权益，其中包括参与企业管理及决定利益分配的权利，又作为一个普通的劳动者接受企业的劳动管理，并承担自己的责任和履行义务，也相应享有劳动者的合法权益。

（3）股份制是市场经济发展的产物，是在市场经济中进行资源有效配置和提高经济效益的一种占有主导地位的企业组织形式与经营管理机制。现代企业制度是以股份制企业为主要形式的。股份制企业的性质是由控股权归属者的性质和利益主导关系所决定的。股份制企业的产权关系十分明晰，所有权与经营权相分离，劳动关系双方的主体地位也很明确，劳动交换的权力结构及利益格局比较规范。同时，劳动关系的建立、维持、调整和终止都主要通过市场机制来运作。在股份制企业中，职工既可以通过购买本企业的股票成为股东中的一员，从而具有双重身份；也可以不买本企业的股票，只作为企业的雇员。职工是否拥有本企业的股票对于职工与企业之间的劳动关系通常并没有明显的影响。

### （二）按权力结构划分

按劳资关系的权力结构标准，可将劳资关系划分为四种类型。

（1）绝对型劳资关系，即决定劳动关系的实权完全掌握在雇主的手中。

（2）亲权型劳资关系，即雇主和雇员的关系建立在温情主义的基础上。

（3）阶级斗争型劳资关系，即工会所代表的工人阶级与雇主是敌对的阶级，劳资双方进行阶级斗争。

（4）竞争型劳资关系，即劳资双方相互承认对方的地位，并在通过谈判和协商来解决劳资问题的原则下建立劳资关系。

### （三）按利益关系划分

按照劳资双方的利益关系标准，可将劳资关系划分为三种类型。

（1）利益冲突型的劳资关系，劳资双方尖锐对立，并为各自的利益而产生激烈的矛盾冲突。

（2）利益一致型的劳资关系，其特点是强调劳动关系主体双方利益的一致性，并且往往以企业或雇主为中心，通过密切合作形成利益共同体。

（3）利益协调型的劳资关系，劳资双方在人格上和法律上的地位平等，并享有对等的权利，通过平等协商谈判来保障双方的合法权益。

## 四、影响劳动关系的重要因素

### （一）经济因素

市场的变化、技术的进步、就业结构和方式的变化，以及影响财富分配的社会经济政策的改变，都会通过失业率、工资水平及就业结构影响劳动关系，而劳动关系的变化又反过来影响市场、技术、就业结构等经济变量。目前，技术进步和非体力性就业增长，体力劳动者失业增加，是近十几年来就业结构变化的主要特征。非体力性就业的增长源于服务业的发展及技术的进步，特别是计算机与微电子技术的运用，机器人对工人的替代。但是高技术创造的就业机会仅限于非体力行业，传统产业对劳动力的需求反而下降，这便导致这些行业的体力劳动者失业的增加。

### （二）社会因素

财富分配和再分配的社会价值观念改变、人与人之间的等级关系的变化等都是对劳动关系有明显影响的因素。经济繁荣、就业稳定和消费者市场的开拓，把青年人造就为一代更注重物质享受的劳动力；教育的发展在增进人们对周围世界了解的同时，也增强了人们的参与意识。20 世纪 70 年代末至 80 年代初的世纪性经济滞胀，使“福利国家”信条受到了挑战，持续的高失业和福利的大幅度削减拉大了收入差别，就业者与失业者之间，衰落行业和发达地区新兴行业之间，能独立支付医疗、教育费用的人与仅靠公共服务生存的人之间的社会地位的差别更趋明显。社会环境的这些变化趋势不是在每个国家都同等程度地存在着，各国的社会环境都有其独特的一面。因此，研究各国的劳动关系还需研究各国社会环境的具体变化趋势。

### （三）政治因素

政治环境的一般含义是机构和个人在决策中的天赋权利、态度和行动。因此，与劳动关系有关的政治有两类：一类是属于劳动关系的一部分的组织内的内部政治；另一类是通过政府形成的外部的公共政治。外部的公共政治表现为一个社会的政治体系。它有别于一个组织内的内部政治，但又与任何一个组织的内部政治有着密不可分的联系。政治环境是由参与决策的各派政治力量的主张和其鼓动手段所构成的。各派政治力量通过较量所形成力量对比决定了政治格局。因此，政治环境在很大程度上是由执政党的意识形态和作风所决定的。政治环境的变化使第二次世界大战后劳动关系也处于一种多变的状态。

### （四）制度因素

劳动关系的外部表现是一系列各种形式的制度。劳动关系的复杂性决定了调节劳动关系的工具必须是多样的。法律、权利、道德、习惯这些社会关系凋节器在调节劳动关系的过程中都发挥其应有的作用。他们是社会赖以调节劳动关系的各方面制度所采取的不同形式。法律、权利、道德都是通过规定人的权利、义务来规范人的行为的。总的来说，法律是现代法治社会主要依赖的控制工具，但任何一个社会都不可能纯粹地使用一种制度形式；法治社会以法律为其制度的基本形式，但法治社会不可能把所有的私人权利和公共权利都加以否定，更没有必要无视道德对人们行为的约束作用。

### （五）传媒因素

传播媒体对当代劳动关系的影响无疑是巨大的。大众传媒会改变劳动关系双方当事人的心态、倾向和期望，从而为劳动关系的调整提供外在的途径或增设外在的障碍。

# 第二节 劳动关系理论

西方学者从不同立场和对现象的认识出发，得出了互不相同的结论，形成了具有代表性的五个学派：新保守学派、管理主义学派、正统多元论学派、自由改革主义学派和激进派。这些学派观点的相似之处在于，都承认雇员和管理方之间存在目标和利益的差异；这些学派之间的主要区别在于：①对员工和管理方之间的目标和利益差异的重要程度、认识各不相同；②在市场经济中，对这些差异带来的问题提出了不同的看法，尤其是对冲突在劳动关系中的重要程度，以及员工内在力量相对于管理方是否存在明显劣势这两个问题上存在明显的分歧；③在工会的作用，以及当前体系所需的改进等方面各执一词。

## 一、当代西方劳动关系的五个主流学派

### （一）新保守派的主要观点

新保守学派崇尚自由竞争，认为市场性供求竞争作用是形成劳动力市场运行结果的主要因素，主张由不加干预的劳动力市场来决定工资水平和合理配置劳动力资源。该学派认为工会运动造成垄断，对市场机制运行有消极作用。在其理论分析框架中，假定经济运行中存在其他非市场性因素（法律、制度、文化、社会、产权、财富分配、偏好模式），分析方法重视对模型进行理论说明，选取代表性数字进行统计论证。代表人物有阿尔弗雷德·马歇尔、米尔顿·弗里德曼。美国劳动关系模式是其代表性实践，基本特征是：重市场契约、自由与分散的多元调整模式；劳动者缺乏团结，工会按产业和行业组成，结构分散；集体谈判多形成于企业、行业等基层；劳资博弈中，资方主导、劳动者相对弱势、政府有限干预。

### （二）管理主义学派的主要观点

管理主义学派从管理学角度研究劳动关系，强调要以人力资源开发、管理，以及企业人事管理制度健全协调劳动关系。该学派认为企业与劳动者的利益基本一致，劳资矛盾的主要原因在于劳动者处于被管理的角色与地位，如企业能够设计一种和谐有效的管理策略以实现企业和劳动者利益一体化与最大化，就能够有效减少或避免劳资冲突。研究方法以劳动关系领域内著名的“霍桑实验”为代表，实践中形成了查尔斯·巴贝奇的“利润分享计划”、费雷德里克·泰罗的“泰罗制”、乔治·埃尔顿·梅奥的行为科学理论等观点。日本模式为其典型实践，其特点是：以家族理念和团队精神为其企业管理文化，以终身雇佣制、年功序列工资制、企业工会、制度化的“春斗”[①]集体谈判为基本管理制度。

### （三）正统多元论学派的主要观点

正统多元论学派主张通过制度性与社会性因素解释劳动力市场运行，重视国家、资方与劳方（工会）的三方互动作用以达到劳资利益和谐。分析方法采取研究劳动关系相关的法律、历史材料，政府政策，企业与工会文件，多采取案例研究与归纳法。此学派起源于制度经济

① 日本每年春季举行的集体谈制活动。

学，建立在德国历史经济学基础之上，索尔斯坦·邦德·凡勃伦、康芒斯的著述对理论性基础构建有一定影响。代表人物有奥利弗· 威廉姆森。此外，20 世纪 80 年代以后学者弗里曼和詹姆斯·梅多夫合作提出“辞退–发言”模型为该学派做出了基础性贡献，其核心观点为作为公开表达劳动者苦衷和不满的代表性组织——工会有利于降低辞职率，增加生产效益，改善经营管理模式、提高经济效率等。德国模式是其典型实践，其特点是：以“劳资共决制”，即劳资自治为基本原则，以集体谈判和集体合同处理劳动关系为基本形式。

### （四）自由改革主义学派的主要观点

自由改革主义学派十分关注如何减少甚至消除劳动者在劳动关系中所受到的不公平或不公正的待遇，如拖欠工资、福利、裁员和在危险环境中工作等问题。此学派认为现存的劳动法和就业法不能为工人提供足够的制度保护与规范，雇主出于利润最大化、成本最小化等方面原因也不可能为劳动者自发设计和谐劳动关系。因此为了平衡劳动关系，使得劳资双方和谐共赢，必须加大政府对劳动关系的社会化管理与对雇主的经济约束。自由改革主义学派开创了劳动关系分层研究，认为劳动者按照技术水平可分为“核心劳动者”与“边缘劳动者”，由于“核心劳动者”掌握核心技术，可替代性不强，所以在劳动关系处理中，对边缘劳动者实施低成本报酬与福利回报，对核心劳动者实施精英管理。在这一学派中，美国学者约翰·邓洛普起了很大的作用。邓洛普构建这一学派的一般理论，在其理论模型中，他指出每种雇佣关系体现都涉及三个群体：工人及其所在组织、管理人员及其所属组织、与工厂相关的政府机构。瑞典模式是其典型实践：瑞典拥有着极高的社会福利，并且覆盖面广、内容丰富，瑞典政府正是本着确保社会保障的高水平，以及照顾社会成员的方方面面的宗旨来开展相关工作。

### （五）激进派的主要观点

激进学派也称为新马克思主义学派，此学派认为劳动与资本之间的矛盾是资本主义社会制度本身独有的，资本利益在于劳动力成本最小化，劳动利益在于福利与报酬最大化，劳动者与企业所有者的利益在本质上存在冲突，不能缓和与调和，因此其他学派提出的“和谐的劳动关系”政策与主张作用极其有限。激进学派认为只有消灭资本主义生产资料私有制，建立工人占有，才能从根本上实现劳动者的利益主张与诉求。在和平与发展是世界主流的情况下，通过社会革命解决劳资冲突已不现实。劳资合作则极具可能与现实性，这也印证马克思所描述的人类社会发展轨迹：无产阶级通过社会革命消除剥削者、夺取政权是社会基本矛盾运动一般规律的特殊形式；资本主义发展到一定阶段，和平进入社会主义才是社会基本矛盾一般规律的普遍形式。实践中有南斯拉夫的工人自治制度、瑞典的梅德尔计划、西班牙的孟作根体系。激进学派倡导的理论只在西班牙巴斯克地区的孟作根实现，其他国家并无成功案例，不具有实践操作性。

## 二、西方国家劳动关系的新趋势

随着社会生产力的发展与工人运动的进一步深入，尤其是知识经济的推动和全球化浪潮的冲击，西方发达国家的经济运行机制、经济结构、产权关系、企业制度、阶级结构都发生了深刻的变化，这些变化对劳动关系有着重大影响，使西方国家劳动关系由对立走向缓和进而出现劳资合作的倾向。与过去相比，当今西方发达国家的劳动关系有如下新趋势。

（一）劳动关系中的政府作用强化

进入21世纪，欧美各国劳资矛盾尖锐，大规模工会运动的发展对各国政府形成了巨大压力。为了防止矛盾加剧甚至危及政权的稳定，政府不得不通过国家干预，对资本运营及劳资关系构建了一套规范与制衡机制，从而保证了劳动关系的基本稳定和相对均衡的格局。在劳动关系领域，各国政府竭力平衡劳资双方实力，缓和复杂激烈的劳资冲突。为此，政府以前所未有的力度，加强了对劳动关系的宏观干预。在这一时期，涉及劳资关系领域的大量的立法纷纷出台，三方性原则获得普遍承认，各国建立了各种形式的三方性机构，形成了劳、资、政三方相互影响、相互制约的格局。劳动关系调整机制也日趋完备，协调劳资关系的各种规范全面订立，以劳资自治的方式确定劳动条件劳动标准的集体谈判制度普遍实行，以工人参与权为核心的管理民主化运动蓬勃兴起，全社会分享经济发展成果的社会福利制度普遍建立等。政府调控的劳资关系政策为工会运动的发展提供了比较有利的环境。因此，这一时期工会运动取得了令人瞩目的成就。在这种有国家干预的混合经济体制下，劳动关系的调整和处理基本上被纳入了规范化、法制化的轨道。

（二）股权分散化、社会化趋势增强

目前在西方国家，社会个人购买股票和企业法人之间互相购买股票的现象越来越普遍，出现了股权分散化、社会化的趋向。随着证券市场的高度发达和大公司规模成十倍成百倍的增长，拥有股份的人数不断增加。一些银行、保险公司、基金会与企业之间相互持股，使所有权构成越来越复杂，有些企业甚至成为无老板的企业。股权的分散化、社会化，意味着资本所有权与使用权的分离，传统的资本家开始从生产领域中部分地退出。新型的经理资本家的人数和作用随之迅速增加，形成了所谓的“专家集团”、“经理阶层”，构成了当代资本主义社会新的权力阶层。

与股权分散化、社会化相应的是雇员持股计划的发展。西方国家的雇员持股，尤其是企业内部员工持股有一定的积极意义。首先，通过雇员持股，可以增强企业的凝聚力，形成企业雇主与雇员双方的利益共同体，促使雇员从关心自己作为“股东”的利益出发，关心企业的发展。其次，缓解劳资双方的对立与冲突。雇员持股的实施，能够使工人在企业面临工资待遇与企业利润的矛盾时，从股份的分红角度考虑企业利润的实现，缓解与资本家的矛盾。最后，雇员持股，在资本家获得更大利润的同时，也能够使雇员得到工资之外的收入，提高雇员的收入水平。当然，企业利润的绝大部分仍然被资本家占有，剥削仍然是客观存在的。

（三）“利害相关者经济”的形成与发展

20世纪80~90年代，一种新的资本占有形式伴随着一个新的概念在美、英等国悄然出现。它几乎是在人们不知不觉之中，使资本主义私人占有制的实现形式发生了一次重大的变革。这种新的资本占有形式就是“利害相关者经济”。所谓“利害相关者经济”是将企业视为一个为其一切构成要素创造价值的生产制度和社会经济体系。企业的目标和责任是对所有的利害相关者负责，它包括股东、雇员、顾客、商业伙伴、政府等。企业应把每一个利害相关者所贡献的独特资源尽可能有效地结合在一起。这种独特的资源不仅包括股东的风险资本，也包括雇员的才能、脑力体力方面的劳动贡献、顾客的不断光顾、商业伙伴的协作配合及政府提供的经济基础等。这种经济模式要求企业不仅要对股东或资产所有者负责，同时也要对企业的所有构成要素的集体福利负责，保证所有利害相关者的贡献同他们所得的报酬相匹配。概言之，企业经营活动要以所有利害相关者的利益为中心，而不能仅以股东或资产所有者的利润为中心。

在资本主义私人占有制的传统模式中，企业的唯一目标和责任，就是最大限度地增进股东或资产所有者的利益，使股东或资产所有者的利润最大化。至于企业的雇员、顾客及其他利害相关者不过是企业赚钱的机器或手段。私有财产权绝对不受限制。而利害相关者经济改变了这一传统模式，不再把利害相关者作为赚钱的机器和手段，而是作为同股东或资产所有者同等重要的独特资源的贡献者并对其利益给以保证。在利害相关者经济中，私有财产权不再绝对化，它具有了相对化的特点。无论西方学者及政界人士如何评价“利害相关者经济”，有一点看来毋庸置疑：同以股东利益为中心的私人占有制的传统模式相比，“利害相关者经济”是一种更具社会化特点的资本占有形式。它虽然没有否定私人占有制度，也没有动摇私人财产权，但使私人财产权不再绝对不可限制，而具有了相对化的特点；它以“利害相关者”这个更加社会化的概念取代了“所有权”概念的中心地位，使企业由以股东或资产所有者的利益为中心转变为以“利害相关者”的利益为中心。

### （四）“符号分析服务”人员的大量涌现。

由于科学技术的迅猛发展和第三产业的快速崛起，近些年来，一个新的群体即“符号分析服务”人员在西方各国中应运而生。所谓“符号分析服务”，包括所有解决问题、识别问题和战略经纪等活动。这类服务人员主要有科学研究人员、软件工程师、投资银行家、律师、房地产经纪人、高级会计师及大学教授等。

他们工作的主要内容包括提供咨询、发表论文、介绍简况、做交易等。他们的工作形式是定期发表报告、计划、设计、草案、备忘录、规划图及预测等。他们的主要作用是研究问题、提出解决问题的方案、制订计划及推动计划的实施等。他们拥有较高的科学文化知识水平或技术专长，因而获得颇高的劳动报酬。他们的收入与他们投入多少时间或产出多少工作量没有直接关系。收入更确切地说是凭质量、创见、机敏，有时也凭他们解决、识别或作为经纪人处理新问题的速度。他们的收入远远高出传统意义上的劳动力价值。目前在美国，这类技术专家多数经济状况都十分优越。事实上，符号分析服务人员是介于资产阶级和无产阶级之间的新中间阶层。他们不拥有传统意义上的生产资料和资本，却拥有较高的科技知识和专业技能。他们以知识作为生产要素参与生产经营，从而其收入既有劳动力的成分，又有知识要素投入的成分。

## 三、中国劳动关系的性质与变迁

我国于2008年颁布和实施了劳动合同法，由此我国劳动关系的性质有了如下的变化。

### （一）劳动关系变得更加规范

根据前文所述，劳动合同法对劳动合同的订立、劳动合同的变更履行、劳动合同的解除终止等劳动合同制度都作了具有可操作性的具体规定，同时还对劳务派遣用工进行专门的规范。对我国长期存在的事实劳动关系也加以制约，并且通过明确规定用人单位在违反法律时所要承担的法律责任，促使用人单位在与劳动者确立劳动关系的过程中随时注意自己的行为，自觉依法办事。这些规定对我国劳动关系的规范化起到了积极的作用。

（二）劳动关系逐渐变得稳定

劳动关系是一种最基本的社会关系，如果劳动关系不稳定，不但对劳动者的生活和工作非常不利，而且也会影响到企业的稳定发展和社会的稳定。为了保护劳动关系的稳定，劳动合同法做出了很多有效的规定，如限制了固定期限劳动合同签订的次数，扩大了无固定期限劳动合同的范围，终止劳动合同与解除劳动合同一样都需支付劳动者经济补偿金，如违反上述规定，用人单位将承担支付劳动者双倍工资的责任。这些规定的出台主要是为了解决法律出台之前我国劳动关系中存在的劳动合同短期化的问题，鼓励劳动者和用人单位签订无固定期限劳动合同，这样不但能够提高劳动者的素质，同时也有利于维持我国劳动关系的整体稳定性。从劳动合同法实施两年以来的情况来看，在未来，无固定期限劳动合同必将得到更加广泛的运用，从而对我国劳动关系的持久稳定产生积极的维护作用。

（三）劳动关系变得更加市场化

我国在改革开放之后实行的是市场经济体制，而市场经济的实质就是自由和竞争，因此劳动关系也变得市场化。在劳动合同法颁布之前，1994 年出台的劳动法并没有体现出劳动关系市场化的内容，因为法律出台之时我国市场经济体制还没有完全建立，而且法律存在着滞后性。因此，为了规范我国劳动关系，使我国劳动关系能够适应市场经济的发展需要，符合市场经济的运行规律，劳动合同法在多个方面的规定，把我国劳动关系变得更加市场化，如放宽了用人单位经济性裁员的条件、规定了竞业限制的适用条件和范围、限制了违约金适用的范围和条件、把自由择业权重新还给劳动者、灵活规定非全日制用工等，这些规定解除了长期束缚我国劳动关系的障碍，推动了劳动关系的市场化，同时对经济的持续稳定发展起到了很好的促进作用。

（四）劳动关系的调整机制变得有法可依

劳动关系的调整除了靠政府的执法监督外，还必须有工会的监督和参与。而在《劳动合同法》之前，我国劳动法和工会法对于政府如何执法监督、工会如何维权等的规定并不明确，而且缺乏具体的操作规定。由于缺乏相应的法律依据，工会维权的力量显得薄弱，无法充分发挥工会组织应该具有的作用。为此劳动合同法中，对政府劳动行政部门的执法行为的监督和督促做出了明确的规定，同时也规定了工会组织在劳动合同制度中应当发挥的作用。对政府劳动行政部门在执法过程中如果违反执法程序，做出违反法律规定的行为，给劳动者造成损失的，应当承担赔偿责任。劳动合同法对工会作用的重视，可以从其规定工会应当参与和监督用人单位规章制度的制定、集体合同的签订、劳动合同的解除、劳动争议处理等方面，发挥自己维护劳动者合法权益的作用。

# 第三节　劳动关系的调整机制

## 一、劳动关系的调整机制

### （一）集体谈判制度

集体谈判是指资方和雇员代表借助谈判，旨在达成覆盖某一雇员群体的协议，以决定就业条件与待遇、协调雇佣关系的一种方法。通常的情况是：以组织起来的工人即工会为一方，以联合起来的雇主如雇主协会为一方，围绕工资、就业保障、其他待遇（如加班费标准、带薪休假、医疗补助、失业津贴、退休金等）、工作条件（如工作日长度、劳动强度、工作环境、安全保障）等展开的集体讨价还价。达成双方都能接受并且愿意遵守的集体协议，是集体谈判的最终目的。这里的雇主既包括私营公司雇主，也包括国营公司和公共部门的雇主——政府，所以，集体谈判的主体有三方：雇员及其组织（工会）、雇主及其组织（雇主协会）、政府。可以这么说，西方集体谈判过程是工人和工会、雇主和雇主协会、政府三方协调协商、相互妥协的过程，而谈判所形成的集体协议是三方“共同意志”的体现。集体谈判是当代劳资关系中的核心问题之一。

### （二）民主协商制度

民主协商制度与集体谈判制度不同，它是一个咨询过程，而非决策过程，强调劳资关系中的合作而非对立关系。协商为劳资双方提供了一种互相交流信息、在相互沟通的基础上解决问题的途径，使双方正式或非正式地在一个有组织的框架内讨论共同关心的问题。从理论上讲，协商主要涉及生产和生产率问题，集体谈判则用于决定工资、就业条件及其相关问题。从实践上看，这种界限正在模糊，那些主要由集体谈判解决的问题，如工资、就业条件、卫生与安全、小额优惠等，在协商中得到了高度重视。而由经济衰退引发的与集体谈判无关的生产率问题也经常在集体谈判活动中不断出现。

譬如在日本，民主协商与集体谈判是一种程序性的合作关系。在绝大多数企业成立了劳工和管理者委员会，凡是涉及工作条件的问题，首先交由该委员会协商讨论，如果双方协商不成，问题再由集体谈判加以解决。日本的“劳资协议”制度是从1946年开始的“经营协议会制度”发展而来的。这一制度是劳资双方就企业经营方面的问题进行探讨、协商的制度。这是在产业民主社会背景下，为劳动者更多地参与企业经营管理而制定的。事实上，在日本的企业，劳资双方经常通过召开协议会，收到了缓和劳资矛盾、减少纠纷的效果。现在，劳资协议会涉及的范围不仅是企业的经营管理问题，也包括职工的工资、雇佣、生活福利等事项。

### （三）劳动争议处理制度

劳动争议调解是劳动争议处理制度的重要组成部分，也可以说是劳动争议处理程序的一个重要阶段。在国外，劳动争议调解作为一个相对独立的环节，主要有以下几种运作机制。

**1. 劳资双方自愿调解**

所谓劳资双方自愿调解是指由劳资双方在协商谈判达成某种共识的基础上，就争议调解达成一致性程序并按此程序来调解处理彼此间出现的分歧，这种一致性程序经常体现在签订集体合同的过程中。此外，劳资双方自愿调解机制还表现为争议双方能够根据自己的意愿而非政府的指派，来选择他们所信任的人士充当争议调解的第三者，来有效地解决争议。比如在德国，雇主与企业委员会如因某一问题达不成协议而发生纠纷时，一般是由雇主和企业委员会自行协商解决，协商的结果具有企业协议的性质；或是在企业委员会内组成调解委员会对纠纷进行调解。调解委员会由相同数目的雇主和企业委员会代表组成，并由一名外请的中立人士任调解委员会主任。调解委员会通过表决，根据少数服从多数的原则做出调解决定，调解决定也同样具有企业协议的性质。

**2. 政府参与调解**

政府参与调解一般是通过两种形式实现的。一种是由个人调解员来开展调解工作，这种做法的好处是能在较短的时间内解决争议并具有很大的灵活性；另一种是在政府的倡导或直接参与下，通过设立各类专业化的争议调解机构进行调解。此类争议调解机构的设置在不同国家模式各异，有些国家将争议调解机构设在劳工部内，如加拿大、新加坡、马来西亚和许多发展中国家；而有些国家则将其设在具有相对独立性的专门社会机构内，如英国、美国、丹麦、瑞典和卢森堡。同个人调解员制度相比争议调解机构的优势主要在于，它能够通过“劳、资、政”三方代表的直接参与，使争议的处理更具有公正性。

**3. 紧急调解**

紧急调解是国家针对一些关系到国家稳定大局的重大劳动争议案件做出的规定，一般都是有政府参与的带有强制性的调解。许多国家对处理重要争议有特别安排，对其界定也不尽相同，但是衡量此类争议的主要标准一般与争议的范围或争议所造成的影响程度有关。

**4. 法院调解**

欧洲的很多国家设有劳动法院，其在解决劳动纠纷的过程中发挥着很重要的作用。一般来说，调解是劳动法院审理劳动争议案件必经的前置程序，在整个诉讼程序中占有重要位置。比如在德国，根据劳动法院法的规定，调解是在正式开庭审理案件前，在主管该案件的法庭首席法官（专业法官）的主持下，就双方争议的事实与当事人进行口头协商，以促使当事人达成和解的程序。调解程序的目的：一是为促进当事人和解，尽快解决劳动争议，维持劳动关系的和谐稳定；二是在调解不成的情况下，为日后的开庭做准备。

在国内，劳动争议处理体制的特点主要有以下三点。一是按照我国法律、法规的规定，现行劳动争议处理实行的是“一调、一裁、两审”，即职工与企业双方发生劳动争议后，当事人应当协商解决；不愿协商或协商不成的可以向本企业劳动争议调解委员会申请调解。企业可以设立劳动争议调解委员会负责调解本企业发生的劳动争议。如果调解不成，当事人可以向劳动争议仲裁委员会申请仲裁，也可以不经调解而直接申请仲裁；对仲裁裁决不服的，可以向人民法院起诉。二是建立体现“三方性原则”的劳动争议仲裁委员会工作制度——各级政府劳动保障行政部门、工会组织和企业管理部门（或企业家协会）劳动争议处理体制。目前，绝大部分的劳动争议案件是经过劳动争议仲裁委员会独立裁决的。按照“重在源头预防、重在基层调解”的方针，我国正在进一步改革和完善劳动争议处理体制，使之与市场经济发展的要求相适应。

（四）三方协调机制

劳动关系三方协调机制是市场经济条件下处理劳动关系的通行做法和基本制度之一，是社会经济政策制定和实施中的一个重要程序和手段。实践证明，三方协调机制对社会经济发展、维护劳动关系和谐稳定和企业效益稳步增长发挥着越来越重要的不可替代的作用。

## 二、中国劳动关系的调整机制内容

（一）全面实行以劳动合同制度为主要内容的新型劳动用人制度

法律、法规规定，用人单位与劳动者建立劳动关系应当依法订立书面劳动合同，明确约定合同期限、工作内容、劳动条件、劳动报酬等双方的权利和义务；订立、变更劳动合同应当遵循平等自愿、协商一致的原则，劳动合同依法订立即具有法律效力，当事人必须履行劳动合同规定的义务。法律、法规和行政规章还对用人单位违反和解除劳动合同应支付劳动者的经济补偿金标准、劳动关系双方违反我国劳动法有关劳动合同规定的赔偿责任与标准、用人单位裁减人员的条件和程序做出了规定。目前，中国的劳动合同制度已基本全面建立，初步形成了用人单位自主用人、劳动者自主择业的市场就业机制。

（二）推行集体协商和集体合同制度，建立企业劳动关系自我协调机制

劳动法、工会法规定，企业职工一方与企业可以就劳动报酬、工作时间、休息休假、劳动安全卫生、保险福利等事项签订集体合同。有关行政规章对集体协商（谈判）签订集体合同的具体程序、主体、管理和争议处理等做出了较完整的规定。职工一方一般由工会代表与企业平等协商签订集体合同；没有建立工会的企业，由职工推荐的代表与企业签订集体合同。政府不介入企业与职工的协商过程，但集体合同签订后要报送政府劳动保障行政部门审核备案。

（三）建立健全劳动争议处理制度，有效预防和处理劳动争议

中国的劳动争议处理制度由用人单位内部劳动争议调解、劳动争议仲裁和人民法院审判三个程序构成。按照法律、法规规定，用人单位与劳动者发生劳动争议后，可由用人单位内部劳动争议调解委员会进行调解，调解不成的，当事人一方可向劳动争议仲裁机构申请仲裁（当事人一方也可不经调解而直接申请仲裁）；当事人对仲裁裁决不服的，可向人民法院起诉。劳动争议仲裁实行属地管辖原则，应当设立劳动争议仲裁委员会。劳动争议仲裁委员会由劳动保障行政部门代表、同级工会代表、用人单位方面代表组成；仲裁委员会处理劳动争议实行仲裁员、仲裁庭制度。

（四）制定和完善劳动标准，为调整劳动关系、维护职工权益提供劳动政策基准

目前，中国通过立法的方式，基本建立了包括工作时间、休息休假、女工和未成年工特殊劳动保护及劳动安全卫生等内容的劳动标准体系。例如，在工时和休假方面，国家实行劳动者每日工作时间不超过 8 小时、平均每周工作时间不超过 40 小时的工时制度；规定用人单位应当保证劳动者每周至少休息一日，在法定节日期间应依法安排劳动者休假，并确立了

国家实行带薪年休假制度。在女工和未成年工特殊劳动保护方面，规定禁止安排女职工从事矿山井下、国家规定的第四级体力劳动强度的劳动和其他禁忌从事的劳动；不得安排年满16周岁未满18周岁的未成年工从事矿山井下、有毒有害、国家规定的第四级体力劳动强度的劳动和其他禁忌从事的劳动；对女职工在经期、孕期、产期和哺乳期分别规定了特殊劳动保护政策。

## 第四节 外资企业劳工关系

### 一、外资企业在中国发展的基本情况

改革开放以来，在中国国民经济组成结构中，外商投资企业占有较大的份额，对市场经济、社会进步有着重大影响。

以2013年为例，到2013年7月底，外商在中国投资建立的企业已经达到了44.2万家。从2013年第一季度外商在中国的投资金额、投资区域、投资行业可以看出，欧盟二十七国、美国在中国的投资金额大大增加，主要在服务行业和制造业，而且在西部地区的投入资金数额增长幅度相对比较大。2013年第一季度，全国新批设立外商投资企业4822家；实际使用外资金额299.05亿美元。其中，3月全国新批设立外商投资企业1907家；实际使用外资金额124.21亿美元。制造业新设立外商投资企业1458家，实际使用外资金额131.74亿美元，分别占同期全国总量的30.24%和44.05%；服务业新设立外商投资企业2853家，实际使用外资金额144.27亿美元，分别占同期全国总量的59.17%和48.24%；农、林、牧、渔业新设立外商投资企业135家，实际使用外资金额3.27亿美元，分别占同期全国总量的2.8%和1.09%。美国对华实际投入外资金额10.58亿美元；欧盟二十七国对华实际投入外资金额20.51亿美元；亚洲十国/地区（中国香港、中国澳门、中国台湾、日本、菲律宾、泰国、马来西亚、新加坡、印尼和韩国）对华实际投入外资金额257.94亿美元；其中，日本对华实际投资22.90亿美元，同比增长10.48%。东部地区实际使用外资金额250.47亿美元，同比增长0.17%，占全国总额的83.76%；中部地区实际使用外资金额24.96亿美元，同比增长0.69%，占全国总额的8.35%；西部地区实际使用外资金额23.62亿美元，同比增长18.29%，占全国总额的7.9%。①

由此可见，外资企业在我国国民经济结构中占有着越来越重要的位置，对我国的经济发展有着不可忽视的影响力。

### 二、外资企业劳工关系的性质

一方面，对于我国的外资企业来讲，其劳资关系有资本主义剥削的性质。我国的外资企业，其总公司处于资本主义制度下，这个因素导致外资企业的发展动机是获得更高的利润，目的是过度地榨取劳动者的剩余价值，手段是对我国劳动工人进行经济剥削，逐渐地积累这些剩余价值，用以增加资本、增加生产，获取更多的剩余价值，与资本主义劳资关系拥有相同的特点。

---

① 商务部外资司. 2013. 2013中国外商投资报告.

另一方面，我国的外资企业劳资关系带有一定的社会主义性质。在社会主义制度的管理下，我国的外资企业必须符合国家的根本利益，因此，外资企业的员工同样享有社会主义劳动法律法规的保障，而且员工的权利可以通过政府和工会组织之间的调节得到保障，所以这种劳资关系和资本主义制度下的劳资关系存在着根本性的差别，带有一定程度的社会主义性质。

## 三、外资企业劳工关系的特点

### （一）劳资双方根本利益的一致性

尽管在我国外资企业内仍然存在着劳资矛盾，但是这种矛盾和冲突只存在于物质层面上，形成这种矛盾的基础是劳资统一，与资本主义制度下的劳资矛盾存在本质差别，我国外资企业带有社会主义性质的劳资关系决定了矛盾是可以协调的，资方与劳方存在着统一的根本利益。这一观点曾在马克思《雇佣劳动与资本》中提到过："资本以雇佣劳动为前提，而雇佣劳动又以资本为前提，两者互相制约，两者互相产生。"建立根本利益一致的我国外资企业劳资关系是符合社会主义市场经济发展及满足现代化生产需求的，在商品生产过程中促使劳资双方形成相互依存的利益共同体，有可能实现相互转化。所以，对劳资双方提出了强化一致性的要求，展开合作获取共同利益，促使劳资关系实现稳定和谐的发展。

### （二）劳资双方的对抗性

外资企业的劳资关系从本质上来讲，劳动和资本之间仍然是雇佣关系，在外资企业掌握了生产资料的条件下，对劳动力进行雇佣，无代价的占有劳动者创造的剩余价值，存在雇佣剥削的成分，资本对劳动进行剥削必然会产生对立和冲突。在我国非公有制经济的快速发展下，目前国内的企业管理还是采取比较传统落后的模式，劳资双方存在追求利益的差别，甚至部分地方存在区域保护主义，在这些条件下将劳资关系内在矛盾变得更加的尖锐。

### （三）劳资双方地位的不平等

目前我国外资企业劳资关系的现状是以资方为主导，劳资双方存在不平等。我国当前的劳动力市场是供大于求，有很多的劳动力剩余，导致资本和劳动存在不平衡。在我国外资企业中，通常将劳资双方看作是上下级的关系，资方是企业经营者和管理者，位于企业上级，对于劳动者来讲，主要是从事生产活动。

## 四、外资企业劳工关系的问题

鉴于国情，我国的外资企业大多是以廉价劳动力为重要资源而进行生产经营的。劳动力的供给非常充裕，致使企业对劳工的权益比较淡漠与忽视，而处于绝对劣势的劳工迫于就业的压力，也鲜见维权行为，这就造成我国劳工的权益更加遭到侵害。工人往往是在条件简陋、安全措施未得到保证的情况下作业，并且被强迫劳动及拖欠工资的情况比比皆是。

### （一）企业规避责任

在我国，外资企业不乏有无视我国规章制度、设法规避其责任和义务的现象，具体来讲可分为劳动合同签订问题、员工社会福利保障问题和工伤问题。

**1. 劳动合同签订问题**

劳动合同是劳动者与用工单位之间确立劳动关系、明确双方权利和义务的一份协议。根据劳动合同法的相关规定，党政机关、企业单位、社会团体等，与劳动者建立劳动关系必须在合法、公平、平等自愿、协商一致、诚实信用的原则的基础上订立，双方严格执行劳动合同。但是在我国，很多外资企业的劳动合同签订率比较低，即使签订，合同部分条款也没有体现公平原则，甚至违法。

**2. 养老保险、失业保险及医疗保险问题**

随着我国工业化、城市化不断加快，城镇社会保障面临的压力很大。虽然国家对城镇社会保障出台了很多政策，也要求各外资企业为职工购买养老、医疗、失业等保险。但现实中仍普遍存在许多问题，相当多的外资企业并没有为工人参险。部分外资企业认为，外来工流动性大，不适合参保，往往采取少报、谎报员工数目等方式逃避参保。

**3. 工伤鉴定及赔偿问题**

所谓工伤鉴定是在申请工伤鉴定的职工被认定为工伤的基础上，在其医疗终结或医疗期满之后，由设区的市以上劳动能力鉴定委员会对其工伤有关事宜进行鉴定的行为。而工伤赔偿标准，又称工伤保险待遇标准，是指工伤职工、工亡职工亲属依法应当享受的赔偿项目和标准。未参加工伤保险期间用人单位职工发生工伤的，由该用人单位按照《工伤保险条例》规定的工伤保险待遇项目和标准支付费用。

许多外资企业，特别是加工、制造等劳动密集型行业，在用工时往往利用人们求职心切不签订劳动合同，或是签订不负责任的霸王劳动合同，使得劳工们在工作遭受工伤时，缺乏相关的依据和证明，使得工伤赔偿鉴定难、讨要赔偿费难。

### （二）薪酬不公问题

为了追求利益最大化，许多从事制造业的外资企业往往会把基本工资定得比较低，超强劳动、被迫加班等问题比较突出，用加班工资吸引劳工选择牺牲休息时间来赚取更多的回报。很多外资企业的工厂员工基础工资外的收入是计件结算的，折合为月工资有可能还达不到我国最低工资要求，即使达到，员工也付出了大量的加班时间。

### （三）其他权利未落实

我国外资企业劳工权益的内容还有许多方面，诸如就业平等问题等问题。而由于职能部门监管的滞后及企业社会责任心不足，企业员工这些方面的权利难以得到满足。

就业权益侵害主要体现在户籍歧视（外来务工人员歧视）、性别歧视（主要是针对女性）、年龄歧视及外貌体态歧视等方面。近几年，我国各地屡屡发生的由招聘歧视引发诉讼的案例便可证明这一点。自由择业权是劳动自由的一项基本原则，劳动者有权不受限制地自由择业或依法定程序提出辞职。但是，在许多外资企业，不少企业主私自扣押职工身份证或者扣发数月工资以避免员工“跳槽”。劳动者在就业过程中还遭受其他类型的歧视，如经验歧视，在一些招聘广告中，常常有经验的要求，这使得一些没有工作经验的大学生或无工作经验的人望而却步。其实，有些职位对经验的依赖并不多，只要经过短期的工作环境接触或者培训就可胜任。

## 五、外资企业劳工关系的改善

面对一些外商投资企业劳工权益保护存在的困境，我们政府应该起到主导作用，一方面，完善劳工权益保护的制度建设、加大法律监督和查处力度，保护劳动者合法权益是至关重要的；另一方面，工人必须提高组织化程度，提高工会的法律地位，利用职工工会的力量制约资本不择手段侵害劳动者权益的行为，维护职工自身的合法权益，建立和谐的劳资关系。

### （一）健全劳工权益保护机制

**1. 完善相关法律法规**

劳动政策、法律、法规是一个社会借以协调、处理劳动关系的基本准则和规范，它通过强制性的手段来规定劳动的控制权和利益分配权在劳动各方之间分配、运用的基本原则和实施途径。劳动政策、法律、法规的制定和实施取决于配套法规的完善、执法机构的效能和监督机制的强力运转，二者相互配合才能做到有法可依、有法必依、执法必严。在立法体系上，要改变立法层次低、地方性立法过多的现状，用规范的、层次较高的劳动立法形式来取代非规范的形式，从而加强劳动法的强制性和实施效力，此外还应加快配套法律法规的制定，如劳动争议处理法、工资法等，从而最终形成一个以劳动法为母法、其他配套的劳动法律法规为子法的、健全的、有层次的劳动法律体系。在法律的覆盖面上，要扩大劳动法的适用范围，明确其调整对象，使得所有经济类型中的劳动者都能够得到无差别的法律保护。

**2. 强化政府监督责任**

在制度的实施上，要实现执法机构的高效能和监督机制的强力运转，关键就要赋予其监督、执法的权威性。劳动监察、仲裁制度是保障劳动法律法规得以实施的重要制度。因此要完善劳动监察制度和劳资争议处理机制，从而在法律上给予劳动行政管理部门足够的权威，建立权威、高效的行政和司法保障机制，防止劳动监察部门在履行职责时受到其他政府部门的干涉。

### （二）引导企业科学发展

**1. 推动工会组织建设**

工会制度是劳动政策得以落实的主要保障途径之一，政府要加快推进外资企业工会的建设，而工会的独立性是其发挥保障作用的基础。工会组织的弱小只会进一步加剧劳方在劳资关系中争取自身权益能力方面的弱小。因此工会有责任通过有组织的活动来为劳工权益的实现提供强大的支持。

**2. 促进企业和谐文化的建立**

企业文化很大程度上取决于企业经营者的文化理念和思想高度。企业经营者办企业，目标是什么，价值、理念是什么，需要有正确的认识。作为企业经营者，在对外经营适应市场竞争、国际竞争规则的同时，在企业和谐文化建设上也要走出一条自己的路，创出一条符合中国国情的和谐之路。企业发展，绝不仅仅是多给国家缴税、多创造就业岗位，还应有更丰富的内涵，比如，对员工、对产品、对客户、对社会负责等，这就需要企业经营者有文化、企业有文化、员工有文化。企业经营者和员工在文化上、在价值取向上、在理念上越趋于一致，企业就越多考虑员工，员工也越多考虑企业，从而越能实现共建共享共赢，越能把和谐劳动关系向前推进。

（三）构建和谐的劳工关系

对于劳工和谐关系的构建，防止劳工自身权益受到侵犯，更主要的还是要依靠劳工自身。如何增强外资企业劳工的维权意识是建设外资企业劳工权益保障法制环境的重要问题。

## 第五节 工会及其职能

### 一、工会的来源

工会是由职工自愿结合的工人阶级的群众性组织。工会以一种独特的社会组织形式出现在人类历史的舞台上，至今已有 200 多年的历史。它同其他任何社会组织一样，只有在一定的社会历史条件下，才能产生和发展。工会组织是社会化大生产发展到一定阶段，工人作为一个阶级的阶级意识觉醒的必然结果。随着资本主义社会化大生产的发展，资本主义制度得以确立，工人阶级作为一个独立的阶级，完全丧失赖以生存的生产资料，真正成为一无所有的雇佣劳动者，而资本家对财富无止境的占有欲望驱使着他们尽可能延长工作时间、提高劳动强度、压低工人的工资，从而占有更多的剩余价值；为了争取合理的工作条件和公平的待遇，有组织的斗争就成为客观必要；同时，工会和工会运动使新兴的工人阶级的斗争形成组织化。

### 二、工会的基本性质与职能

（一）工会的性质

从工会发展的历史和客观存在的实际看，工会具有阶级性、群众性和社会性。

**1. 阶级性**

工会绝不是超阶级的组织，也不是任何别的阶级组织，是真正的工人阶级组织。它代表和维护工人群众的利益，具有工人阶级的特征，以工人阶级为其阶级基础和社会基础。阶级性是工会的一个基本属性和基本特征。

**2. 群众性**

它说明工会在基本阶级范围内有广泛的组织性、内部的民主性和自愿性。工会应最大限度地、广泛地团结、联合广大工人群众。列宁说：工会是包括全体无产阶级的一个组织。它在进行工作时必须采取民主的方法和说服的方法、群众自我教育的方法。正因为如此，工会还只能是职工自愿结合的群体团体，一切活动必须建立在群众自觉自愿的基础上。

**3. 社会性**

它说明工会是团结工人、推动社会前进的重要动力。我国工会在新民主主义时期为推翻三座大山、建立新中国立下了不朽的功勋；在社会主义革命和建设时期，为建立和巩固社会主义制度，全面开展社会主义建设创造了辉煌的业绩；党的十一届三中全会以后，在改革开放和现代化建设的历史进程中开拓进取，团结奋斗，为推进社会主义物质文明和精神文明建设，做出了新的伟大贡献。

### （二）工会的职能

一个组织的功能可以从它所扮演的角色、所执行的任务，以及完成这种角色、任务所采取的方式等方面去概括。工会与其他组织一样，本身并不采取行动或做出决定，准确地讲，是特定的人以组织的名义做出决策以执行。

**1. 代表功能**

工会作为一种力量，其功能是潜在的，只有完成工会的其他功能时才能体现出来。单个雇员难以与合资方在平等的基础上展开就业待遇和就业条件的谈判，因为劳动力之间的替代十分容易，雇主的替代却不容易。所以只有通过雇员内的协商一致才能令雇主不能把雇员视为可以任意替换的商品，而需要把雇员看作一个不可分割的整体。

**2. 经济功能**

工会的经济功能之所以重要，是因为不仅工会成员进行有关工资及雇佣量的谈判是工会最主要的功能，而且工会集体谈判的成果还会影响到工会之外。经比较发现，在工会力量强的地区，集体谈判所确定的工资率和其他福利条件往往成为工会组织力量较弱的地区工资决定基准，甚至成为非工会化企业工资率决定的基准。工资水平对于经济系统来说，是一个极为重要的变量，它不仅决定着雇佣水平和生产中的劳动成本，而且影响经济的总需求、通货膨胀、国际收支和经济增长。

**3. 政治功能**

工会运动形成和发展初期是社会中“资本”与“劳动”对立最引人注目的时期，也是工人阶级首次获得参与政治生活权利，并展示其政治觉醒的时期。因此这个时期工会的目标是改变或帮助改变社会的性质。这一职能在以后的社会变革和经济发展过程中有所变化。阶级冲突变成了组织内的劳资冲突，早期某些工会采用的政治革命手段已让位给适宜在现存产业和政治制度中采用的更为现实、保守的手段。但这种互相协调、相互适应并不意味着工会促进社会变化的功能的消失。大部分工会试图在更广泛的基础上建立一种“平等”，但不是通过阶级斗争，而是通过阶级合作来实现。工会可以通过参与产业及国民经济计划等领域的工作，参与国民经济计划的制订，承担劳资合作的责任。

**4. 服务功能**

在工会运动初期，欧洲一些国家的工会经常为会员提供“互助保险”的服务。它可以减少成员在罢工期间的工资损失并在成员失业、患病、工伤、死亡等情况下提供物质帮助。其特点是“互助性”，其基金是由成员捐款提供的。20 世纪 20 年代后，国家取代工会建立了社会福利体系，工会福利的作用才逐渐变得微不足道了。20 世纪 80 年代以后，现代工会服务又开始盛行起来。这些现代工会服务的内容多种多样，包括一揽子打折扣的金融服务，如保险、抵押贷款、个人贷款，还有法律服务等。

## 三、工会在调整劳动关系中的地位和作用

### （一）工会在调整劳动关系中的地位

工会在调整劳动关系中的地位是由我国的国家性质决定的。工会是职工自愿结合的工人

阶级的群众组织，具有鲜明的阶级性和广泛的群众性。工会之所以把劳动领域作为自己的基本活动领域，是因为劳动权利是劳动者最基本的权利，而社会主义市场经济之所以必须有工会组织并法定其存在，其基本原因是我国工会组织在劳动关系的协调和稳定当中具有其他组织不可替代的作用。

工会在调整劳动关系中的地位是由我国工会的性质决定的。工会作为劳动者合法权益的代表和维护者，通过依法行使其职权，在调整劳动关系中居重要地位，发挥着重要作用。工会在调整劳动关系中的职权是指工会在调整劳动关系中依法行使的权利和履行的职责。法律赋予工会在调整劳动关系中的职权是由工会的性质和地位决定的。新修订的《工会法》对工会在处理劳动关系中的职权做了增加规定，明确了行使职权的途径，这为工会开展工作提供了保障。

### （二）工会在调整劳动关系中的作用

工会的作用主要在劳动关系的领域中发挥。工会之所以把劳动领域作为自己的基本活动领域，是因为劳动权利是劳动者最基本的权利，工会作为劳动者自己的组织，必须要以解决劳动者安身立命的劳动问题作为自己基本的问题。

**1. 建立健全平等协商机制和集体合同制度**

要规范和完善协商程序，把工资集体协商作为重点，由职工代表与企业代表就企业内部工资分配制度、工资分配形式、工资收入水平、工资支付办法等事项进行平等协商，使平等协商在协调劳动关系方面发挥重要作用。而集体协商能够作为协调劳动关系的重要手段，是在具备了两个最基本的前提下确立的：其一，商品和劳动力市场能够自由运作；其二，雇主和雇员之间可以建立自己独立的组织。正因如此，集体协商就是由工会代表全体职工与用人单位就劳动关系中双方的权利与义务所进行的洽谈活动。

**2. 建立健全职工代表大会制度**

为了充分发挥工会在调整劳动关系中的作用，要根据不同时期的特点，不断充实和丰富职代会的内容，完善职代会制度，提高职代会的质量和实效，更好地落实法律赋予职工的知情权、审议权、决定权和监督权，建立起符合现代企业制度要求的民主管理制度。

**3. 建立健全劳动关系三方协商机制**

在调整劳动关系中，应根据我国工会法中“建立劳动关系三方协商机制”的规定，尽快建立、健全劳动关系三方协商机制，这也是国际上解决劳动关系问题的一种行之有效的形式。同时，应当积极探索劳动关系三方协商机制的特点和规律，使之规范化、制度化，本着平等合作、协商共事的原则使与劳动关系调整密切相关的重大问题得到妥善解决。

**4. 建立健全调解劳动争议的机制**

在劳动争议处理过程中，工会应当支持和帮助职工申请劳动仲裁和向法院申诉，可根据职工的要求由工会法律服务中心代写诉状或担任代理人，撰写答辩状，出庭参加仲裁和诉讼，工会也应适当拔出一定比例经费作为对职工法律服务的开支。工会只有做好全面的法律服务，才能更好地实现维护职工的合法权益的职能。

**5. 建立健全劳动者权益的法律援助机制**

法律援助是指在当事人需要专业性法律服务但因经济困难或其他原因不能承担相应费用

时，由法定机构减免收费而提供法律援助的制度。对那些权益受到侵害、经济上有困难的职工，工会应当为他们提供法律援助。通过法律援助，让不通晓法律的当事人在专业法律工作者的帮助下，充分反映事实，举证质证，保障劳动者实现劳动权益。对需要法律援助帮助而又因为付费有困难的劳动者免费提供法律援助，这是工会的责任和义务，更是弘扬社会主义人道主义精神的具体体现。

### （三）社会转型过程中工会的权力

近年来，维护是工会的基本职责这一认识问题，在工会体制内应该说是基本解决了。但工会所能做的和它实际做的与工会应该做的和职工群众期望工会做的之间仍然有很大的差距。中国社会不断朝现代化迈进，随着社会在经济体制、政治体制和文化体制上发生重大转型，我国的工会组织的权力也应有相应完善。

**1. 强化工会集体谈判权**

在长期的工作实践中，我国工会在协调劳动关系上已经形成了三方协调、工资协商、民主监督、争议调解等一整套机制，转型中的工会应继续充分发挥这些机制的优势，把劳动关系进一步纳入法制化、制度化轨道，加强制度和机制建设，发挥工会协调劳动关系的主体作用，这是工会充分发挥职工利益代表者和维护者作用、解决劳动关系矛盾的基本途径和关键。

当前工会工作的重点，一是坚持集体合同和劳动合同的普及工作，工会代表职工与企业平等协商并签订集体合同，同时企业与每个职工签订劳动合同，并承诺并同履约。二是积极参与劳动争议处理，通过主持劳动争议调解、参加劳动争议仲裁等进行劳资关系的协调工作。三是监督好劳动法律的执行情况，要重点检查、监督劳动法、安全生产法、职业病防治法等相关法律，一旦发现用人单位违反相关法律法规，工会应积极交涉要求其采取措施予以改正，必要时提请当地人民政府依法处现。

我国工会无论相对于企业还是政府，都有着很大的依赖性，使得目前我国工会集体谈判机制实施的效果并不是很理想，谈判双方失去了平等的要义，工资集体协商制度作用难以得到充分发挥。而确立并强化工会集体谈判机制，本质上就是确认对劳动者工资谈判权和自主权。

因此，使集体谈判法制化、规范化自然成为强化我国工会与企业集体谈判制度的一个重要思路，要尽快做好各项法律规定的落实，来强化工会的集体谈判权。

**2. 恢复工会的罢工权**

尽管没有工会的组织，近年来劳工因劳动权益受损而自发举行的罢工在一些地区已经相当常见。作为对劳工合理、合法的集体行动权的保障，恢复罢工权在当下中国的积极意义显而易见。通过法律形式对工人罢工的权利加以明确确认，可切实改变工人在劳动关系中的弱势地位，使工人重新获取保护自身权益的终极手段，增强与资本博弈的能力，改变工会对于企业管理方的依附关系，将使工会法、劳动法规定的集体合同制度和集体协商工资制度在各个企业中得到真正落实，劳动关系双方达成妥协解决冲突的概率大大提高，也从客观上减少了造成社会不稳定的因素。在加强人权建设、充分扩展私权空间的时代趋势之下，以立法形式确认罢工权，已经势在必行。

**3. 加强立法参与和决策参与**

源头维护是最大的维护，工会要积极参与全国和地方涉及职工和工会工作的立法工作，加强立法参与和决策参与。在横向上，要推动以劳动法、劳动介同法、工会法为主体的职工权益保障法律、法规的制定修改和完善工作，通过制定相关法律，逐步建立和形成以劳动法、劳动合同法为主体、各项具体法律法规相配套的比较完善的职工合法权益法律保障体系。在纵向上，应加强地方配套立法，逐步建立健全地方性法规、地方政府行政规章和有关部门各种规范件文件相配套的法规政策体系，以此来建立健全利益协调机制、诉求表达机制、矛盾调处机制和权益保障机制，形成相互联系、互为补充的维权机制体系。同时，工会要建立完善工会内部相关的规章制度，明确维权机制建设的操作流程和实施办法，做到有法可依，有章可循，提高维权的实效性。

**[本章小结]**

劳动关系是指劳动者与用人单位（包括各类企业、个体工商户、事业单位等）在实现劳动过程中建立的社会经济关系。它发生的过程中常常伴随着劳动合同的签订和执行。劳动关系的基本内容包括劳动者与用人单位之间在工作时间、休息时间、劳动报酬、劳动安全、劳动卫生、劳动纪律及奖惩、劳动保护、职业培训等方面形成的关系。发达国家为妥善解决劳动关系已经进行了几个世纪的探索和改进，并在此基础上产生和发展了现代的劳动关系理论。

外资企业在我国经济结构中有着越来越重要的地位。正确对待和处理外资企业的劳工关系，才能使外资企业为我国的社会主义市场经济的发展发挥更大的促进作用。

工会是由职工自愿结合的工人阶级的群众性组织。工会作为劳动者自己的组织，必须要以解决劳动者安身立命的劳动问题作为自己基本的问题。

调整劳动关系应以有关法律法规为依据，以劳动关系双方自主协调为基础，以实行劳动合同制度、集体协商制度和集体合同制度为基本形式，以政府劳动保障行政部门、工会组织、企业组织三方协调为导向，以建立劳动关系宏观预警系统和完善劳动争议处理制度为保障。

**[重要概念]**

劳动关系　　集体谈判制度　　民主协商制度　　劳动争议处理制度
三方协调制度　　外资企业工会

**[思考题]**

1. 劳动关系的类型有哪些，影响劳动关系的因素有哪些？
2. 劳动关系具有的三个法律特征是什么？
3. 简述各个学派的劳动关系理论。
4. 劳动关系的调整机制有哪些？
5. 西方国家的劳动关系新趋势是什么？
6. 我国劳动关系的性质有哪些变化？
7. 外资企业劳工关系有哪些性质和特点？
8. 工会在调整劳动关系中的地位和作用是什么？
9. 工会的性质和职能是什么？
10. 如何建立适合我国国情并符合国际惯例的劳动关系调整机制？

CHAPTER 9

# 第九章　政府政策和劳动争议

[内容摘要]

本章全面阐述了劳动政策与性质，我国的劳动政策与就业服务状况，劳动争议的基本分析及劳动争议处理应该注意的问题。

[学习要点]

1. 劳动争议的概念和内容。
2. 劳动争议产生的原因。
3. 劳动争议的种类、处理原则和处理程序。

# 第一节 政府劳动政策与就业服务

## 一、劳动政策的性质和制定

### （一）劳动政策的性质

劳动政策是一种公共政策，它与经济、政治等领域的政策有密切联系，在一定的意义上构成社会政策。劳动政策是工业化社会的产物，它反映的是雇佣关系。劳动政策的范围包含各类劳动者，既包括干部、公务员、企业职工，也包括业主和被雇佣的厂长经理等。劳动政策与劳动人事制度与管理方法都有一定的联系，并在一定情况下通过立法手段给予规定，如劳动法等。

### （二）劳动政策的制定

社会劳动与经济社会发展和劳动者权益密切相关对后两者影响极大，需要通过国家制定政策加以引导。所谓劳动政策，是指政府在不同时期所确定的有关劳动工作方面的政策，包括各项方针、原则和指导思想等。劳动政策是劳动立法的重要依据。

劳动政策的制定要有针对性和目标性，并严格遵守可行性原则和动态原则，这样才能实现预期目标，使社会劳动领域得到稳定、健康的发展，并促进社会、经济的协调发展，使劳动者权益得到必要的保障。

## 二、中国劳动政策

### （一）劳动就业政策

20 世纪 80 年代时期，中国为了促进重工业的发展，实行了粮食政策和城市居民补贴。国有单位提供的工作岗位是有限的，农民工改变不了自己的户口或者工作的机会。直到 1986 年，农村居民可以购买城镇户口，城镇中的外地流动人口才被允许可以获得最基本的商品。中国政府出台的相关政策限制了劳动力的转移，劳动力市场出现了分化。

20 世纪末，中国出现了一轮失业高峰，一部分国有企业富余人员面临失业问题。2002 年，我国出台了积极的就业政策；2003 年，对就业政策进行了完善，主要内容包括通过提高经济增长来拉动就业，重点解决下岗失业人员的再就业问题等。2007 年，就业促进法为全体劳动者建立了一系列促进就业的制度，形成了具有较完整性的就业工作体系。

### （二）劳动工资政策

**1. 工资保护政策**

1993 年，劳动与社会保障部发布了《企业最低工资规定》文件，并于 1994 年开始正式实施。在全国人大第八届第八次会议上通过了《中华人民共和国劳动法》，其中第四十八条规定为，国家实行最低工资政策，最低工资标准由省、自治区和直辖市人民政府规定,要报国务院备案。此后，劳动与社会保障部又发布了《关于实施最低工资保障制度的通知》。

2004 年 1 月，劳动与社会保障部颁布并开始实施《最低工资规定》，并把原来的《企业最低工资规定》废止了。其中规定，最低工资标准一般采取月最低工资标准和小时工资标准的形式，最低工资标准都有具体的测算方法，不同地区有不同的最低工资标准。

**2. 工资激励政策**

工资除包括基本工资外，还包括激励工资。激励工资也可以看成是可变工资，与业绩直接挂钩，是随着员工工作努力程度和劳动成果的变化而变化的部分，通过对员工的激励,吸引和保留住所需的人力资源。有效的工资激励政策可以增强员工的工作动力和责任心。

### （三）劳动保障政策

劳动保障监察体系成立于新中国成立时期，1994 年，在《中华人民共和国劳动法》中，专设了“监督检查”一章，对我国的劳动保障监察制度做了更明确的规定。同时还出台了与《中华人民共和国劳动法》相配套的制度，如《处理举报劳动违反行为规定》等。2004 年开始颁布实施《劳动保障监察条例》，对劳动保障监察的具体操作做出了明确的规定,完善了劳动保障监察制度。2008 年,《劳动合同法》进一步对劳动关系的调整范围、对象等做出明确的规定,同时，各个地区分别结合当地的实际情况，进一步完善具体的法规。

## 三、就业服务

### （一）就业服务的内涵

公共就业服务是指由各级劳动保障部门提供的公益性就业服务,包括职业介绍、职业指导、就业训练、社区就业岗位开发服务和其他服务内容。公共就业服务是政府提供的用以满足所有劳动者就业需要的公益性服务,以促进就业为直接目的,以实现平等的就业权利为根本宗旨。

### （二）我国就业服务的发展状况

**1. 发展历程**

最早的公共就业服务是在新中国成立初期，由劳动部门成立的劳动介绍所提供的。劳动介绍所解决了旧中国遗留的失业问题。1983 年，在沈阳，成立了国内第一家人才服务公司，提供中介服务，为各类人才的流动提供服务。1986 年，我国相继出台了《国营企业实行劳动合同制暂行规定》等劳动制度改革方面的规定，促进劳动力市场的进一步开放。同时，我国开展了一系列的劳动就业服务，主要内容包括职业介绍、就业训练、待业保险、生产自救。

1989 年，县级以上负责承担行政职能的劳动服务公司通过国家的整顿而转变为就业服务局，而街道（镇、乡）的劳动服务公司相应地也转变成地方就业服务基层组织，由此形成了我国公共就业服务的基本体系。

1994 年，《中华人民共和国劳动法》第一次要求人民政府要积极成立职业介绍机构，为就业提供相应的服务。

2004 年，在《关于加强就业服务制度化、专业化和社会化工作的通知》中，明确要求了各级政府职责包括了就业服务，政府应当提供相应的就业服务。

2008 年，人力资源和社会保障部加强对劳动力市场的管理，逐渐形成了一个统一的人力资源市场。

到目前为止，各类公共就业机构和人才服务网络基本遍及各个地区，对于政策咨询、就业信息、职业指导等方面内容，劳动者都可以免费得到。

**2. 就业服务供给的发展现状**

我国民营性质的就业服务机构的数量逐渐增多，2012 年，县级以上的就业和人才服务机构，以及各类人力资源服务企业已经达到 28 356 家。其中，有 6914 家县级以上公共就业服务机构，占人力资源服务机构总量的 24.4%；有 2939 家人才公共服务机构，占 10.4%；有 1204 家国有性质人力资源服务企业，占 4.2%；有 17 087 家民营性质人力资源服务企业，占 60.3%；剩下的 212 家是中国港澳台及外资性质的服务企业，占到了 0.7%。①

目前我国就业服务主要是由政府提供，私营机构比较少涉及，虽然我国公共和私营就业服务机构数量迅速膨胀，但是提供公共就业服务的机构数量较少。

### （三）完善我国就业服务制度的对策

**1. 优化就业服务体系**

政府应该承担基本的公共就业服务，从就业弱势群体的利益出发，加大在公共财政方面的投入，合理配置工作人员，进一步优化就业服务体系。随着经济的发展，扩大就业服务的范围和提高就业服务的标准。重点建设基层公共就业服务的平台，使服务对象获得更多的就业服务，有效提高就业服务的方便性，提高就业服务的覆盖率。

**2. 形成多元化就业服务供给体系**

在公共就业服务供给方面，除了由政府提供，还可以适当引入市场竞争机制，进一步提高就业服务质量和效率。对社会就业组织的限制可以适当放宽，充分发挥民间就业服务机构的补充作用，建立公益性与市场化相互结合的就业服务体系，促进就业服务体系的多元化发展；有效提高就业服务体系的灵活性，促进就业市场的发展。

**3. 借助信息技术手段推进就业服务均等化**

扩大就业服务信息化建设，由技术来推进就业服务体系供给的均等化，利用互联网通信的优势，以信息化发展为基础，进一步延伸就业服务网络。建设就业服务信息库，对就业服务的信息进行实时更新，尽可能实现就业服务项目网上办理，推广自助性服务，积累整合就业服务信息资源，努力建立一个开放性的就业服务信息管理系统。

# 第二节 劳动争议处理

## 一、劳动争议基本分析

### （一）劳动争议的概念

劳动争议就是劳动纠纷，是指劳动当事人之间因劳动权利与义务而发生的争议。在我国，具体指劳动者与用人单位间，在劳动法调整范围内，为了适应国家法律、法规和订立、履行、变更、终止和解除劳动合同，以及其他与劳动关系直接相联系的问题而引起的纠纷。劳动纠纷是劳动关系不协调的反映，只有妥善、合法、公正、及时处理好劳动关系，才能维护双方

① 杨晓东. 2013-05-31. 我国人力资源服务业实现大发展. 中国组织人事报.

当事人的合法权益。

### （二）劳动争议的内容

多种经济结构形式使得用工主体扩大，再加上劳动力市场的发展和城镇户籍制度的改革，就业格局呈现多元化，造成劳动关系多样性，劳动争议涉及的主体日益广泛，劳动争议内容不仅包括合同履行期间的权利义务，还包括在解除、终止劳动合同时所产生的附属义务，并且还有常见的工资报酬、社会福利待遇纠纷，以及在国有企业改革、改制中出现的特殊纠纷，劳资纠纷的内容日趋复杂。在最高人民法院法发布的《关于印发〈民事案件案由规定〉的通知》中，劳动争议被划分为劳动合同纠纷、社会保险纠纷和福利待遇纠纷三大类型，其中，劳动合同纠纷包含确认劳动关系纠纷、集体劳动合同纠纷、劳务派遣合同纠纷、非全日制用工纠纷、追索劳动报酬纠纷、经济补偿金纠纷六个细项，社会保险纠纷包含养老金纠纷、工伤保险待遇纠纷、基本医疗保险待遇纠纷、生育保险待遇纠纷、失业保险待遇纠纷五个细项。

### （三）劳动争议产生的原因

劳动争议发生的原因是多方面的，在不同的国家和经济状况下，劳动争议产生的原因也有所不同，但其根本原因是劳动关系双方的利益冲突。

全国劳动争议原因分布情况，见表 9-1。

**表 9-1　2001~2012 年全国劳动争议原因**

| 争议原因 | 2001 年 | 2002 年 | 2003 年 | 2004 年 | 2005 年 | 2006 年 | 2007 年 | 2008 年 | 2009 年 | 2010 年 | 2011 年 | 2012 年 |
|---|---|---|---|---|---|---|---|---|---|---|---|---|
| 劳动报酬 | 45 172 | 59 144 | 76 774 | 85 132 | 103 183 | 103 887 | 108 953 | 225 061 | 247 330 | 209 968 | 200 550 | 225 981 |
| 社会保险 | 31 158 | 56 558 | 76 181 | 88 119 | 97 519 | 100 342 | 97 731 | 153 598 | | | 149 944 | 159 649 |
| 变更劳动合同 | 4 254 | 3 765 | 5 494 | 4 465 | 7 567 | 3 456 | 4 695 | | | | | |
| 解除、终止劳动合同 | 2 938 | 30 940 | 40 017 | 57 021 | 68 873 | 67 868 | 80 261 | 139 702 | 43 876 | 31 915 | 118 684 | 129 108 |
| 下岗 | | 2 169 | 1 540 | 1 638 | 2 441 | 1 453 | 1 288 | | | | | |
| 其他 | 15 276 | 17 562 | 13 131 | 20 447 | 28 257 | 34 162 | 37 363 | | | | | |
| 职业培训 | 1 254 | 1 070 | 1 211 | | 1 412 | 1 310 | 1 405 | | | | | |
| 福利 | | | | | | 4 684 | 18 486 | 7 273 | | | | |

资料来源：选自 2002~2013 年《中国劳动统计年鉴》

从表 9-1 中，可以看到劳动争议主要是由劳动报酬、社会保险、劳动合同的解除及终止引发的经济补偿和经济赔偿金的支付等关于劳动者的基本劳动权益方面的因素所引起的。

**1. 劳动报酬和保险待遇的保障问题**

这主要是企业因生产经营困难，长期拖欠职工工资，造成职工生活困难而引起的。还有些则是企业经营者无故拖欠、克扣职工工资而引发劳动争议。另外，因企业不履行为职工缴纳社会保障费的义务，不及时支付职工医药费和离退休人员的养老金，部分工亡职工遗属要求提高抚恤标准，内部退养职工要求增发基本生活费等发生的福利、保险方面的劳动争议比较多。

**2. 劳动合同管理不规范，因变更、解除、终止劳动合同发生的争议较多**

有的企业随意解除或终止合同，且不按规定支付经济补偿金或生活补助费，不能妥善处理与职工的债权债务关系，也有部分用人单位存在改制不规范，不与职工协商变更劳动合同，存在强迫买断工龄等损害职工利益的现象，使职工的基本生活费没有保障，也有一些职工存在随意“跳槽”等违约行为。

**3. 劳动保护和职业培训引发的争议**

用人单位不认真履行对职工进行职业培训的义务，劳动保护的条件差，职工的劳动安全卫生得不到有效保障，也有的职工因个人原因离开单位后，不按约定承担赔偿单位为其支付的培训费的责任。

## 二、劳动争议的种类

### （一）企业个别争议与企业集体争议

企业劳动争议按照劳动者一方争议当事人的多少可以分为企业个别争议与企业集体争议两种。企业个别争议是指企业个别劳动者与企业管理者之间发生的具有独特内容的劳动争议。企业集体争议又叫企业团体争议，是指劳动者一方为规定的多数人或某一团体具有共同争议内容和争议请求与企业管理者之间发生的劳动争议。需要指出的是，企业劳动者因与企业管理者签订和履行集体合同而发生的团体劳动争议也属于集体争议的范畴。

**1. 企业个别争议的特点**

（1）劳动者一方的争议当事人人数未达到集体争议当事人人数的法定要求。比如在我国，劳动者一方的争议当事人人数仅为 1 人或 2 人。

（2）争议内容只是关于个别劳动关系、劳动问题的，而不是关于一类劳动关系、劳动问题或集体合同的。后者只能出现在集体争议当中。

（3）对于争议的处理，劳动者一方的争议当事人为 2 人时，其中一人不能作另一人代表。

**2. 企业集体争议的特点**

（1）劳动者一方的争议当事人人数必须达到法定的要求。比如在我国，法定人数是 3 人以上。当然，关于集体合同的企业集体争议，劳动者一方的争议当事人是由工会代表的。

（2）争议的内容是共同的，这并不排除参加企业集体争议的个别劳动者存在自己个别的利益，但他们提出的争议理由和要求是一样的，争议的处理以劳动者集体利益为处理标的。这在集体合同的争议中表现得更为突出。

（3）对于争议的处理，劳动者一方可由选举的代表或工会出面参加。争议处理结果，只对参与争议的劳动者有效，对未参加争议的劳动者没有法律效力。当然，关于集体合同争议处理的结果，对全体劳动者或全体工会会员都有法律效力。

### （二）企业既定权利争议和企业待定权利争议

按照争议的内容性质不同，可以将企业劳动争议具体划分为企业既定权利争议和企业待定权利争议两种。

（1）企业既定权利争议是指企业劳动关系双方主体及其代表对既定权利和义务的实现和履行产生的争议。一般来说，有关劳动法规和企业集体合同或劳动合同会就企业劳动关系双方当事人的权利和义务进行明确的规定。只要双方当事人履行既定的权利和义务，企业劳动争议尤其是企业既定权利争议就不会发生。而双方当事人不行使既定的权利或不履行既定的义务，或者双方当事人在既定的权利和义务的理解上产生分歧时，企业既定权利争议就会发生。

（2）企业待定权利争议是指企业劳动关系双方主体及其代表在确定彼此的权利和义务关系时产生的分歧和争议。企业待定权利争议一般发生在企业集体合同或劳动合同的订立或变更阶段。当企业劳动关系双方主体及其代表在订立或变更企业集体合同或劳动合同时，对彼此权利和义务关系的确定存在不同的意见，企业待定权利争议就会发生。在实践中，企业待定权利争议较多出现在集体谈判陷入僵局或失败时。

### （三）国内企业争议与涉外企业争议

企业劳动争议按照争议当事人的国籍所属不同，可以划分为国内企业争议和涉外企业争议。

（1）国内企业争议是指具有本国国籍的企业劳动者与本国企业的管理者之间的劳动争议。需要指出的是，在中国，外商投资企业中的中外合资经营企业和中外合作经营企业属于中国企业，因此，它的管理者与中国员工之间发生的劳动争议属于国内企业争议。

（2）涉外企业争议是指当事人一方或双方具有外国国籍或无国籍的企业的劳动争议。它包括本国企业管理者与外籍员工之间、外籍雇主与本国员工之间，以及外籍雇主与外籍员工之间的劳动争议。需要指出的是，无论是哪种形式的涉外企业争议，企业所在地必须是本国境内，否则不属于本国的涉外企业争议。在中国，外商投资企业中的外商独资企业是由外籍雇主独资兴办的，它与中国员工或外籍员工之间发生的劳动争议属于涉外企业争议。应当明确的是，按照国际惯例，涉外企业争议的处理适合本国的法律和处理原则。

## 三、劳动争议的范围

劳动争议的范围，视国家不同而有所区别。《中华人民共和国劳动争议调解仲裁法》规定了我国劳动争议的范围。

（1）因企业开除、除名、辞退职工和职工辞职、自动离职发生的争议。这是根据劳动关系双方当事人行为对等原则制定的。企业根据职工违纪情况或生产经营现状，有权对职工做出开除、除名、违纪辞退、正常辞退的行为；职工也可以根据企业和个人具体情况做出辞职、自动离职行为。由这些行为而引发的劳动争议，劳动争议处理机构均予受理。

（2）因执行国家有关工资、保险、福利、培训、劳动保护的规定发生的争议。

（3）因履行劳动合同发生的争议。具体内容包括因执行、变更、解除、终止劳动合同发生的劳动争议。这项规定适用于各类企业中签订劳动合同的劳动者，包括实施全员劳动合同的员工，签订了合同的临时工等。

（4）法律、法规规定应当依照本条例处理的其他劳动争议。考虑到我国劳动立法还不够完善，一些劳动争议需要而且具备纳入劳动争议处理机构受理范围的条件，但随着立法步伐的加快，一些劳动争议需要而且具备纳入劳动争议处理机构受理范围的条件时，就会在有关法律、法规中明确规定该类争议适用《中华人民共和国劳动争议调解仲裁法》。

## 四、劳动争议处理

### （一）劳动争议处理原则

《中华人民共和国劳动法》第七十八条规定，解决劳动争议，应当根据合法、公正、及时处理的原则，依法维护劳动争议当事人的合法权益。《中华人民共和国劳动争议调解仲裁法》对劳动争议处理的原则也做了相应的规定。

**1. 合法原则**

它要求解决劳动争议的机关在处理劳动争议过程中，必须以事实为依据，实事求是，认真地进行调查研究，搜集和审查证据，全面、客观地了解争议的事实和真相。在查清事实的基础上要依法做出处理。依法处理就是要求解决劳动争议的机关必须严格按照有关法律、法规的规定处理劳动争议案件。最后，还要求解决劳动争议的机关对争议双方当事人在适用法律上一律平等，一视同仁，对任何一方都不得偏袒或歧视，对任何一方都给予同样的保护，不允许任何一方享有凌驾于法律之上的特权。

**2. 公正原则**

在解决劳动争议的过程中，应对劳动争议相关事实做出公正的判断。当事人对双方的权利义务，以及争议发生、发展的过程中通过一系列手段、方法，真实地回复争议的事实过程，并据此事实作出判定。此外，要恰当地运用解决争议的法律依据。最后，公正原则应体现为赋予争议双方平等的地位。公正与平等是分不开，只有坚持公正原则，才能保障实体法的正确实施，才能使扭曲的社会关系得到恢复，也才能最终实现争议的真正有效解决。

**3. 及时原则**

要求当事人在发生劳动争议后，要及时、尽快地依照法定处理程序加以协商解决，协商不成的应及时申请调解或请求仲裁，及至起诉，不要延误期限。对解决劳动争议的部门和机构来讲，就是要求他们对于当事人申请的劳动争议，应当依法及时受理，及时审查，及时做出处理决定，及时地将处理结果告知当事人，以便及时结案。对已经生效的调解协议、仲裁裁决、法院判决，当事人应当及时执行，有关部门、机构在当事人拒不执行时，要及时对当事人进行说服、教育，必要时应当依法请求人民法院对处理决定予以强制执行，以保证劳动争议案件顺利解决。

**4. 着重调解原则**

《中华人民共和国劳动法》第八十条规定，在用人单位内，可以设立劳动争议调解委员会。第七十九条规定，劳动争议发生后，当事人可以向本单位劳动争议调解委员会申请调解；调解不成，当事人一方要求仲裁的，可以向劳动争议仲裁委员会申请仲裁。当事人一方也可以直接向劳动争议仲裁委员会申请仲裁。对仲裁裁决不服的，可以向人民法院提起诉讼。第七十七条规定，调解原则适用于仲裁和诉讼程序。调解在解决劳动争议的过程中主要体现为：①劳动争议发生以后，当事人应先向企业劳动争议调解委员会申请调解，双方当事人应当互谅互让，以和平的方式解决争议；②劳动争议仲裁委员会在处理劳动争议时，必须先进行调解，不进行调解不能进行仲裁裁决；③人民法院审理劳动争议案件也应着重调解，尽量争取调解解决争议。只有在调解不成的情况下，才能进行裁决。

### （二）劳动争议的处理程序

《中国人民共和国劳动法》第七十七条规定，用人单位与劳动者发生劳动争议，当事人可以依法申请调解、仲裁、提起诉讼，也可以协商解决。我国处理劳动争议的机构是劳动争议调解委员会、仲裁委员会和人民法院；处理的程序包括协商、调解、仲裁和诉讼。当劳动争议发生后，应先由争议双方协商；协商不成，可申请劳动争议调解委员会调解；调解不成，可申请劳动争议仲裁委员会仲裁；仲裁不成，可向人民法院提起诉讼。

**1. 劳动争议协商**

劳动争议协商，是指劳动关系双方采取自治的方法解决纠纷，由工会代表和雇主代表出面，根据双方集体协议，组成一个争议处理委员会，就工资、工时、劳动条件等工人提出争议内容，双方相互协商，达成协议，以和平手段解决争议。由于劳动争议的当事人一方为用人单位，另一方为该单位的职工，所以处理劳动争议应首先经过充分协商，以利于自愿达成协议，解决争议，消除双方隔阂，加强团结。

**2. 劳动争议调解**

劳动争议调解是指企业的调解委员会对用人单位与劳动者的纠纷，在查明事实、分清是非、明确责任的基础上，根据法律或合同约定，推动双方相互谅解、解决争议的方式。其中，劳动争议调解的机构是企业的劳动争议调解委员会，是设立在工会下面的一个机构，其性质是基层人员的调解组织，由职工代表、企业代表、工会代表三方组成，采取自愿和民主说服的原则，对企业内部的劳动争议进行调解。

**3. 劳动争议仲裁**

仲裁又称公断，是指对某一事件、某一问题发生争议的双方当事人，在争议发生前约定，或者在争议发生后协商确定，或者根据法律规定，将争议自愿地或者依法必须交由无利害关系的第三人或法律所指定的机构，依法进行调解直至按照一定程序进行判断、裁决。争议双方当事人对于生效的裁决必须执行，否则当事人可以依法申请强制执行从而使争议得以解决。

劳动争议仲裁作为一种仲裁，是指经劳动争议当事人申请，由劳动争议仲裁委员会对劳动争议当事人因劳动权利、义务等问题产生的争议进行的评价、调解和裁决，其生效裁决具有国家强制力。《中华人民共和国劳动争议调解仲裁法》第四十八条规定，劳动者对本法第四十七条规定的仲裁裁决不服的，可以自收到仲裁裁决书之日起十五日内向人民法院提起诉讼。而第五十条规定，当事人对本法第四十七条规定以外的其他劳动争议案件的仲裁裁决不服的，可以自收到仲裁裁决书之日起十五日内向人民法院提起诉讼；期满不起诉的，裁决书发生法律效力。

**4. 劳动争议诉讼**

劳动争议诉讼指劳动争议当事人不服劳动争议仲裁委员会的裁决，在规定的期限内向人民法院起诉，人民法院依照民事诉讼程序，依法对劳动争议案件进行审理的活动。此外，劳动争议的诉讼，还包括当事人一方不履行仲裁委员会已发生法律效力的裁决或调解书，另一当事人申请人民法院强制执行的活动。《中华人民共和国劳动法》第八十三条规定，劳动争议当事人对仲裁裁决不服的，可以自收到仲裁裁决书之日起十五日内向人民法院提起诉讼。一方当事人在法定期限内不起诉又不履行仲裁裁决的，另一方当事人可以申请人民法院强制执行。最高人民法院于 2012 年 12 月 31 日公布了《关于审理劳动争议案件适用法律若干问题的解释》，对劳动争议案件的受理、举证责任、仲裁效力等方面做出明确规定，同时体现了《中华人民共和国劳动法》保护劳动关系中的劳动者的立法精神，有效保障了用人单位的正当权益。

劳动争议案件诉讼时效与仲裁时效的关系是：诉讼时效是指权利人在法定期间内不行使权利，就丧失了请求法院保护民事权益的权利的法律制度；仲裁时效是指具有诉讼权利能力的当事人，必须在法定的期限内行使自己的权利，否则法律规定消灭其申请仲裁权利的一种时效制度。而在劳动争议案件中，仲裁是诉讼的必经程序。对仲裁前置的诉讼案件，根据《仲裁法》第七十四条规定："法律对仲裁时效有规定的，适用该规定。法律对仲裁时效没有规定的，适用诉讼时效的规定。"劳动法对劳动争议仲裁时效没有规定，劳动争议案件就适用该规定的行使权力的法定期间。因此，劳动争议案件的诉讼时效与仲裁时效是有联系的，劳动仲裁委员会裁定不予受理，而法院以其未超过诉讼时效受理，那么，《中华人民共和国劳动法》中对仲裁时效的规定就失去了意义。所以，劳动争议案件超过了仲裁时效即是丧失了上诉权。

**[本章小结]**

劳动政策是一种公共政策，与经济、政治等领域的政策有密切联系，在一定的意义上构成社会政策。劳动政策的制定要有针对性和目标性，并严格遵守可行原则和动态原则，这样才能实现预期目标。

劳动争议就是劳动纠纷，是指劳动关系当事人之间因劳动权利与义务而发生的争议，其内容日趋复杂。劳动争议发生的原因是多方面的，在不同的国家和不同经济状况下，劳动争议产生的原因也有所不同，但其根本原因是劳动关系双方的利益冲突。

劳动争议是当前政府高度关注和努力加以协调和解决的社会问题。本章对劳动争议的概念、产生原因和种类都进行了基本分析，对劳动争议的范围的界定和处理的原则、程序都进行了阐述。

**[重要概念]**

劳动政策　　就业服务　　劳动争议　　劳动争议调解
劳动争议仲裁　　劳动争议诉讼

**[思考题]**

1. 劳动争议产生的原因是什么？
2. 劳动争议包括哪些种类？
3. 劳动争议处理的原则和程序分别是什么？

CHAPTER 10

# 第十章　劳动社会保障

[内容摘要]

本章全面阐述了社会保障制度的基本概念和内容，社会保障制度的主要模式，我国社会保障制度的改革，以及失业保险、养老保险和医疗保险应该注意的问题。

[学习要点]

1. 社会保障制度的主要模式。
2. 我国失业保险制度的主要内容。
3. 养老保险制度的主要模式。
4. 医疗保险制度的主要模式。

# 第一节 社会保障概述

## 一、社会保障的基本概念

美国1935年的《社会保障法案》，第一次在正式的法律中用到了社会保障这一概念。随后，社会保障一词分别出现在了1941年的《大西洋宪章》和1944《费城宣言》中。

英国是西方福利国家的代表。其建立福利国家的理论与政策依据是1942年由贝弗里奇主持起草的研究报告《社会保险及相关服务》。在这份报告中，社会保障被首次赋予了普遍性原则和类别原则，被认为是代表社会进步的可理解的政策的一个组成部分，其目标被定位为消除贫困，并将其概括为国民在失业、疾病、伤害、老年，以及家庭收入锐减、生活贫困时予以生活保障。

德国作为现代社会保险制度的发源地，是最早建立社会保障制度的国家。把社会保障理解为社会公正和社会安全，是为因生病、伤残、年老等而丧失劳动能力或遭遇意外而不能参加市场竞争者及其家人提供的生活保障，其目的在于通过保障使之重新获得参与竞争的机会。德国的社会保障强调个人责任，奉行特殊性原则。

虽然我国学者在阐述社会保障的概念时有差异，但对社会保障的认识都有共性的一面，综上所述，我们可以把社会保障概述为国家依法通过国民收入再分配的方式对社会成员的基本生活提供安全保障的行为、机制和制度的总称。所包含的内容如下：①社会保障的主体是国家，需要由国家来统一组织和管理；②社会保障制度是社会的一种安全阀机制，其目的是促进社会的稳定；③社会保障是国民收入再分配的一种手段，其目的是为社会成员的基本生活权利提供安全保障，实现社会公平与公正；④社会保障制度的事实依据是国家立法和行政规定，从而体现出其强制性。

## 二、社会保障的基本内容

社会保障权是包含一系列权利内容的权利群的集合，总体来说，社会救助权、社会保险权、社会福利权、社会优抚权都是社会保障体系不可或缺的组成部分，是现代社会保障体系的四根支柱。

### （一）社会保险

社会保险是指为劳动者及其家属因丧失劳动能力、暂时失去劳动岗位或因健康原因造成损失的人口提供收入或补偿的一种社会和经济制度，社会保险的主要项目包括养老保险、医疗保险、失业保险、工伤保险、生育保险。

### （二）社会福利

社会福利指公民享有的国家、社会为提高公民的物质文化生活水平而提供的各种福利，其主体具有面向所有公民的这一广泛性特征。它偏重于提供福利设施和福利服务，囊括了社会保险、社会救助之外的其他所有社会保障内容。

### （三）社会救助

社会救助权是社会保障体系中最基本的权利，是指国家与社会面向贫困者与不幸人口组成的社会脆弱群体提供款物和扶助的一种生活保障政策，它通常被视为政府的当然责任或义务，采取的是非供款制与无偿救助的方式，目标是帮助社会脆弱群体摆脱生存危机，以维护社会秩序的稳定。社会救助一般包括城乡居民最低生活保障制度、教育救助、医疗社会救助、住房救助、灾害社会救助。

### （四）社会优抚

社会优抚是国家采取一定的制度安排，对那些对国家和社会做出过特殊贡献的军人及其亲属采取的社会抚恤、社会优待及社会安置，对其提供一定的金钱、工作机会及一定的服务等社会保障措施。在我国，社会优抚制度主要是针对军人等特殊群体采取的扶助措施，因而并不具有普遍性。

## 三、社会保障制度的主要模式

### （一）保险型社会保障制度

社会保险型模式又被称为德国模式，这种社会保障法律制度是建立在社会保险基础之上的，权利人享有社会保障待遇的高低与其缴纳的社会保险费用挂钩。

### （二）福利型社会保障制度

福利国家模式又称为英国模式，是从英国发展而来的高福利模式的社会保障模式。英国社会保障体系以高福利为特征，社会保障覆盖到“从摇篮到坟墓”的个人生活的方方面面，包括医疗、教育、失业、养老、生育等，福利给付包括各种津贴、补贴、保险金、养老金、抚恤金等。

### （三）强制储蓄模式下的社会保障制度

新加坡模式又被称为是强制储蓄模式，是以个人强制储蓄为特点的社会保障方式。新加坡模式与其他模式相比有着明显不同，即完全依靠个人与企业自己解决，国家不提供任何资助，且每个人的个人账户是独立的，个人与个人之间也不存在相互帮助的互济功能。新加坡的社会保障体系涵盖内容广泛，包括了养老、医疗、住房、教育等方面。

虽然上述几种社会保障模式都有各自的特点，但是它们都有一些相似点。

（1）普遍性。社会保障制度的覆盖群体一般都是由特殊群体到一般群体演化。贝弗里奇的《社会保险及相关服务》，就体现了普遍性这一点，覆盖群体为全体国民。而德国和新加坡的社会保障模式的覆盖群体也是扩展到了全体国民。

（2）平等性。这包括了两方面的平等性，分别是绝对平等和相对平等。绝对平等要求只要满足条件的人，都可以享受到相同的福利和需要履行相同的义务，不能因为身份等特殊而不同。而相对平等是要求，如果面向的是社会弱势群体，应该照顾他们，达到实质平等的效果。

（3）共同承担性。以上三种社会保障制度，费用都是由国家、社会组织与个人共同缴纳的，虽然国家、社会组织和个人缴纳的比例不相同，但都在其中起了一定的作用。

## 四、我国的社会保障制度的改革

我国社会保障制度的改革体现在我国的社会保障立法上。2010 年的《中华人民共和国社会保险法》，规定基本养老保险、基本医疗保险、生育保险等都需要由国家来负责，保障公民的基本权利。

（1）养老保险方面的法律法规分别有 1991 年的《国务院关于企业职工养老保险制度改革的决定》，1995 年的《国务院关于深化企业职工养老保险制度改革的通知》，1997 年的《国务院关于建立统一的企业职工养老保险制度的决定》《国务院关于实行企业职工基本养老保险省级统筹和行业统筹移交地方管理有关问题的通知》。

（2）医疗保险方面的法律法规分别有 1994 年的《关于职工医疗制度改革的试点意见》、1996 年的《关于职工医疗保障制度改革扩大试点的意见》、1998 年的《关于建立城镇职工基本医疗保险制度的决定》。

（3）失业保险方面的法律法规分别有 1986 年的《国营企业职工待业保险暂行规定》，1993 年的《国有企业职工待业保险规定》，1999 年的《失业保险条例》。

（4）工伤保险方面的法律法规分别有 1987 年的《职业病范围和职业病患者处理办法的规定》、1996 年的《企业职工工伤保险试行办法》、2004 年的《工伤保险条例》。

（5）生育保险方面的法律法规分别有 1988 年的《女职工劳动保护规定》、1994 年的《企业职工生育保险试行办法》。

从这些社会保障立法中我们看到，社会保障体系对社会福利、救济等方面的关注比较少，并没有相关的法律政策。这说明了政府管理领域中比较少涉及这方面，国家在社会保障制度方面的建设工作仍有待提高。

# 第二节 失 业 保 险

## 一、失业保险及其特点

### （一）失业保险的概念

失业保险是根据政府法令举办的，以失业保险为给付条件，由国家按劳动法规定在一定期限内对失业者发放失业救济金的社会保险制度。多数国家强制实施。领取失业救济金的条件，一般规定必须是非自愿性失业，通常要求失业者在失业前缴纳一定期限的保险费或达到受保的工龄，并且必须具备劳动能力，已在职业介绍所登记的要求就业者。

失业保险待遇主要包括：失业保险金，领取失业保险金期间的医疗补助金，领取失业保险金期间死亡的失业人员的丧葬补助金及其供养的配偶、直系亲属的抚恤金。另外，失业人员在领取失业保险金期间接受职业培训、职业介绍的，可以给予补贴。

### （二）失业保险的特点

失业保险具有以下几个主要特点。

**1. 普遍性**

它主要是为了保障有工资收入的劳动者失业后的基本生活而建立的，其覆盖范围包括劳动力队伍中的大部分成员。

**2. 强制性**

强制性是通过国家制定法律、法规来强制实施的。按照规定，在失业保险制度覆盖范围内的单位及其职工必须参加失业保险并履行缴费义务。根据有关规定，不履行缴费义务的单位和个人都应当承担相应的法律责任。

**3. 互济性**

失业保险基金主要来源于社会筹集，由单位、个人和国家三方共同负担，缴费比例、缴费方式相对稳定，筹集的失业保险费，不分来源渠道，不分缴费单位的性质，全部并入失业保险基金，在统筹地区内统一调度使用以发挥互济功能。

## 二、我国失业保险制度的主要内容

### （一）失业保险的对象

《失业保险条例》第二条规定，城镇企业事业单位、城镇企业事业单位职工依照本条例的规定，缴纳失业保险费。城镇企业事业单位失业人员依照本条例的规定,享受失业保险待遇。本条所称城镇企业，是指国有企业、城镇集体企业、外商投资企业、城镇私营企业及其他城镇企业。同时《失业保险条例》授权省级政府可以将统一的失业保险制度扩大到社会团体及其专职人员、民办非企业单位及其职工和城镇有雇工的个体工商户及其雇工。

### （二）失业保险基金的来源

失业保险基金来源于失业保险费、失业保险基金的利息、财政补贴及依法纳入失业保险基金的其他资金。失业保险费，包括单位缴纳和个人缴纳两部分，这是失业保险基金的主要来源。基金的利息是指用基金购买国家债券或存入银行所得的利息收入。财政补贴，是政府负担的一部分。依法纳入失业保险基金的其他资金主要指滞纳金。滞纳金收入是指因企事业单位、个人拖欠失业保险费而按规定收取的费用。

### （三）失业保险待遇

失业保险待遇，由按月领取的失业保险金、医疗补助金、丧葬补助金和抚恤金、职业培训和职业介绍补贴等构成。失业保险待遇的标准按照各省、自治区、直辖市人民政府的有关规定执行。经办机构根据失业人员累计缴费时间核定其领取失业保险金的期限。失业人员在领取失业保险金期间求职时，可以按规定享受就业服务减免费用等优惠政策。失业人员在领取失业保险金期间重新就业、 应征服兵役、移居境外、享受基本养老保险待遇、被判刑收监执行或者被劳动教养的、无正当理由，拒不接受当地人民政府指定的部门或者机构介绍的工作的，有法律、行政法规规定的其他情形的，应当停止领取失业保险金，并同时停止享受其他失业保险待遇。

### （四）申请失业保险金应具备的条件

《失业保险条例》第十四条规定，具备下列条件的失业人员，可以领取失业保险金。

（1）按照规定参加失业保险，所在单位和本人已按照规定履行缴费义务满 1 年的。

（2）非因本人意愿中断就业的。

（3）已办理失业登记，并有求职要求的。

《失业保险金申领发放办法》对哪些情形属于非因本人意愿中断就业做了规定，主要包括：终止劳动合同的，被用人单位解除劳动合同的，被用人单位开除、除名和辞退的，用人单位违法或违反劳动合同导致职工辞职。出现上述情形造成职工失业的，职工有权申请失业保险金。

### （五）目前我国失业保险的局限

**1. 失业保险覆盖面仍然比较窄**

失业保险覆盖面仍然比较窄，它面向的只是一些城镇企业的正式员工，并没有面向那些灵活就业人员、临时工等群体。另一方面，由于劳动力市场的供需变化，很多大学生毕业时候就面临了失业问题，他们期望能获得失业保险的保障权利，但是由于他们没有缴费，无法得到这一保障。所以，迄今为止，失业保险面向的对象仍没有包含急需失业保险的高危群体。

**2. 失业保险的再就业功能和预防失业功能薄弱**

失业保险的再就业功能的发展还是不够完善，在失业保险的基金中，用于再就业的资金比较缺乏，具体的数量多少也没有明确的规定。同时，预防失业功能不强，既无预防失业的专项基金，也没有相关的预防性政策来加以保障。2008 年的金融海啸造成了大量企业破产，正是因为我国的预防失业政策措施缺乏，所以大量从业人员失业，说明预防失业十分重要，只有加强失业保险这一方面的功能，才能有效去化解失业危害。

## 三、中国失业保险制度

1986 年 7 月,国务院颁布并实施《国营企业职工待业保险暂行规定》，标志着我国的失业保险制度初步建立。该规定为初始期的失业保险构建了制度框架，并对构成该制度的一些最基本内容做出了原则规定。它将失业保险的覆盖范围限定为“四种人”，并确定以基金制方式筹集保险费，规定企业按全部职工标准工资总额 1%缴纳保险费。将保险待遇定义为“待业救济金”，同时规定了领取救济金的资格条件和待遇水平。这是一种覆盖范围仅限于国营企业且保障层次很低的失业救济制度，失业者个人并不承担缴费义务，而享受的待业救济金也仅仅为了解决失业者最基本的生活困难。

1993 年，对《国营企业职工待业保险暂行规定》中存在的问题，如实施范围窄、保障水平低等问题，国务院颁布了《国有企业职工待业保险规定》。这虽然对原有制度进行了改革，但并没从根本上改变制度的框架。

1994 年，国家实施再就业工程，突出失业保险基金促进再就业的作用。

1999 年 1 月，国务院发布《失业保险条例》，这是我国失业保险发展史上一个具有标志性意义的重大事件，从此我国失业保险制度进入了新的发展时期。

2000 年 10 月,劳动和社会保障部颁布的《失业保险金申领发放办法》，对失业保险金申领条件、发放标准、领取期限等问题都有具体的说明，失业保险制度得到了进一步的发展。

2006 年 1 月，劳动和社会保障部颁布的《关于适当扩大失业保险基金支出范围试点有关问题的通知》，起到了更好地实施失业保险制度促进再就业的作用。

# 第三节 养老保险

## 一、养老保险的含义及特点

### （一）养老保险的含义

养老保险是国家通过立法对劳动者因达到规定年龄，按国家规定解除劳动义务后，给他们提供一定的物质帮助以维持其基本生活水平的一种社会保险制度。享受养老保险待遇的同时要解除劳动义务。为使社会劳动力不断更新，保证社会生产的正常发展，劳动者达到退休年龄后，无论其实际劳动能力是否丧失，都应按时退休，这是他们享有养老保险待遇的前提。

### （二）基本养老保险的覆盖范围

养老保险的覆盖范围应当包括国有企业、城镇集体企业、外商投资企业、城镇私营企业和其他城镇企业的职工，实行企业化管理的事业单位及其职工。各省、自治区、直辖市人民政府根据当地实际情况，可以规定将城镇个体工商户纳入基本养老保险的范围。

### （三）养老保险的特点

**1. 养老保险具有积累性**

退休前都属于缴费期，一直到退休为止。社会保险机构发给退休者的养老金实际上是劳动者平时缴费的长期累加、企业缴费的长期积累及政府的补贴。养老保险的这种积累性是其他社会保险项目所不具备的，但与人寿保险却有相似之处。

**2. 养老保险是一种最普遍、最重要的社会保险险种**

几乎所有实行社会保险的国家都设置了养老保险，许多国家都把发展养老保险作为建立社会保险制度的重要突破口。因此，养老保险是社会保险子系统中最重要的项目，也是整个社会保障制度中最为重要的项目之一。

**3. 养老保险保障的是全体劳动者**

社会保险是补偿劳动者因劳动危险事故所造成的收入损失，养老保险则可以说是个例外。因年老退休是每个劳动者都无法回避的事实。这一点明显区别于其他保险项目。

**4. 养老保险待遇水平相对较高**

尽管每个国家的养老保险制度所规定的退休待遇不一致，而且在一个国家中，不同劳动者的退休待遇也有差别，但从总体上说，养老保险待遇水平同其他社会保险相比较高。它有时不仅要求补偿基本生活需要，而且还可能维持较高的生活水平。

**5. 养老保险的开支大，负担重**

养老保险开支是社会保险总开支的主体，特别是在人口老龄化高峰期，比重逐渐增大。为了合理分担养老保险的开支，多数国家采取国家、企业（或雇主）、劳动者个人三方负担养老保险费用的形式，其中企业（或雇主）往往承担大部分，国家财政给予一定的补贴，个人在不影响其生活水平的条件下也承担一定的比例。

## 二、养老保险制度的主要模式

养老保险法律制度起始于 1669 年法国颁布的《年金法典》，但是因为法典的实施范围比较狭窄，所以没有推广。而世界上第一部现代意义上的养老保险法律制度，是 1889 年德国颁布的《养老保险法》。每个国家由于政治、经济和文化的不同，所以社会保障制度的发展程度也不相同。养老保险制度主要可以分为以下三种。

### （一）投保自助型模式

投保自助型模式又称为传统型养老保险制度，起源于德国，后来该模式为美国等国家所采纳。投保自助型模式的主要特点是由国家通过立法的方式来强制实施。保险金主要由雇主、个人和政府共同缴纳。

投保自助模式可以分为三个层次，第一层是普遍养老保险，即指社会成员只要在法定年龄向社会保险机构缴纳保险费，就可以享受到养老保险。第二层是雇员养老保险，它的面向群体只有企业雇员。第三层是企业补充养老保险，有利于在进行首次国民收入分配后，国家、企业及职工个人之间利益的流动。该模式的优点是能够起到让企业帮助国家分散养老保险责任的作用，适应社会上的人口老龄化发展，缓解相应压力。同时，增强了企业的凝聚力和吸引力，促进了社会效率的提高。而缺点是缴付保费的类别（包括普遍养老金、员工退休金和附加年金）比较复杂，操作起来有一定的难度。

### （二）强制储蓄型模式

强制储蓄模式在亚非拉等发展中国家较为流行，主要有智利模式。智利是西半球第一个建立社会保障制度的国家，它于 1925 年建立起社会保障制度。智利的私人部门改革是由一群经济学家设计的，由劳动和社会保障部的部长 Jose Pinera 牵头。他们开发出一套全新的体系——个人拥有、私人投资的退休账户体系。新的计划于 1981 年 5 月 1 日开始生效，确定待遇的公共体系被强制性、完全积累的确定缴费个人账户体系所取代，这些个人账户完全由竞争性的私人养老金基金公司管理。

智利模式得到了世界银行的嘉许，它也成为很多国家在养老金改革讨论中被考虑的主要选择。

### （三）国家统筹型模式

该模式分为福利型和国家保障型两种。福利型养老保险模式发源于英国，被澳大利亚、加拿大及北欧等国家所应用。该模式面向对象具有广泛性，为全体社会成员，费用主要靠政府税收和企业缴纳，不需要个人来缴纳。特点是“现收现付”制度，养老金的多少决定于支付的多少。而这种模式的缺点是会加大国家的财政负担，从而需要通过提高企业和个人的税收来达到减少国家财政负担的目的，这样无疑会降低劳动者的工作积极性，市场效率大大降低，最后导致经济增长比较慢。

国家保障型养老保险模式起源于苏联，该模式以列宁的国家保险理论为理论基础，随后被朝鲜、东欧国家及改革开放之前的中国所应用。该模式费用也是由国家来负责，需要个人缴费，劳动者退休后就可以领取到保险金，国家采用标准一致，但该模式面向群体并不是全体公民，而只是局限于劳动者。这样子无疑会降低公平性，降低社会效率。

## 三、中国养老保险制度

### （一）我国养老保险制度的发展

1991 年发布的《关于城镇企业职工的养老保险制度改革决定》，标志着我国养老保险实行社会统筹的开始，并在此后经历了一个扩大养老保险覆盖面和增加养老保险金来源的过程。其规定养老保险实行社会统筹，费用由国家、企业和职工三方承担，国家征税，企业和个人按月缴纳，工人缴费比例不超过本人工资总额的 3%，统筹由市县起步，向省级过渡，最后实现全国统筹。企业补充养老保险费用可以从企业自有资金中的福利基金或利润中提取，基本退休金由基础性退休金和缴费性退休金组成，建立退休金与经济发展、物价增长相联系的调整机制。

1995 年国务院《关于深化企业职工养老保险改革的通知》确定了基本养老实行社会统筹与个人账户相结合的模式，强调建立多层次社会保障体系的必要性。但随后各地的改革试点工作五花八门，限制了职工的跨地区流动。

1997 年的《关于建立统一的企业职工养老保险制度的决定》，进一步明确了基本养老保险制度的统一模式。对统账结合的规模、结构和养老金计发办法进行明确的界定。

1998 年，国务院发布了《关于实行企业职工养老保险省级统筹和行业统筹移交地方管理有关问题的通知》，决定 1998 年 8 月完成 11 个行业统筹移交地方工作，12 月底，全国范围内实行省级统筹。实行省级省筹，是养老保险改革的重要目标之一，对提高决策和管理水平、提高基金抗风险能力、推动社会保障事业发展至关重要。

2010 年，第十一届全国人大常委会第十七次会议上通过了《中华人民共和国社会保险法》，于 2011 年开始实施。该法律为以后法律的制定提供了参考，具有重要意义。

2011 年，国务院颁布了《关于展开城镇居民社会养老保险试点的指导意见》，在该法中确立了城镇居民养老保险制度，并规定了是由个人、政府与基本养老保险互相结合。截止到 2012 年，我国实现了全面覆盖的城镇居民养老保险制度。

2014 年，国务院常务会议规定，把城镇居民养老保险制度和新型农村社会养老保险进行合并，要在资金筹集、待遇等方面做到基本一致。2014 年 2 月，又发布了《城乡养老保险制度衔接暂行办法》，规定只要满足城镇和城乡中的一个条件，养老保险就可以自由转换，而且个人账户中储存额会自动累加。

### （二）我国现行养老保险制度

我国城乡养老保险制度不同，所以我国现行的城乡人群的养老保险制度有差异。其中，城镇职工基本养老保险是国家强制性社会保险，采用的模式是社会统筹与个人账户相结合，保险基金主要来源于用人单位和个人缴费，以及政府补贴。各省（自治区、直辖市）按照国家出台的统一的政策文件来执行。而对于机关事业单位养老保险，仍在改革推进之中，各个地方在缴费多少、给付水平等方面都有所不同。城镇居民社会养老保险采用的模式也是社会统筹与个人账户相结合，但大部分地区是用固定档次的方式来缴费。

另外，城镇职工的补充养老保险以自愿为原则，企业和个人选择缴费比例进行缴费，费用是以完全积累的形式全部纳入个人账户中。对于农民工养老保险，现行阶段，各个地方的解决模式有所不同。对于与企业签订了劳动合同关系的农民，大多数地区会把他们纳入城镇职工养老保险的范畴中去。

我国现行养老保险体系如图 10-1 所示。

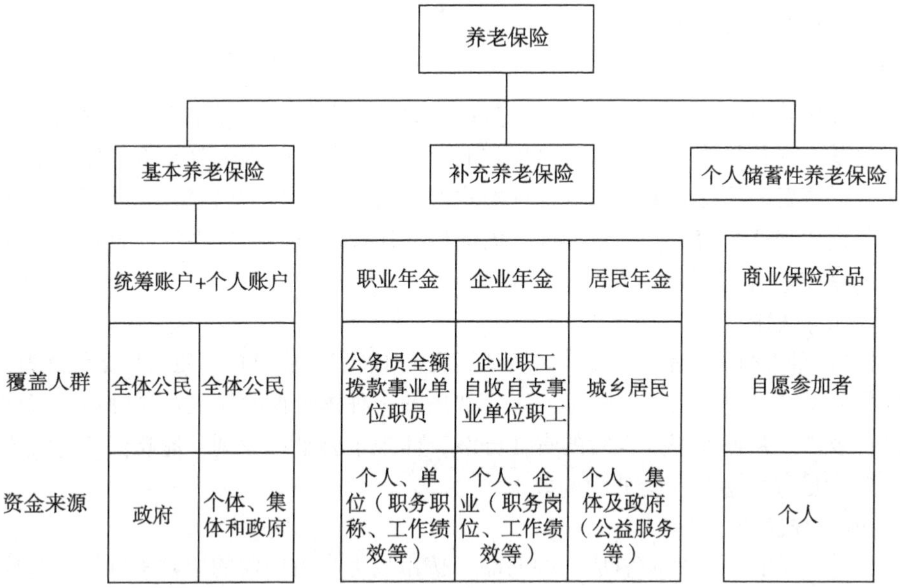


图 10-1　养老保险体系的组成

# 第四节　医 疗 保 险

## 一、医疗保险的概念及内容

### （一）医疗保险的概念

医疗保险是指社会劳动者因为疾病、受伤等原因需要诊断、检查和治疗，由国家和社会为其提供必要的医疗服务和物质服务的一种社会保险制度。

### （二）医疗保险的内容

医疗保险所保障的范围是：一般疾病、患病和伤残，其中疾病或患病是劳动者自身所致，并非职业病。伤残是指非工伤致残丧失劳动能力，其发病、致残原因与劳动无直接关系。保障对象为一般劳动者，也有的包括家属。给付条件为劳动者因疾病丧失劳动能力，失去收入。给付方式为现金给付，也可以是医疗给付。

疾病或非工伤残系劳动者自身原因所致，与其工作或社会经济因素没有必然联系，因而，实行医疗保险所需要的经费主要来源于被保险人和雇主，政府一般只提供少量的补助或不提供补助。但不同的国家，雇主、被保险人和政府三方各自负担的保险费比例通常是不同的。

实行医疗保险可以使劳动者弥补收入损失、恢复劳动能力、重返生产和工作岗位，从而有利于保障劳动者及其家属的生活稳定，有利于提高国民健康水平，有利于维持劳动力的再生产，有利于经济发展和社会进步。

## 二、医疗保险主要模式

### （一）主要医疗保险模式

#### 1. 国家医疗保险

国家医疗保险也称政府医疗保险，是指政府直接举办的医疗保险事业，通过税收形式筹集医疗保险基金，并采用国家财政预算拨款的形式将医疗保险资金分配给医疗机构，向国民提供免费或低收费的医疗服务。采取这种模式的主要是西方福利国家，如英国、瑞典、加拿大等。这种模式强调政府责任的重要性，面向群体比较广泛，体现平等性原则，确保每个公民都可以享受到应有的医疗服务。

#### 2. 社会医疗保险

社会医疗保险是国家通过立法形式强制实施，由雇主和雇员按一定比例缴纳医疗保险费，建立医疗保险基金，用以支付被保险人医疗费用的一种医疗保险制度。这种模式以法律的形式来强制性要求，从而使医疗保险的责任分散，体现了公平性原则，能够保障绝大多数居民的健康权利，更好地达到社会分配的效果。

#### 3. 商业医疗保险

商业医疗保险把医疗保险看成一种商品，按市场上自由经营的原则来进行。政府财政对保险费实施不出资不补贴原则，资金主要是靠参保者个人及其雇主来缴纳。该模式不面向全体公民，不具有广泛的社会性。

#### 4. 储蓄医疗保险

储蓄医疗保险是依据法律规定，强制性地以家庭为单位建立医疗储蓄基金，并逐步积累，用以支付日后患病所需的医疗费用。这种医疗保险模式源于新加坡，目前只有少数国家采用这种模式。这种医疗保险模式以个人负担为基础，政府分担部分费用，强调个人通过积累支付部分医疗费。享受的医疗服务水平越高，付费也越多，这样可避免过度利用医疗服务行为的发生，减少浪费。这一模式要求每个有收入的国民都要为其终生医疗需求而储蓄，以解决自身的医疗保险费用，从而避免上一代人的医疗保健费用转移到下一代人身上。

### （二）英国、德国、美国、新加坡各国医疗保险制度分析

#### 1. 英国政府实施的国民卫生服务体系覆盖了医疗保障的各个方面

1946 年颁布的《国民卫生服务法》规定，无论劳动者还是非劳动者，无论个人支付能力大小，都可以同样得到免费的全方位医疗服务。国民卫生服务体系内部，分为提供方与购买方。提供方包括医院和部分医院联合托管组织和制药公司（私有），购买方包括卫生行政当局（即医疗保险机构）和部分全科医生，两者分别掌握总经费的 70%和 30%。卫生行政当局作为居民健康利益的代表，制定医疗服务的范围、内容、标准及费用水平等，并与购买方签订年度购买计划。全科医生则身兼两职：在初级卫生保健服务系统中，作为服务的提供者，在转诊系统中又作为购买者，代表病人向高层次医院购买专科医疗服务。被保险人可以享受近

乎免费的医疗服务和药品。英国也有补充性的商业医疗保险，它们规模不大，在整个医疗保障体系中只起很小的补充作用。

**2. 德国的医疗保障制度由社会医疗保险和商业医疗保险两个种类构成**

其中社会医疗保险强制实施，其保险对象包括收入在一定限额以下的所有在职人口，以及退休人口、失业者、农民等，包括投保者家属。该制度由三方供款，并实行自治，其医疗保险机构及其联合会、医疗保险签约医生及其联合会，以及州医院协会均为自治机构。医疗保险机构与医疗机构之间是相互合作的伙伴关系。投保人可自由选择医疗保险机构和医疗服务机构，并且实行医药分业经营。病人享受医疗服务，也需自付一定比例费用。社会医疗保险制度覆盖了 90%以上的人口，再加上商业医疗保险制度，全国共有 99.5%的人口享有医疗保障。

**3. 美国的医疗保障制度模式是商业医疗型和社会保险型**

其中社会医疗保险分为住院保险和补充医疗保险两部分，分别采取强制实施和自愿实施的不同原则，对 65 岁以上老年人及残疾人等特殊人群实行保护。这两项计划的资金来源于各方的社会保险供款、政府补贴及基金投资收益等，一般由政府委托私营保险人具体实施。私营保险人则负责接受费用单据并向政府保险机构索偿。此外，美国政府还由政府出资实施医疗救助。商业医疗保险业则可分为非营利性医疗保险组织和私营健康保险公司两大类。

**4. 新加坡的医疗保险制度可以分为强制医疗储蓄、社会医疗保险、社会医疗救助三个部分，各部分均由政府机构管理实施**

第一部分是保健储蓄计划，是强制性中央公积金制度的组成部分。该制度覆盖所有在职人口，雇主、雇员双方按照工资的一定比例供款建立保健储蓄基金，用于支付投保人及其家庭成员的住院及部分门诊费用。第二部分是健保双全计划和增值健保双全计划。这两个计划旨在帮助解决参保者大病或慢性病的医疗费用。它们属于社会保险性质，但采用自愿参加原则。健保双全计划按照起付线和共付比例制，对投保者住院及部分门诊费用给予补偿。第三部分保健基金计划，由政府出资设立基金，对无力支付医疗费的穷人给予医疗补助。在新加坡，病人门诊医疗需自付 50%的现金，其余由政府补贴。病人住院费用根据病房等级不同，分别享有不同比例的政府补贴。补贴后剩余费用，病人可用保健基金或现金支付。

## 三、我国医疗社会保险制度

### （一）我国医疗保险制度的发展

目前我国医疗保险制度分为城镇与农村医疗保险制度两种，城镇医疗保障制度主要包括公费医疗保险、劳动医疗保险制度及后来的城镇职工基本医疗保险制度。而农村的医疗保险制度主要包括农村合作医疗保险制度和新型农村合作医疗保险制度。

**1. 劳动医疗保险制度**

劳动医疗保险制度俗称劳保医疗制度，它是劳动保险制度的重要组成部分。1951 年 2 月，政务院颁布了新中国历史上最早的社会保障法——《中华人民共和国劳动保险条例》，随着社会发展的需要，先后在 1953 年和 1994 年，劳动部和第八届全国人民代表大会常务委员会根据实际的需要对该条例进行了进一步明确的规定与完善。

**2. 公费医疗保险**

1952 年，政务院颁布了《关于全国各级人民政府、党派、团体及所属事业单位的国家工作人员实行公费医疗预防措施的指示》，据此全国各地开始实施国家干部公费医疗制度。经过对《中华人民共和国劳动保险条例》和该指示的完善，至 1956 年，劳动保险和公费医疗制度已基本建立。1989 年 8 月，卫生部、财政部颁布《公费医疗管理办法》，补充和规范了公费医疗的内容，同时废止与这个办法相抵触的其他规定。

**3. 城镇职工基本医疗保险制度**

在 1992 年之前，以医疗费用控制为中心，对劳保医疗、公费医疗制度进行完善，并未触及制度本身。1992~1998 年，逐步开始对医疗保险制度改革进行试点，为城镇职工基本医疗保险制度的建立做准备。1998 年以来，以《关于建立城镇职工医疗保险制度的决定》为标志，开始对医疗保险制度进行全面改革，建立了城镇职工基本医疗保险制度。1999 年年初，开始在全国范围内进行开展且参加城镇职工基本医疗保险的人数在逐年递增。

从图 10-2 中可以看出，截止到 2014 年，全国城镇就业约有 39 310 万人，而参保人数高达 31 451 万人。城镇职工医疗保险经过改革后，覆盖面有所扩大，从而提高了参保的比例，获得了一定的成果。

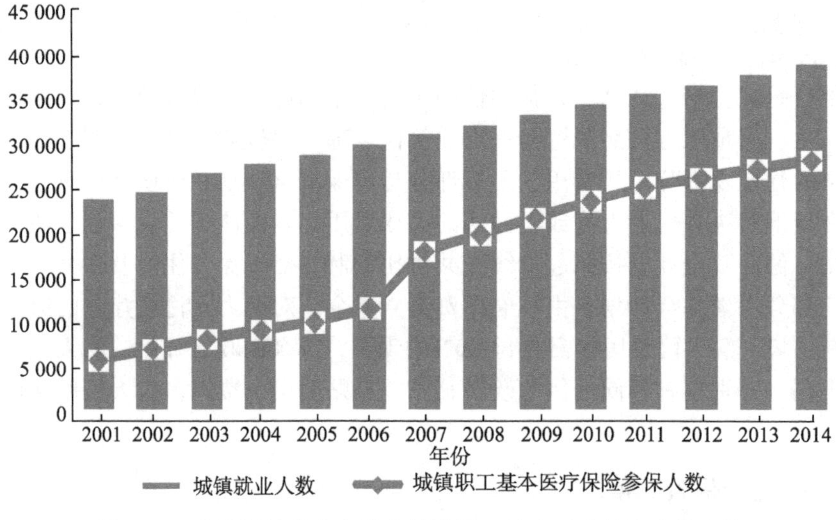


图 10-2　我国城镇就业人数和城镇职工基本医疗保险参保人数

资料来源：人力资源和社会保障部，《人力资源和社会保障事业发展统计公报》（2001~2014 年）

**4. 农村合作医疗**

农村合作医疗，是中国农村社会通过集体和个人集资，为农村居民提供低费的医疗保健服务的一种互助互济制度，是在各级政府支持下，按照参加者互助共济的原则组织起来，为农村社区人群提供基本医疗卫生保健服务的医疗保障制度。

**5. 新型农村合作医疗保险制度**

新型农村合作医疗制度，是相对于之前的农村合作医疗制度，为适应经济的发展而加入了创新因素。该制度由政府组织并加以引导和支持，农民自愿参加，采取个人、集体和政府多方筹资的方式，以大病统筹为主的农民医疗互助共济制度。新型农村合作医疗是从 2003 年开始启动，经过近几年的发展，到 2010 年，农村居民新型农村合作医疗制度在全国基本上实现了全覆盖。

（二）我国现行医疗保险制度的基本内容

1998 年《关于建立城镇职工医疗保险制度的决定》指出，基本医疗保险基金实行个人账户和社会统筹相结合的模式，基本医疗保险基金由统筹基金和个人账户构成。职工个人缴纳的基本医疗保险费全部计入个人账户。用人单位缴纳的基本医疗保险费分为两部分，一部分用于建立统筹基金，另一部分划入个人账户，具体比例由统筹地区根据个人账户支付的范围和劳动者年龄等因素确定。统筹基金和个人账户要划定各自的支付范围，分别核算，不得互相挤占。要确定统筹基金的起付标准和最高支付限额。起付标准以下的医疗费用，从个人账户中支付或由个人自付。起付标准以上、最高支付限额以下的医疗费用，都要从统筹基金中支付，个人也要负担一定比例。超过最高支付限额的医疗费用，可以通过商业医疗的途径解决。统筹基金的具体起付标准和最高支付限额，以及在起付标准以上和最高支付限额以下医疗费用的个人负担比例，由统筹地区“以收定支，收支平衡”的原则确定。

（三）我国医疗保险改革应注意的问题

**1. 保证医保制度的公益性**

只有保证医保制度的公益性，才能够做到真正惠民，体现公平性和正义性。医保制度的公益性可以通过提高覆盖率来实现。我国现行的医保制度是城镇医疗保险和新型农村合作医疗保险相结合，要大力推广，争取做到全面铺开。

**2. 服务效率与质量的提高**

要提高医疗服务的效率与质量，就要加强医疗信息管理的标准化、信息化和现代化的建设。我国现行的医疗保险技术管理水平处于比较低的阶段，计算机软件都是比较基础的，并没有涉及很多核心技术。因此，加强科技方面的建设，促使医疗保险信息系统走向现代化十分重要。

**3. 加大医疗机构的发展**

目前，我国仍存在“看病难，看病贵”的现象，只有加大医疗机构的供给，才能满足医疗的需求。可以通过丰富办医模式，鼓励并支持更多的民营医院或者社区医院的发展加快医疗机构的发展，使公民看病难的问题有所解决。

**[本章小结]**

社会保障的基本内容，从各国的理论知识和实践经验上来看，是一个不断发展和完善的过程。总体来说，社会保险、社会福利、社会救助和社会优抚显然是社会保障体系不可或缺的组成部分，是现代社会保障体系的四根支柱。

失业保险是指根据政府法令举办的，以失业为给付条件，由国家按劳动法规定在一定期限内对失业者发放失业救济金的社会保险制度，多数国家强制实施。

养老保险是指国家通过立法对劳动者因达到规定的年龄，按国家规定解除劳动义务后，给他们提供一定的物质帮助以维持其基本生活水平的一种社会保险制度。

医疗保险是指社会劳动者因为疾病、受伤等原因需要诊断、检查和治疗，由国家和社会为其提供必要的医疗服务和物质帮助的一种社会保险制度。

**[重要概念]**

社会保障　社会保险　社会福利　社会救助　社会优抚　失业保险　养老保险　医疗保险　失业保险待遇

**[思考题]**

1. 社会保障体系的基本内容是什么？
2. 社会保障制度的模式有哪些？
3. 简述社会保障制度的作用。
4. 失业保险具有哪些主要特点？
5. 简述我国失业保险制度的主要内容。
6. 论述我国失业保险制度的发展历程。
7. 基本养老保险覆盖的范围是指什么？
8. 养老保险的模式有哪些？
9. 论述我国养老保险制度的发展及如何进行改革。
10. 简述世界上主要的医疗保险模式。

CHAPTER 11

# 第十一章　特殊劳动群体问题

[内容摘要]

本章重点阐述了特殊劳动群体的概念和分类，包括妇女群体、残疾人群体、未成年人群体、老年群体和外来移民群体。结合我国国情，解释了不同群体在就业问题上遭遇的困境及其背后的根本原因。最后介绍了我国针对不同特殊劳动群体提出的就业方针和政策。

[学习要点]

1. 特殊劳动群体的概念及分类。
2. 女性就业的现状和影响因素。
3. 现代文明社会残疾人观的主要内容。
4. 雇佣童工和未成年工的深层次原因。
5. 中老年劳动者的再就业问题。
6. 劳动力移民的成本要素。

# 第一节　特殊劳动群体

## 一、特殊劳动群体的概念

特殊劳动群体是指由于年龄、生理结构、技能结构等方面的特点，在社会劳动过程中，遇到了特殊的社会问题并因此而形成了独特行为规律的群体。

## 二、特殊劳动群体的分类

### （一）女性劳动群体

劳动力市场对女性的歧视使女性更多地集中在低工资、非正式及机动劳动的队伍之中。但是随着女性受教育水平的不断提高和女权意识的增强，女性越来越多地进入到有偿劳动队伍。即使在日本这样一个传统的“男性中心主义”社会中，女性就业人数也在日益增加。据日本总务省调查结果显示，日本15~64岁女性劳动力就业率在2013年达63.0%，创同期最高记录。中国作为世界上人口最多的发展中国家，女性的高就业率在全球也是位居前列的。全球知名咨询公司贝恩资本在2014年发布的关于中国职场两性平等的报告显示，中国女性就业率高达73%，领先于许多发达国家（澳大利亚为66%、英国为67%、美国为62%），是全世界女性就业率最高的国家之一。但是，中国女性就业同时存在着就业率高、失业率也高、高层次就业率低等性别歧视与变相的性别歧视现象。例如，与男性劳动力相比，企业各个级别的女性管理者人数显著少于男性，仅为男性的1/15。[①]

### （二）残疾人群体

残疾人是指在心理、生理、人体结构上，某种组织、功能丧失或者不正常，全部或者部分丧失以正常方式从事某种活动能力的人。这一群体在社会竞争中处于不利地位，就业困难，生活贫困。中国残疾人联合会统计数据表明，截止到2010年年底，我国残疾人总人数达8502万人。在16~50岁的残疾人中，具有劳动能力和部分劳动能力的残疾人占91%，且大部分在福利企业就业，但是收入较低；完全丧失劳动能力的残疾人还不到10%。[②]而实际参加就业的残疾人人数远低于能够参加劳动的残疾人人数，这说明绝大多数残疾人并不是不具有劳动能力，而是缺少工作机会。随着《中华人民共和国残疾人保障法》、《残疾人教育条例》、“残疾人副业”的三个五年计划和“残疾人扶贫攻坚计划”等相关法律法规和计划的相继出台和实施，残疾人就业率有所提高，生活水平也得到了改善。但是，由于残疾人群体自身的特殊性及社会环境的复杂性，残疾人当前的就业和生活状况仍然不容乐观。

### （三）童工及未成年工

童工是指未满十六周岁，与单位或者个人发生劳动关系从事有经济收入的劳动或者从事个体劳动的少年和儿童。未满十六周岁的少年、儿童，参加家庭劳动、学校组织的勤工俭学

① 贝恩资本. 2014. 中国职场两性平等现状. http://www.bain.cn。

② 中国残疾人联合会. 2014. 全国残疾人口逾8500万. 中国残疾人。

和政府允许从事的无损身心健康的、力所能及的辅助性劳动，不属于童工范畴。据国际劳工组织（ILO）在2013年发布的关于全球童工现状的报告显示，2012年全球的童工人数约为1.68亿人，其中，亚洲及太平洋地区的童工总数高达7800万人，是使用童工人数最多的地区[①]。对于未成年工的年龄界定，世界各国劳动法的规定不完全一致。据《中华人民共和国劳动法》第五十八条第二款规定："未成年工是指年满十六周岁未满十八周岁的劳动者。"童工和未成年工除了年龄界定的不同之外，我国法律明确禁止企业雇佣童工，但是法律并未禁止使用未成年工，而且还以法律、法规的形式明确保障未成年工的特殊劳动权利。

### （四）移民劳动群体

移民劳动群体是指以谋求高收入和优越生活条件为目的，跨地区流动的各种年龄、职业、文化层次的劳动者。在我国，这一群体的流动主要是由农村流向城市，由经济欠发达地区流向经济发达地区，由中西部地区流向东部沿海地区。根据2014年《中国劳动统计年鉴》数据显示，2013年我国流动人口规模达到2.45亿人，流动人口数量呈持续增长状态，其占全国人口的比重在不断上升。

## 三、特殊劳动群体的社会学分析

### （一）社会分层与弱势群体

社会学对特殊劳动群体的研究源自社会分层理论。该理论认为，任何一个社会都存在的社会差别是社会分层的直接根源。从这个意义上说，由经济贫困弱势群体为主体的特殊群体的存在是一种普遍的社会现象。这部分群体虽具有劳动能力，但在经济活动中处于劣势，只能获得较低报酬，或者没有固定的收入来源。

正确处理各利益群体的关系，对推动改革具有重要意义。在进行政策研究时，能够尽可能考虑到对各利益阶层的影响，才能维护最多数人群的利益。

### （二）弱势群体问题

社会弱势群体是一个在社会资源分配上具有经济利益贫困性、生活质量层次低和风险承受力低的特殊社会群体。这一概念的存在有助于分析现代社会经济利益和社会权利分配不公、社会结构不平衡的问题。

社会弱势群体一般分为两类：生理性弱势群体和社会性弱势群体。前者由于自身的生理原因，如儿童、老年人、残疾人等；后者则是由于社会原因，如失业者、低收入阶层等。

**1. 弱势群体的社会问题**

（1）就业弱势群体在遇到就业困难时将直接面临经济收入减少的问题。这部分人收入水平低于社会人均水平，甚至在贫困线上徘徊，这就导致他们难以承受如疾病、事故等生活中的突发风险。

（2）低收入水平决定了就业弱势群体生活水平的低下。在他们的消费结构中，绝大部分收入被用于购买食品，恩格尔系数高。

---

① ILO-IPEC. 2013. Marking progress against child labour——Global estimates and trends 2000-2012。

（3）基于上述情况，就业弱势群体的心理压力要高于一般的社会群体。美国社会学家丹尼尔贝尔曾指出：固定工作使人对挫折迟钝，一定程度上提供了人们所需的安全感，当个体面临失业，无助感就会上升。由于我国曾长期处于计划经济体制中，习惯于稳定的人们突然下岗失业，对于他们来说不仅是经济上的挫败，还是心理层面上的重大打击。

**2. 我国现阶段弱势群体状况**

（1）生理性弱势群体：现阶段我国老龄化现象正在加剧，2014 年全国 65 岁及以上老年人口达 1.1883 亿人，老年抚养比为 11.9%，较 2013 年年末上升 0.3%。[①]结合我国较高的农村人口占比可以推出，我国的农村老年人群体庞大。这部分人群缺乏社会保障且收入水平低。生理性弱势群体还包括残疾人这一群体，截至 2010 年年底，我国残疾人数量超过了 8500 万人[②]，他们在生活中所遇到的困难远比常人要严重。

（2）社会性弱势群体：随着国企改革的深化及产业结构的调整，我国失业率持续走高，这种失业率的上升，在前期国有企业改制时期，国有企业出现了大量下岗失业的工人，这一群体从编制内被剔除出来后，由于自身并不具备太高的能力，所以再就业难度大，这一时期以体制性失业为主导，而随着改革开放的深入，政府对产业结构调整及经济发展方式转变的推动，以往以劳动力密集型企业为主导的产业结构开始转型，结构性失业开始增多，很多劳动力从低端工厂流出，但市场上的岗位却要求更高的劳动素质和劳动技能，而大部分劳动力无法满足这些岗位的需求，因此造成了失业与用工荒的同时并存。

总而言之，我国的弱势群体规模正在逐步扩大，其程度也在进一步加深，如果这一趋势无法得到控制，将会对我国的经济社会发展进程产生不利的影响。

**3. 弱势群体对社会经济发展的影响**

（1）对社会公正的影响。我国自古以来就有对社会公正的理想追求，现代意义上的社会公正，首先就表现在生存权、就业权、受教育权和社会保障权等基本权利的落实上。对于就业弱势群体而言，就业的年龄歧视、性别歧视、地域歧视等现象，显然都违背了就业中的社会公平原则。

（2）对社会稳定的影响。社会风险最容易在社会承受力最低的弱势群体身上爆发。由于长期遭受生存、心理方面的伤害及压抑，弱势群体内部事实上集聚着对生活的悲观情绪及对社会的戾气。如果贫困长期无法得到改善，社会贫富分化无法得到有效的控制，当某些社会事件一旦成为导火索，那么长期处于社会底层的弱势群体就有可能倾向于以暴力手段解决问题。现阶段我国一些地方发生弱势群体集体上访等社会事件就是一种社会聚合行为。这种社会极端行为的不断出现，会加剧社会的动荡，危及一个国家的安定。

（3）对经济发展的影响。一个国家的就业状况，反映了其社会资源的配置状况、各种生产要素的组合状况，决定着经济效能的大小，直接影响着社会经济的发展。美国经济学家阿瑟奥肯曾经研究过失业率与经济增长的关系，他发现失业率与周期波动中的实际国民生产总值呈反向的比例关系，从而证明了失业率对经济发展的影响。弱势群体作为失业问题的最主

---

① 姜向群，杜鹏. 中国人民大学研究报告系列. 2014. 中国人口老龄化和老龄失业发展报告. 北京：中国人民大学出版社。

② 中国残疾人联合会. 2014. 全国残疾人口逾 8500 万. 中国残疾人。

要群体，其规模的扩大，会降低国内消费水平、增加社会福利保障制度的压力，对经济的健康发展无疑有着消极的影响。

# 第二节 女性就业问题

女性就业问题不仅关系到其自身素质和社会地位的提高，还关乎家庭经济收入、男女平等等问题，进而影响整个社会的稳定和发展。我国向来倡导男女平等，同时鼓励妇女走出家庭参加社会劳动，让广大妇女撑起“半边天”。但是由于社会传统、政治、经济等多方面因素的影响，女性在就业方面的前进步伐较为缓慢，仍处于相对劣势地位。

## 一、我国女性就业的现状

根据国家统计局在 2014 年公布的数据显示，截至 2013 年年底，我国女性就业人数约 3.46 亿人，占全国就业人口的 45%，比男性就业人数少了 7700 万人。而在女性劳动年龄人口中，16~59 岁女性的就业率为 70.91%，表明我国该年龄段城乡女性近七成在从事有收入的社会劳动。但是与男性相比，2013 年女性就业率比男性低 12.8%，职业性别差异仍比较显著。

分析我国城镇女性就业情况可以发现，在 20 个行业门类中，制造业是吸纳女性就业的最主要行业，2013 年我国有 33%的城镇在职女性集中在该行业就业；教育行业次之，吸纳了 14%的女性；卫生和社会工作位居第三，公共管理、社会保障和社会组织工作位居第四，分别吸纳了 7.5%和 7.4%的女性。女性在上述 4 个行业就业的比例高达 62%，在其他 16 个行业就业的女性比例合计仅为 38%，女性就业的行业分布具有高度集中性。与男性相比，女性就业人数仅在批发和零售业、住宿与餐饮业、教育业、卫生和社会工作这四个行业高于男性，且差距并不明显，而在绝大多数的行业就业领域，女性就业人数都显著低于男性。这表明在职业构成中“白领”女性所占比例低于男性，部分职业与行业性别隔离严重（图 11-1）。

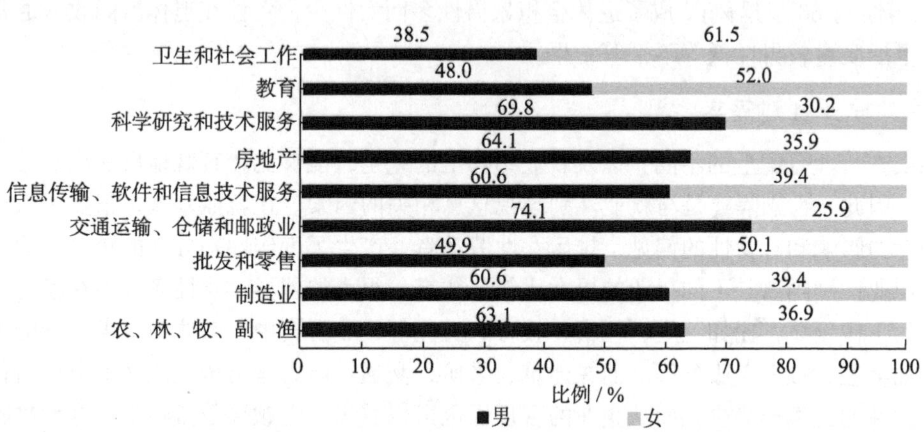


图 11-1 2013 年部分职业的性别构成

资料来源：《中国劳动统计年鉴 2014》

## 二、女性就业问题影响因素分析

根据全国妇联和国家统计局联合组织实施的第三期中国妇女地位调查报告显示，在影响女性平等就业的诸多因素中，女性就业歧视多与就业机会、薪酬及性别隔离有关，这三个因素是影响女性能否平等就业的主要因素。

### （一）就业机会不平等

就业平等的前提是女性首先要获得进入劳动力市场的机会，如果丧失就业机会，必然影响其平等就业。现阶段，由于我国存在法律上的漏洞，用人单位直接或间接在招聘条件中列出仅限男性、男性优先的要求，直接将女性排斥在招聘之外，拒绝给予女性面试机会或就业机会。有 23.6%的被调查者表示在应聘过程中有过因为自己是女性而被拒绝的经历，有 16%的被调查者有过自己成绩明显优于男性却被拒绝录用的经历，说明女性就业机会不均等的现象比较普遍，就业性别歧视严重。除了用人单位在招聘过程中有明显的“性别偏好”之外，往往在下岗职工中，女性劳动者也是首当其冲，1998~2000 年年底，全国累计有 2300 万国有企业职工下岗。而在被剥离的职工中，女职工占多数。据全国总工会在 20 世纪 90 年代对 1230 个企业的调查统计，下岗女职工占下岗职工总数的 60%，可见女性劳动就业权受损的情况超过男性①。

### （二）男女同工不同酬

女性进入劳动力市场，进行社会劳动，其目的是获得薪酬，从而实现自身的价值，增加家庭的收入。因此，薪酬的因素影响女性平等就业的情况。如果薪酬过低，尤其是在同工的情况下，女性没有因为自己的合理劳动而获得相匹配的劳动报酬，必然不利于女性平等就业。目前，个别用人单位为了降低成本，提高利润，基于性别而给予女性普遍较低的劳动报酬，甚至在同工的情况下，也未达到同酬的标准。除了在职薪酬外，男女不平等的退休规定(劳动法规定：从事企业体力劳动的女性满 50 岁、男性满 55 岁退休；从事单位脑力劳动的女性满 55 岁、男性满 60 岁退休)造成了退休金积累男性多而女性少，女性在退休后的收入通常低于男性，生活质量较男性低等不平等结果。

### （三）职业性别隔离

男女在行业分配上的不同，以及就业结构上的差别，能够比较直观地反映出女性就业是否平等。因此，性别隔离是与就业性别歧视息息相关的因素。在就业领域，很多用人单位受固有观念的影响和对女性的偏见，排斥女性劳动者，产生了工作性别分立的尴尬局面，从而导致了职业性别隔离。不同行业的男女比例往往有着很大的差异，女性多集中在家庭角色社会延伸的工作领域，比如卫生、住宿、教育、文化等，或者集中在对体力要求不高的工作领域，比如金融、批发、服务等。而在建筑、采矿、交通、电力这类传统意义上男性占优势的领域，女性的比例相当少。而从企业的管理层也可以看出女性领导数量很少。这种独特的现象在经济领域甚至在国家机关里也经常出现。与此同时，出于保护女性的目的，一些工作职

---

① 第三期中国社会妇女地位调查组. 2012. 第三期中国社会妇女地位调查报告. 妇女研究论丛。

位是禁止女性担任的。综上说明，女性在劳动力市场中获得职业声望高和收入高的就业机会，大大低于男性。

## 三、提高我国女性就业的对策

女性就业所面临的一系列不平等现象，打击了女性劳动者的积极性，不利于女性自身的发展和社会地位的提高。从社会角度看，也不利于劳动力资源的优化配置，影响生产力的发展及和谐社会的建立。从法律角度看，女性就业歧视侵犯的是女性平等就业的权利，有违于法制社会的公平正义价值，不利于人权的保护。因此，维护男女就业平等权利需要社会各方力量结合起来，做到系统化、制度化，以形成社会合力。

### （一）提高女性劳动力的文化素质

首先要提高女性在各个阶段的入学率和升学率，消除在文化教育上重男轻女的封建思想的影响，从法律上保障女性受教育的平等权利。其次，在经济上给予女童一定的照顾，同时加强监督和指导，减少甚至杜绝女童辍学。最后，争取 80%~90%的女性劳动力的文化素质达到小学毕业，而初中以上文化程度要达到半数以上。当然要达到这一目标，还需要教育部门以及有关方面的通力合作。

### （二）加强女性劳动力职业培训，建立终身教育体系

在现阶段我国经济结构调整的背景下，高新技术产业与传统产业的改造要求不断提高女性劳动力的素质；行业的转移、职业流动的加快要求对下岗、失业人员的再就业进行及时的培训；农业方面未来几年释放出来的数千万劳动力必须经过培训才能成为合格的工人，这一切都需要完善的职业培训体系，以及终身教育体系的建立和完善。

### （三）发展高层次女性劳动力教育

要大力发展高等职业教育，培养第三产业人才，我国现有的第三产业在整个国民经济中的比重并不高，占 GDP 的比重达到 50%左右，而发达国家的这一比重已达 70%~80%。因此有关部门应鼓励和发展适应女性身心发展特点需要的专业与课程，制定相应的政策，保障受到教育的女性专业人员享有与男性平等就业的权利。另外各中等和高等学校，凡是适应女性的学科，应尽量招收女性，尽力改变文化层次越高，女性越少的现象，为女性劳动力进入先进领域就业做好基础工作。

### （四）倡导家务劳动社会化

家务劳动占去女性劳动力相当多的时间和精力，是影响女性人力资本得到进一步投资的一大障碍，也是影响女性就业质与量的一个重要原因。目前我国女性由于家务缠身，无暇从事市场经济活动。随着社区建设的发展，家务劳动社会化无疑可以扫除女性人力资本投资的障碍，社区建设包括托儿所、幼儿园、食堂、餐馆等的设立和洗染、缝纫、修理、保姆等服务的提供，会降低女性人力资本投资的机会成本，消除对女性人力资本投资的后顾之忧，为妇女广泛、更多地参与市场经济活动创造条件。此外，各级政府应积极采取措施，发展各种形式的社会化家庭服务，使女性从家务劳动中解放出来，使其有更多时间和精力为企业创造

价值，以提高其在就业上的竞争力。

## 第三节　残疾人劳动问题

### 一、现代社会残疾人观

#### （一）残疾是人类发展进程中需要付出的一种社会代价

残疾人是指生理、心理先天不足或者后天受损的人，如失明、失聪、活动能力受限及智力发展缺陷等，其中包括在生命某一阶段受伤、患病等导致的行动受限等。据中国残疾人联合会统计数据表明，截至2010年年底我国患视力残疾、听力残疾、言语残疾、肢体残疾、智力残疾、精神残疾、多重残疾的人共8502万人，约占全国人口总数的6.74%。在16~50岁的残疾人中，具有劳动能力和部分劳动能力的残疾人占91%，且大部分在福利企业就业，但是收入较低；完全丧失劳动能力的残疾人不到10%。[①]在人类历史的各个阶段，在每个国家、每个社会的各个阶层，都有残疾人存在。残疾人同其他社会成员一样，是人类的组成部分，虽然有某种缺陷，但并非异类、另类，而是人类存在的多样性和差异性的一种表现。社会的进步，是以广大残疾人在事实上承担了残疾所造成的后果为前提的。因此，残疾人的残疾，客观上成为人类历史发展和社会进步所付出的一种代价。

#### （二）残疾人的人格和权利应得到尊重和保护

依照我国宪法、残疾人保障法规定，残疾人作为公民，在政治、经济、文化、社会和家庭生活等方面，享有同其他公民平等的权利。残疾人应享有的权利主要包括政治权利、人身权利、财产权利、受教育权利、劳动权利、医疗康复权利、文化权利、婚姻家庭权利及获得特别扶助的权利等。随着社会的发展，残疾人的权利意识和社会保障意识逐步增强，残疾人权利的实现程度和水平不断提高，这体现了我国人权保障的广泛性、真实性和公平性。

#### （三）残疾人同样是社会财富的创造者

人的能力是以人的生理、心理等自然属性为基础，通过社会实践活动形成和发展起来的。能力是多方面的综合范畴，可以说，人类有多少种生产活动就有多少种能力。判断残疾人的能力，应着眼于他能干什么，而不是不能干什么，这是认识残疾人力所应持有的态度。虽然残疾使残疾人某些方面的功能受到损害和限制，但是通过发挥其他的感觉和思维器官的作用，刺激并调动人体自身的代偿功能，扬长避短，可以使被损害和限制的能力得到最大限度的弥补，从而使残疾人以适合自己的方式认知世界、参与社会、创造财富，达到与健全人同等的程度和水平。由于残疾的磨炼，残疾人往往具有更加坚强的意志。可以肯定地说，残疾人总体上是有能力的，在他们身上蕴藏着丰富的潜能和创造力，一些人甚至在某些方面显示出超乎常人的能力。只要对他们施以适合其特性的教育，并为其劳动就业创造条件，他们就完全可以同健全人一样施展才能、创造财富。

---

① 中国残疾人联合会. 2014. 全国残疾人口逾8500万. 中国残疾人。

## 二、促进残疾人就业

近年来，我国制定并颁布了一系列法律、法规来保障残疾人的各项权利。2007 年 2 月，国务院颁布了《残疾人就业条例》，对残疾人就业的原则、单位和社会组织的用人原则、就业服务及法律责任做了详细的规定，同时还要求各级人民政府应当统筹规划残疾人的就业工作，为残疾人就业创造条件。2008 年 4 月，我国残疾人就业保障法修订，禁止对残疾人歧视，国家保护残疾劳动者的权利。并且首次在法律中明确规定，国家实行按比例分散就业安排残疾人就业的制度，通过多层次、多渠道，使残疾人就业逐步普及、稳定、合理。

### （一）依法全面推行按比例安排残疾人就业

（1）按比例安排残疾人就业，是指依据国家法律规定，用人单位（包括机关、团体、企业、事业单位和民办非企业单位）按照单位职工人数的一定比例安排残疾人就业。这是大多数国家和地区解决残疾人就业问题的主要政策，其实质是将安排残疾人就业确定为全社会的共同责任和义务。我国残疾人保障法规定，机关、团体、企业事业组织、城乡集体经济组织，应当按一定比例安排残疾人就业，并为其选择适当的工种和岗位。省、自治区、直辖市可以根据实际情况规定具体比例。

（2）《残疾人就业条例》规定，用人单位应当按照一定比例安排残疾人就业，并为其提供适当的工种、岗位。用人单位安排残疾人就业的比例不得低于本单位在职职工总数的 1.5%。具体比例由省、自治区、直辖市人民政府根据本地区的实际情况规定。

### （二）完善和强化对残疾人的就业服务

（1）除国家规定的不适合残疾人的工种和岗位外，用工单位在招聘录用职工时，不得以残疾为由拒绝录用残疾人或提高对残疾人录用标准；各职业中介机构和社区服务网络在为用工单位发布招工信息和代为招聘录用职工时，要严格审核用工单位的招聘启事，对有歧视残疾人内容的，要坚决制止。

（2）各类职业中介机构对残疾人要实行免费服务；残疾人就业服务机构可采取开办残疾人就业专场等形式，为残疾人就业提供专门的信息、咨询和职业指导。

（3）要建立市级残疾人职业介绍机构，并与市职业介绍中心联网，以掌握劳动力市场需求信息及各单位残疾职工比例，便于多层次向社会推荐残疾人就业。

（4）有关单位要做好对残疾人的职业指导工作，将职业指导贯穿从求职到就业的全过程。要对残疾人自身条件进行细致的分析，制订具体的辅导就业计划，帮助残疾人转变择业观念；指导残疾人开发自己潜能，帮助其实现就业。

（5）残疾人就业服务机构对单位终止或解除劳动合同的残疾人，要帮助其进行失业登记、申领失业保险金，为他们提供职业介绍、职业指导、职业培训等服务。

### （三）进一步加强残疾职工的社会保障

（1）社会福利企业要依法实行最低工资制度，保障残疾职工的合法权益。尚未参加全市社会保障的社会福利企业和个体工商户要按照本市有关规定参加社会保险，各有关部门要给予适当扶持，使残疾职工享受社会基本保障，解除后顾之忧。

（2）从事非正规劳动组织就业、自由职业的残疾人按本市有关规定参加社会保险，享受社会基本保障。

（3）凡有生产任务的企业一般不安排残疾职工下岗；用人单位出现生产经营困难进行经济性裁员时，一般不裁减残疾职工；企业进行改组、改制时，要尽量安排残疾职工上岗。

（4）已进再就业服务中心的残疾职工，且距法定退休年龄不足 5 年的，可以申请企业内部退养。

（5）为依法保障中度智残人和重度伤残人的基本生活，帮助部分尚有劳动能力的中度智残人和重度伤残人实现劳动权利，可在社区中建立以中度智残人和重度伤残人为主体的公益性劳动组织，并给予政策扶持和税收优惠。

## 第四节　童工及中老年工问题

### 一、童工问题

#### （一）童工的定义及现状

童工是指未满十六周岁，与单位或者个人发生劳动关系从事有经济收入的劳动或者从事个体劳动的少年、儿童和未完成九年义务教育的在校学生。

据国际劳工组织在 2013 年发布的关于全球童工现状的最新统计数据，2012 年全球的童工人数约为 1.68 亿人，从事最恶劣形式和危险工作的童工为 8900 万人，包括在矿井、纺织工厂工作或作为家庭佣人。这意味着全球每十个儿童中有一个每天早上醒来后，不是在教室里上课，而是从事危险的工作。在全球童工人数中，亚洲及太平洋地区的童工总数高达 7800 万人，是使用童工人数最多的地区。[①]

“国际废除童工计划”负责人指出：“有相当一部分国家，如马里，有将近一半的儿童都在工作。农业已经成为雇佣童工最多的产业，占童工数量的 60%；其次是服务行业（25.6%）和工业（7%）。更值得关注的是，大部分童工没有得到报酬，全世界无工作报酬的童工占到了 80%之多。”[②]

虽然在包括国际劳工组织在内的各界人士努力斗争下，全球童工状况在某些方面得到缓解，但是在全球经济疲软的大背景下，让童工现象在全球绝迹仍面临着许多阻碍，童工的状况仍然不容乐观。

#### （二）童工问题的背后因素

**1. 家庭贫困**

贫困被认为是童工现象产生的最为根本的原因。许多贫困地区的家庭由于没有基本的收入来源，父母迫于生计只能让儿童外出劳动，减轻家庭的生活负担。据统计，因为家庭经济困难而选择辍学的学生高达 70%左右，而我国目前受雇的大部分童工都是因贫困辍学的儿童，

① ILO-IPEC. 2013. Marking progress against child labour——Global estimates and trends 2000-2012。

② 戴柳军. 2010. 童工问题的国际法研究. 湖南师范大学学报, (6)。

主要来自不发达的农村地区，对于没有接受过教育以农业劳动为生的父母而言，让孩子成为家里的劳动力、挣钱养家也是天经地义的事，他们并没有意识到自己的孩子被剥夺了接受教育及健康成长的权利。

**2. 社会道德约束力下降**

从企业经营者的角度看来，雇佣童工能为企业降低成本从而获取更多的利润，随着社会的道德约束力下降，在这一利益驱使下就出现了丧失道德底线的行为。另外，非法雇佣儿童从事劳动不仅仅反映出部分经营者以违法犯罪行为对待社会弱势群体，也反映出部分当地政府和公职人员为了地方利益，甚至是个人利益而对这种行为的纵容、包庇乃至参与。还有某些地方政府和具体管理部门认为：现阶段发展经济类似资本原始积累的过程，出现某些不良现象是正常的，只要企业交税，当地政府可以对使用童工的现象视而不见，甚至认为这还是解决就业、养活人口的一条途径。这样的认识纵容了一些业主的非法经营。执法不严或执法不作为纵容了非法业主雇用童工现象的蔓延。这也是制度不完善导致的结果。

### （三）重视解决童工问题

**1. 制定相关的法律法规**

我国最早在 1991 年颁布的《中华人民共和国未成年人保护法》中明确提出禁止使用童工；1991 年 4 月，国务院发布了《禁止使用童工规定》；1992 年 5 月，劳动部和财政部发布了《使用童工罚款标准》；1994 年颁布的《中华人民共和国劳动法》明确规定“禁止用人单位招用未满 16 周岁的未成年人”等。随着经济的发展和社会的进步，经济多元化和群体意识的提高，许多相关的法律法规或是规章制度无法完全明确雇佣童工的主体，同时，对雇佣童工的违法行为惩处不严，力度不够，导致许多不法分子无顾忌地使用童工作为劳动力。为此，在对现行规定进行修改和完善的基础上，于 2002 年 10 月 16 日重新制定并颁布《禁止使用童工规定》，对童工使用主体范围、处理措施都进行了比较严格、明确的规定。这一规定自 2002 年 12 月 1 日起施行，对于整顿和规范市场经济秩序，保护少年儿童身心健康，维护少年儿童合法权益具有重要意义。

就我国目前的童工保护体系来说，《中华人民共和国宪法》第四十六条规定：中华人民共和国国民有受教育的权利和义务。对于儿童保护也有相关规定。《中华人民共和国未成年人保护法》第二十八条：任何组织和个人不得招用未满十六周岁的未成年人，国家另有规定的除外。任何组织和个人应依照国家有关规定招收已满十六周岁未满十八周岁的未成年人的，应当在工种、劳动时间、劳动强度和保护措施等方面执行国家有关规定，不得安排其从事过重、有毒、有害的劳动或者危险作业。

**2. 各部门切实履行法定职责**

劳动保障部门应指导督促用人单位切实加强劳动合同管理，依法规范用工，建立录用人员核查登记制度；全面实行职业中介行政许可制度，规范职业中介行为，普遍推行劳动预备制度，严格把好就业准入关；督促用人单位严格按照国家工伤保险规定履行法定义务，完善工伤保险相关制度；加强劳动保障监察机构队伍建设，加大劳动保障监察执法力度，依法严厉打击使用童工的违法行为。

公安部门应加强对暂住人口的管理，配合劳动保障部门掌握本辖区内暂住人口中未成年人就业情况，积极配合有关部门严厉打击非法使用童工行为。

工商行政管理部门应加强监督管理，严把市场准入关，不得为未满十六周岁的少年儿童发放个体工商户营业执照。根据劳动保障部门的提请，依法对非法使用童工的用人单位给予吊销营业执照的行政处罚。

教育部门应：①将《中华人民共和国义务教育法》和《禁止使用童工规定》等法规纳入学校法制教育内容，加强九年义务教育的实施工作，加大扶持城乡贫困家庭儿童接受义务教育的力度，重视进城务工就业农民子女接受义务教育工作，做好女童教育工作；②制定社会实践劳动的有关规定；③采取切实措施保障义务教育阶段适龄少年儿童就学，加强学籍管理，防止学生流失和辍学，从源头上遏止童工的产生。

卫生部门应按照《中华人民共和国职业病防治法》和《使用有毒物品作业场所劳动保护条例》的规定，加强对工作场所作业环境的监管，对在使用有毒物品的作业场所中使用童工的行为，要按照法律法规的规定认真查处。

工会、工青团、妇联等群团组织应加强对职工、妇女、儿童的法制宣传教育，增强未成年人父母或监护人的法制观念和未成年人的自我保护意识，积极配合政府职能部门加强对单位和个人非法使用童工情况的法律监督，依法维护未成年人的合法权益。

## 二、中老年工问题

### （一）中老年劳动者现状

从历史趋势看，人口老化和人的平均寿命延长必然会使劳动时间延长。目前，人口的平均寿命已达到 70 岁，大部分中老年人依旧具有相当强的劳动能力。在我国，对老年劳动者年龄的定义一般为男性 60 岁以上，女性 50 岁以上。2014 年《中国劳动统计年鉴》数据显示，60 岁以上男性从业人口占男性总劳动年龄人口的 4.4%，而 50 岁以上女性从业人口占女性总劳动年龄人口的 13.9%。产业分布数据显示，60 岁以上老年劳动者中 91.2%的人在第一产业从事农林牧渔业，其他少量部分分布在第二产业的生产运输部门。老年劳动力主要从事以生产型、体力劳动型为主的职业。

### （二）中老年劳动者再就业问题

中老年人的再就业对社会经济发展和个人生活都有重要影响。对于社会经济而言，老年劳动力资源的利用是我们迈入老龄化社会所必须面对的问题。随着老年人口在总人口中比例的上升，延长老年劳动者的工作年龄，不但能提高老年人的经济独立能力，而且还可以因此减轻国家和家庭老年供养负担，同时，部分老年人丰富的实践经验和成熟的技能又为劳动力市场增添了人力资源。对于中老年个人而言，再就业使他们能够通过保持和工作的联系，提高收入，改善自我感觉，肯定自身价值。

另外，在人口老龄化的社会中，越来越多的老年人是在体能和智能较强的情况下步入退休状态的，这也意味着越来越多的中老年人正在成为实际或潜在的再就业劳动者。中老年人再就业的实现受到个人、家庭和社会条件的制约。身体状况好是能否再就业的先决条件。在劳动力缺乏的地方，中老年人再就业不失为补充社会劳动力的一个办法，他们也比较容易就业。然而，在劳动供给大于需求的条件下，中老年人的再就业将促使劳动力市场竞争更为激烈，在这个过程中，中老年人由于适应技术发展和产业结构的变化速度较慢而往往处于弱势。

## 第五节 移民劳动问题

### 一、移民问题的现状

21 世纪以来，随着我国工业化和城镇化的快速发展，尤其是在国际金融危机频发及国内调整经济结构的大环境下，我国移民流动在流动方向和结构上与过去相比发生了较大的变化。

#### （一）人口流动规模不断扩大

改革开放以来，我国流动人口的规模（图 11-2）不断扩大，尤其在进入 20 世纪 90 年代以后，增长的速度显著加快，流动人口从 1982 年的 657 万人扩大到 2013 年 2.45 亿人，占当时全国人口的 18%左右。据统计，大部分的流动人口是从欠发达地区农村向发达地区及城市转移的年轻劳动力。2013 年全国 2.45 亿流动人口中超过一半的人口来自农村，其中，省内流动人口中有 54%来自农村，而跨省流动人口中则有近 82%来自农村。[①]

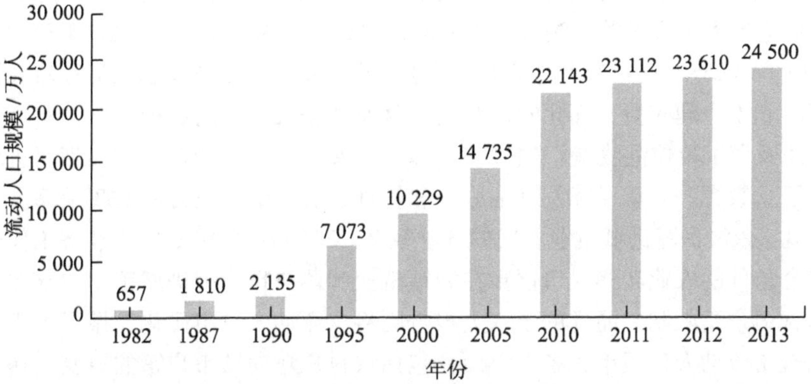


图 11-2 中国流动人口规模及增长率（1982~2013 年）
资料来源：各年《中国劳动统计年鉴》

#### （二）人口流动方向呈多元化

长期以来，我国人口流动的主要方向是从中西部地区向东部沿海的大城市进行转移。在改革开放初期，广东珠三角地区作为加工制造产业聚集区吸引了大量的劳动力流入，导致深圳、东莞等城市的流动人口一度超过其常住人口数量。但是，随着各地经济发展的进程变化，对这一变化高度敏感的劳动力人口在流动方向上也发生了显著变化。进入 21 世纪以来，长三角地区对劳动力的吸引逐渐增强，与珠三角地区和京津冀地区成为流动人口最为密集的三大都市圈。其中，长三角地区流动人口增长速度已经超过了珠三角地区，又以浙江流入人口的

① 国家卫生计生委. 2014.中国流动人口发展报告 2014。

涨速最快。根据全国人口普查数据，2000~2010 年流入人口规模增长最快的几个城市分别是上海、北京、天津和苏州，说明出人口流入重心已经从单一的珠三角北移到长三角地区和京津冀地区，呈现出多元化流动的趋势。

### （三）流动人口结构矛盾凸显

自我国加入世界贸易组织以来，由于外贸型的劳动力密集型产业的扩张，农村劳动力向城市工业部门的转移速度明显提速，每年农村劳动力向非农产业转移的规模都在增长。但近两年情况却发生了变化，作为外贸产业集聚的沿海地区开始出现“民工荒”。这一现象的逐步显现事实上是劳动力转移潮进入瓶颈期的表现，经过多年的持续转移，越来越多地区的农村青年剩余劳动力正在被吸纳殆尽，第二次全国农业普查数据表明，30 岁以下农村劳动力有将近 80%已转移到非农产业。在“民工荒”加剧的同时，“技工荒”现象也开始引起注意，随着产业升级的推进，企业对劳动者劳动技能的要求在提高，而以农民工为主体的多数劳动力由于受教育程度和技能培训程度的不足，无法适应新岗位对劳动力的要求，从而造成了高级技工岗位的空缺。

### （四）流动人口的相关政策日益改善

近年来，国家关于农村劳动力流动和就业政策发生了更积极的变化，在降低农民外出就业门槛、保护进城务工农民的合法权益等方面，出台了一系列的政策。2004 年“中央一号文件”《关于促进农民增加收入若干政策的意见》提出，要进一步清理和取消针对农民进城就业的歧视性规定和不合理收费，简化农民跨地区就业和进城务工的各种手续，防止变换手法向进城就业农民及用工单位乱收费。“中央一号文件”要求，城市政府要切实把对进城农民工的职业培训、子女教育、劳动保障及其他服务和管理经费，纳入正常的财政预算。提出要健全有关法律法规，依法保障进城就业农民的各项权益。2009 年 12 月，中央经济工作会议进一步提出，把符合条件的农业转移人口逐步在城镇就业和落户作为推进城镇化的重要任务，放宽中小城市和城镇户籍限制。而党的十八大报告则将“流动人口市民化”做了更为全面和深入的概括，涵盖了流动人口城市化各个方面，包括农村户籍向城市户籍的转变、获得永久性的城市谋生能力、生活方式的全面城市化。

## 二、移民的成本分析

人口迁移理论认为，对成本和利益的考虑是决定人们是否迁移的基本动因，也是个人寻求利益最大化及成本最少化的合理决策的过程。劳动力流动成本包括与迁移有关的直接成本、流动和寻找工作花费时间的机会成本，以及特定地点资产的放弃和心理成本等。我国劳动力市场还不完善、社会保障体系还不健全、户籍制度不科学，劳动力尚不具备完全自由流动的条件，加之具体制度和管理体制的缺陷致使劳动力流动成本居高不下，主要表现在如下五个方面。

### （一）就业成本偏高

当前农村劳动力外出就业除了携带身份证外，还须有计划生育证明、外出务工证明、技术专长证明等供流入地管理部门和企业查验，他们在开具这些证明时需支付不少费用，在流入地办理“暂住证”后每月也需缴纳费用。不少地方还向社区组织缴纳“治安管理费”、“卫生费”等非常规收费。如果从事服装加工、小修理、贩卖肉菜等还需承担超过户籍人口的税赋和名目繁多的收费。另外，外来劳动者一般能吃苦、易管理，收入低于本地户籍同类劳动者。即使显性收入不明显偏低，由于没有各种与户籍有关的补贴、劳保、公费医疗、养老金等福利，就业成本也高得多。从制度经济学分析，流动劳动者在几乎没有任何保障的情况下以牺牲未来利益（失业、养老、医疗等保障）为代价换取目前的异地就业权。

（二）生存成本偏高

劳动流动者生存成本偏高主要表现在三个方面。一是生存费用高：他们在住房、水、电、煤等方面支出，尤其是昂贵的房租花去了他们相当大部分的收入。二是生存质量低：为了减少居住等方面的支出，有的流动劳动者将居住水平压低到了近乎非人道的状态，饮食、卫生等方面条件也较差。三是生存负担重，最突出的是流动劳动者子女的教育费用高出户籍人口许多，各种费用不仅加重了外来人口的生存负担，还将这一负担转嫁给下一代，致使不少流动劳动者子女处于失学、半失学状态。

（三）交通成本偏高

一方面流动劳动者职业一般不够稳定，工作流动性大，导致交通费增加；另一方面则主要表现在春节期间返乡费用过高，不仅要承受过度交通拥挤造成的身心困苦，而且往往要承受运价上涨或“黑市票”的经济压力。

（四）心理成本偏高

由于体制的限制，大量的流动劳动者还不能实现彻底的迁移，难以融入当地社会，不能完全享受当地居民的同等待遇，加之社会习俗和传统排外观念影响，他们要承受一种非经济的心理压力。另外，还减少了闲暇时与家人亲友的团聚、互助和感情交流，心理上忍受着某种程度上的孤寂。此外，由于长期处于动态流动之中，既无安全感、又无法作长久居住的打算和安排，更影响了他们的心理，情感及社会、人生的态度和行为，容易导致冲突，甚至会因心理不平衡而诱发犯罪，最终以高昂的社会成本代价表现出来。

（五）风险成本偏高

流动劳动者既缺少流出地的土地和亲朋等基本保障，又缺少流入地的社会保障体系和社区组织等基本保障，因而一是失业风险增大，且一旦失业又不属于“再就业工程”范围而使再就业难度加大。二是伤病风险增大。他们一般生活条件差，加上多数从事脏重苦险累活，生理上受损害机会较大，同时工伤、车祸等事故发生概率也大得多，还容易成为犯罪力量侵害的对象。加之伤病保险对流动劳动者几近盲区，其风险可想而知。三是劳动过程风险增大，劳动条件差，工时长，拖欠克扣工资，工伤事故频繁等都加大了风险发生的可能性。

偏高的流动成本将产生一系列后果：一是不利于建立全国统一开放的劳动力市场，不利于人力资源的市场化配置；二是不利于实现农村劳动力的彻底转移，有碍于城镇化、工业化和现代化进程的推进；三是不利于社会稳定；四是不利于劳动者在平等竞争的环境中充分发挥才华，造成人力资源的浪费。

为了保障劳动者有序、有度、有效地流动，着力降低流动成本，应将劳动力流动看成是投资行为，是市场经济条件下资源优化配置的必然现象，是社会经济保持活力的源泉，按照人力资本理论要把劳动力在区域间的流动作为一种投资，对政府来说，为减少流动的盲目性应加强职业信息系统和中介机构的建设，通过减免不必要的收费来降低劳动力在流动中的成本支出。对个人来说，作为人力资本的投资行为，不仅要考虑即期收入与预期收入的比较，还应考虑流动成本的可能变动，遵循收入最大化、成本最小化原则，动用一切可能的资源以支持流动的成功，降低流动成本。

## 三、移民的社会学思考

### （一）劳动力流动

改革开放以来，中国的社会结构发生了很大的变化，但仍处于从国家社会主义向市场社会主义过渡的阶段。随着计划经济体制的逐渐消解，原来依赖于硬性制度安排的城乡二元社会结构也发生了很大改变。一方面是原有的以户口为标志的城乡两大身份群体内部产生了剧烈分化；另一方面是新社会群体的生成，导致一种新的、以职业身份为标志的身份系列的出现。流动农民就是其中一个数量众多、引人注目的重要社会群体。

户籍制度妨碍了中国农民的身份转换。改革前推行重工业优先发展战略，形成了与之配套的统购统销政策、人民公社体制、户口管理体制这“三驾马车”，共同阻碍了农民的流动。改革后这些障碍只是部分消除了，“城乡分治、一国两策”的二元社会结构仍旧持续存在，原有的户籍身份体系仍然生效。这种身份限制使得农民难以真正融入城镇社会结构中，只能成为从农民到工人的“过渡人”或村民和市民之间的“边缘人”。流动及职业转变并未彻底改变他们的农民身份。虽然经济地位有所提高，但其社会地位并没有明显变化，这种经济地位和社会地位的不一致，正是“三驾马车”制度的惯性。他们的地位虽高于仍在农村务农的农民，但在城镇等级分层体系中仍处于最下层。

在社会流动方面，他们的流动不仅是通常意义上的劳动力流动，更是一种社会流动，它包含着社会地位的变化。由于农民是传统计划经济体制中获利最少的阶层，对于他们来说，社会流动的结果往往是得多于失，这从乡村流动人口的家庭与非流动人口的家庭之收入对比，以及乡村居民收入来源结构的变化中可以得到证明。同时，这一群体的初次职业流动后地位下降的只是极少数，但因流动是在城乡二元分割的劳动力市场背景下进行的，政府制定的流动规则制约着农民的流动机会和流动类型。比如，与城镇居民相比，流动农民前次职业的业绩不能累积、社会地位上升途径单一、各次工作机会获得的相关性很弱，因此在此职业流动后地位上升的较少，这样使流动农民群体中的精英分子产生失范行为。

作为一个特殊群体的流动农民进入城市后，与当地社会处于“功能互赖性整合为主，制度性整合薄弱，认同性整合畸形”的状态，他们在城镇社会结构中处于隔离状态，形成“分割化社会”或“二元社会”。在社会总的分层体系中，他们与城市工人同属中国社会的中下层，但流动农民对原来完全封闭的城乡二元社会结构又造成了一定突破，形成某种意义上的“双二元结构”。更有学者认为，流动农民作为一个过渡的边缘群体，他们的出现在城乡之间与工农之间创造了一个广阔的中间过渡地带，不是加剧了而是缓解了城镇之间的对立和差异，并正以其持有的边缘群体身份创造了一个新的机构层次，并通过了这个新的机构层次的扩大和推延来实现社会相对平稳的重组。

（二）冲突与失范

由于“在城市居民和官员的眼中，移民是外来者，无根的非市民、流浪者，像漫无目的、漂泊不定、不祥的洪水一样，持续地、不合适地、无控制地涌进城市”，成为中国城市中的“另类”，许多学者注意到他们在城市中有造成冲突与失范的可能性。

在城镇社会分层系统中，具有本地城镇户口的就业者与流动人口之间，由于职业结构、上升流动机会分布的严重不平衡，原本制度安排的分界线实际上存在一条具有社会经济意义的阶层鸿沟，该界线接近于完全的封闭，双方几乎不交换成员，这种不交换成员的流动方式决定了两类等级群体之间关系的性质，城镇人口对流动人口采取明显的排他策略，来自流动人口的竞争压力越强，这种排他性也将越强烈。受排斥的流动人口群体则具有较强的内固性特征，他们在其群体内部发展各种紧密的社会关系网络甚至亚社会组织，同时也倾向于发展一种共同的生活方式和群居社区。这种性质的关系易于诱发社会冲突，但两大群体间的集体对抗至今尚未出现。

外来移民在劳动问题上与本地劳动者表现的冲突较为突出，外来民工进入城市劳动力市场形成了与城市劳动力竞争的局面，在许多情况下外来民工从事的工作，城市劳动者也愿意干，如需求弹性比较大的服务行业。外来民工是以低价格为优势打入城市劳动力市场的，他们所提供的是低素质的劳务，低质量的产品和服务。随着收入的增加和购买劳动力习惯的养成，城市居民将不会满足于现有的低质量劳务。城市消费者对高质量产品和服务的需求越来越大，从而为城市劳动者提供了更大的就业空间。另一方面，外来民工要想在城市劳动力市场中长期生存下去，就面临着提高自己的劳动素质和技能的问题。

正如许多研究表明的那样，移民的社会交往圈局限于在亲缘、地缘关系中。社会经济地位的低下导致他们与城市人接触交往困难，而这种困难又直接妨碍着他们与城市文明同化、交融。同时，移民在城市中接触的是一种与他们以前社会化完全不同的价值观念和行为规范，他们不可避免地会感到迷茫和无所适从。这种情况可以用迪尔凯姆的“失范”来描述，表现为个人在社会行为过程中适应的困难，丧失方向和安全感，无所适从。失范在社会层面上就集中体现为犯罪。但这种失范会因社会关系网络的作用而降低。

**[本章小结]**

特殊劳动群体是由于年龄、生理结构、技能结构等方面的特点，在社会劳动过程中，遇到了特殊的社会问题并因此而形成了独特行为规律的群体，他们主要包括妇女群体、残疾人群体、未成年人群体、老年群体和外来移民群体。特殊劳动群体中大部分都是弱势群体，这一群体是一个在社会资源分配上表现为经济贫困、生活质量低下、承受能力薄弱的特殊社会群体。由于历史的原因，妇女就业面临着就业机会不平等、同工不同酬及职业性别隔离等问题，严重影响了我国妇女群体的正常就业。我国同样存在着大量的残疾人，残疾人由于自身的生理问题，在就业上遇到比常人更多的限制及困难。推动残疾人就业，需要政府切实地提高社会对残疾人就业的针对性服务，以及进一步完善残疾职工的社会保障制度。儿童及老年人由于年龄原因，在就业上会受到限制，对于童工来说，过早就业不仅使其无法完成学业且更容易对其身心健康造成伤害，我国明令禁止用人单位雇佣童工。老年人的再就业在人口老龄化的时代背景下具有一定的积极意义。我国地域辽阔，人口众多，劳动人口的流动也很频繁，而这种大规模的人口流动，在促进我国劳动力资源合理配置的同时，也会对社会造成一定的影响，

**[重要概念]**

| | | | |
|---|---|---|---|
| 特殊劳动群体 | 弱势群体 | 女性就业 | 职业性别隔离 |
| 残疾人劳动 | 童工 | 未成年工 | 移民劳动 |

**[思考题]**

1. 弱势群体的存在对社会有什么样的影响？
2. 如何理解女性就业的职业性别隔离？
3. 如何理解现代文明社会的残疾人观？
4. 导致童工问题的主要因素有哪些？
5. 外来移民的“冲突”和“失范”表现在哪些方面？

CHAPTER 12

# 第十二章 中国当代劳动问题

[本章提要]

本章首先阐述了就业与失业的基本概念及基本类型。其次，解释二元经济结构在我国的历史成因及其对中国经济发展的重要意义。最后，介绍劳动关系在我国改革开放进程中的发展，以及在我国当前经济情况下所存在的问题及解决的方法。

[学习要点]

1. 就业的概念及类型。
2. 失业的概念及类型。
3. 失业的成因和后果。
4. 我国二元经济结构的特征。
5. 劳动关系在我国的发展历程。
6. 新时期我国劳动关系的特点。

# 第一节　就业与失业

## 一、就业

### （一）就业的概念

从劳动社会学角度来看，就业有着规范化的定义：它是指具有劳动能力的公民在法定劳动年龄内，依法从事某种有报酬或收入的社会职业。这一定义具体包含了四层含义：①劳动者就业需具有劳动能力，包括劳动权利能力和行为能力；②达到法定劳动年龄16周岁；③所从事劳动会有报酬或收入，而非义务劳动；④该种劳动是得到社会承认的合法劳动。

而从经济学角度所定义的就业，是指劳动者通过一定的组织形式实现同生产资料相结合，从事一种合法的社会劳动，并从中取得一定的报酬或收入。它所反映的是劳动力作为一种经济资源被利用的过程。

### （二）就业的类型

就业的类型从统计学角度可以分为以下几组对立的概念。

**1. 阶段性就业**

阶段性就业是与终生就业相对的就业类型，指劳动者的职业生涯在经过一段非受迫的中断后，重新回归社会劳动。常见的情况包括在职人员脱产学习及妇女在生育后的一段时间内留守家庭，暂时退出社会劳动等。

**2. 非正规就业**

非正规就业是与在正规部门就业相对的就业类型，特指在发展中国家城市中，任职于非正式、零散组织中的低收入人员。广泛存在于我国城镇中的私营业主和个体劳动者均属于这一类型。随着我国市场经济体制的进一步完善，非正规就业人员还会大量增加，从而成为我国就业大军中的重要组成部分。

**3. 不充分就业**

不充分就业是与充分就业相对的就业类型，是指在个人愿意工作更长时间的前提下，一周内工作时间在标准工作时间一半（20小时）以下的人员。在实际操作中，判断不充分就业人员的标准有三条：一是一周内工作时间不到标准时间的一半，即不到20小时；二是工作时间短是非个人原因导致；三是本人愿意从事更多的工作。这三条必须同时具备才能统计为不充分就业人员。

**4. 弹性就业**

弹性就业是与全日制就业相对的就业类型，是指不限时间、不限收入、不限场所的灵活的就业形式。弹性就业包括非全日制就业、临时就业、派遣就业、钟点工等。目前我国城镇已广泛存在着弹性就业现象。

上述四种就业类型存在着相互交叉重叠的部分，或者说它们只是一种观察就业人员的角度。在统计分析中我们可以根据不同需要对就业人员进行不同角度的分析，从而使劳动力分析更具广度和深度。

### （三）就业的功能

**1. 就业对劳动者个人的功能**

（1）生活保障功能。就业是劳动者个人谋生的手段，劳动者通过就业获得报酬和收入，从而获得自身生存及延续后代所需的生活资料。从这个角度来看，就业具有保障劳动者基本生活的功能，这是其他功能的前提和基础。

（2）实现自我价值的功能。在社会劳动中，劳动者通过自身所具备的专业知识和技能，在不同的工作岗位上发挥着作用，从而获得社会的肯定，而在此过程中，劳动者还通过学习和训练，提高自身的劳动能力，从而实现自我提升。

**2. 就业的社会功能**

（1）增加社会财富。马克思认为，就业使生产要素得以结合，产生出物质和精神财富，为人类社会的存续发展提供了必要的经济基础。

（2）维护社会稳定。就业使人们在社会中的定位获得确定，各居其位、各取所得，从而形成了较为稳定的社会运转秩序。因此就业不充分达到一定程度，就会加剧社会动荡。

## 二、失业

### （一）失业与失业者

失业，指的是劳动力供给与劳动力需求在总量或结构上的失衡所形成的、具有劳动能力并有就业要求的劳动者处于没有就业岗位的状态。

对失业者的判断，主要遵循三要素：没有工作、能够工作、想要工作。我国在对失业者进行统计的时候，非城镇户口、规定年龄外、丧失工作能力、在校学习、不愿意工作、未领取失业救济和未曾注册登记的人群被排除在失业统计外。

### （二）失业的类型

**1. 摩擦性失业**

由跳槽、初入劳动市场求职、被迫换工作等原因造成的短暂失业被称为摩擦性失业。由于劳动力市场会产生波动、市场各方信息并不对称，且求职应聘需要一个过程，所以会产生摩擦性失业。

**2. 结构性失业**

在经济结构调整过程中，市场对劳动力资源的需求产生相应变动，主要表现为传统产业部门的劳动力无法与新兴产业部门的用工需求相吻合，其特点是失业者无法掌握现有空缺职位所要求的相应技能或知识。

**3. 季节性失业**

因季节变动所导致的劳动者就业岗位的丧失，被称为季节性失业。部分旅游业、建筑业、农业部门均存在季节性失业的情况。例如，制糖企业，由于原材料作物一般在 10 月开始收获，所以 10~11 月企业开榨，而到来年的 3~4 月则进入停榨期，期间工人可能转岗或放假，对于部分工人来说，这段时间并不甜蜜。

**4. 周期性失业**

周期性失业的主要成因是劳动力市场总需求不足，这一般是由经济周期或经济波动所引起的，当经济处于上升阶段或繁荣期，总需求旺盛，而当经济进入下行阶段，对劳动力的需求自然会逐步下降。

**5. 隐性失业**

隐性失业指的是存在于企业中的“在职失业”。所谓在职失业就是职工表面上处于就业状态，但没有或只从事极少的工作。在我国隐形失业主要包括：国有企业存在大量在编的剩余劳动力，企业处于停止经营或低效率经营状态下人员的闲置。

### （三）新经济条件下的失业问题

我国作为世界上人口最多的发展中国家，在具备丰富劳动力资源的同时，也承受着与此相对应的就业压力，尤其在加入世界贸易组织以来的十多年间，中国经济逐步从快车道转轨，进入经济结构转型、经济发展方式转变的关键时期。前期经济高速发展，以劳动力密集型产业和资本密集型产业为主体的传统产业结构将向技术密集和新型服务业方向升级。在新经济条件下，劳动力市场供需结构面临调整：对高素质人才的需求上升、对劳工的需求下降。而这一变化面临的现实状况却是高素质人才依然短缺，但原本数量就庞大的劳工群体则继续存在，由此大量劳工失去就业机会，从而造成失业率的上升。截至 2013 年年底，我国城镇登记失业人数为 926 万，失业率为 4.05%（表 12-1）。

**表 12-1　2001~2013 年中国城镇失业情况一览表**

| 年份 | 城镇登记失业人数/万人 | 失业率/% |
|---|---|---|
| 2001 | 681 | 3.6 |
| 2002 | 770 | 4.0 |
| 2003 | 800 | 4.3 |
| 2004 | 827 | 4.2 |
| 2005 | 839 | 4.2 |
| 2006 | 847 | 4.1 |
| 2007 | 830 | 4.0 |
| 2008 | 886 | 4.2 |
| 2009 | 921 | 4.3 |
| 2010 | 908 | 4.1 |
| 2011 | 922 | 4.1 |
| 2012 | 917 | 4.1 |
| 2013 | 926 | 4.05 |

资料来源：《中国统计年鉴》（2002~2014）有关数据

### （四）失业现象的主要原因分析

**1. 劳动力总量供过于求是根本原因**

失业的本质是劳动力资源的供过于求。我国人口基数大，由此带来的人口增速尤其是处于劳动年龄的人口增速快。与此同时，经济发展所提供的新增劳动力需求不足以消化快速增长的劳动力供给，从而在总量上导致了劳动力的供过于求。

**2. 国有企业改革带来体制性失业的必然性**

一般而言，在经济体制转轨和产业结构调整等重大的经济变动背景下，劳动力市场会发生剧烈的变动。自我国改革开放以来，由计划经济体制向市场经济体制的转轨过程中，尤其是国有企业改革大潮中，体制性失业情况较为严重。

改革开放前，我国城镇劳动力资源主要采取国家统包统配、安排就业的行政性配置方式，彼时大量潜在劳动力资源转变为现实劳动力，导致“冗员”和“在职剩余劳动力”广泛存在。在社会主义市场经济体制改革大潮中，对国有企业的改革是重中之重，通过股份制改造和公司化运作，使国有企业自负盈亏，以利润最大化为经营目标。在这种情况下，对企业甚少贡献却大大加重企业成本负担的“冗员”自然被剔除在企业的未来计划中，大量冗余人员因此而下岗失业，从而形成了体制性失业。

**3. 产业结构调整与结构性失业**

我国加入世贸组织，在迎来机遇的同时，国内各行业也同样面临着国外企业的激烈竞争。外企在质量、成本、技术及服务等多方面的优势，迫使国内企业努力提升自身的竞争力。事实上，在经过上一阶段的快速发展，国内经济的发展在一定程度上进入瓶颈期，市场上存在过多依赖低廉劳动力成本，而在技术水平、管理水平上较为落后的企业，这类企业处于产业链末端、利润率低，在劳动力成本逐步攀升的过程中，将逐步被市场淘汰。在产业结构调整的大潮中，越来越多包括高新技术、互联网信息技术、新型服务业在内的企业兴起，这类型企业对高素质人才的需求较高，然而劳动力市场上存在大量从传统产业中流出的劳动力资源和刚进入市场的新增劳动力资源，这些劳动力资源大部分无法胜任新兴产业所要求的工作，因此造成劳动力市场的供给结构无法契合需求结构，从而形成了大量的结构性失业。

**4. 经济周期的影响**

在经济下行阶段，市场有效需求不足，促使供给收缩，企业减产，从而造成就业机会减少。随着我国经济的逐步对外开放，与全球经济形成更紧密联系的同时，也更容易受到全球经济波动的影响，从而更容易出现周期性失业现象。

### （五）失业的社会后果

**1. 失业与家庭生活**

个人的失业，会导致家庭单位的总收入减少，从而影响到失业者的家庭生活。国外学者对欧洲各国失业者家庭进行了大量的研究，表明失业对家庭生活的影响与所处地区的文化有关联，但总体而言，失业会对失业者的家庭造成负面的影响。

**2. 失业与社会孤立**

失业在一定程度上意味着失业者失去了原来的社会地位，这会对其社交圈产生影响，致使失业者在一定程度脱离社会，变得更为孤立。这种情况下，失业者可能获得的社会支持会相应较少。

**3. 失业与经济政治活动**

总而言之，失业可能会对失业者造成多样性的后果，其影响可能会涵盖失业者的家庭生活、社会交往、消费、政治参与、生活方式和价值观念等各个方面。另外，这种失业所带来的后果是具有累积性的，就如失业者的收入减少，其在社交上的花费自然缩减，导致社交减少，这样个人与社会的交流沟通就会减少，而这种情况显然不利于失业者找到新的工作。然而失业的种种影响在不同地域是有所区别的，各国福利机制的差异及失业者家庭网络的差异会使失业的后果在地域上呈现差异性。

（六）治理失业的途径

**1. 提高经济活动水平**

保持稳定的国民经济增长速度是解决失业问题的根本出路，只有在经济持续发展的情况下，企业对劳动力的需求才会越来越大，从而创造出更多的就业机会。凯恩斯认为，失业主要是有效需求不足造成的。因此，在失业率较高时，政府通过财政政策、货币政策等多种手段来刺激国民经济的发展，提高经济活动水平，使更多的投资得到落实，更多的需求得到激活，才能创造更多的工作岗位，降低失业率。

**2. 培育劳动力市场**

劳动力市场在劳动力配置中起到基础性作用，通过建立和完善劳动力市场，加速市场供求双方的信息流通，从而促进劳动力资源的合理流通。

在现阶段国内产业结构进入调整期、传统产业加速改造、新兴产业不断涌现的时期，劳动力市场也将随之剧烈变动。而在此过程中，劳动力资源会更丰富，对劳动力资源的需求也会变得更灵活、更多元化，这就要求劳动力市场拥有一个更高效健全的信息交流机制，让市场供需双方更充分的沟通，以便应对当下就业岗位更迭速度加快、就业不稳定性上升的局面。

**3. 加强人力资本投资**

经济发展方式的转变要求经济的增长变得更有效率，由于过往快速的经济发展，是在资本和劳动力密集、资源高消耗、环境高污染的前提下进行的，要改变这种不可持续发展的经济增长方式，需要强调经济发展的质量和效率，不再单纯追求速度，而是更关注经济活动的投入产出比，以及经济活动对环境与对人类社会的影响。企业科技水平的提升及商业模式的创新是必由之路，而这样的转变要求劳动力市场能够提供更多高素质的劳动力资源。

在互联网信息技术高速发展的当下，许多互联网公司迅速崛起，它们运用技术的力量，通过创新传统行业的商业模式，正在一步步改变人们的生活及社会机制的运转方式，与此同时也创造了惊人的财富，促进了经济的发展，而以此为代表的新兴产业对人才的要求正在变得越来越高。

因此，提高我国劳动力资源的整体素质，是产业升级、经济发展方式转变的重要基础。只有通过提高劳动力资源的整体素质，才能解决当前劳动力市场供需双方的结构性矛盾，从而解决新时期所产生的失业问题。

## 第二节　二元经济结构与劳动力流动

### 一、二元经济结构

（一）二元经济结构理论

发展经济学家刘易斯在《无限劳动供给下的经济发展》这篇论文中对二元经济结构进行

了阐述。他将发展中国家的经济结构分为传统的农业部门和现代工业部门，发展的进程就是传统农业部门不断缩小直至保持一个很小的比例，而现代化工业部门不断扩大直至在国民经济中占有主导地位的过程。同时，刘易斯还强调，农业对发展中国家关系重大，工业化应建立在坚实的农业基础上，从农业国向工业国过渡，要依靠健康的、增长的和廉价的劳动力基础，并在经济增长中逐步消除贫困，这些观点也恰恰符合我国当前的形势。

二元经济结构是指城市以工业为主的经济部门与农村的传统农业部门并存的经济结构。发展中国家工业化阶段的主要任务就是对这种相对落后的国民经济结构进行改造，使异质的二元经济结构转换为同质的现代化的一元经济结构。

### （二）二元经济结构的演变

**1. 赶超型发展战略与中国二元经济结构的形成**

在新中国成立初期，受当时特殊的国际环境和历史条件的制约，在苏联经济发展模式的影响下，我国选择了以重工业优先发展为特征的赶超型发展战略。这一发展战略的核心是试图通过集中资源优先发展重工业，跨越式地实现国家的工业化。然而当时我国资本贫缺的现实情况与发展重工业对密集资本的需求相矛盾。为了解决这一矛盾，就必须以政府为主导实行高度的计划经济，通过统一的资源调配降低发展重工业的成本，并减轻工业化过程中由劳动力的转移而形成的城市化压力。基于此，我国形成了一整套包括统购统销、人民公社、户籍制度等在内的城乡隔离的二元经济体制。

**2. 战略调整、体制改革与二元经济结构转换**

从 1978 年开始的改革开放使我国的经济运行机制发生了根本性的转变，计划经济体制逐步让位于以市场为主导的社会主义市场经济体制。前期的二元经济结构也随之发生了调整，主要表现为以下三个方面。①农业生产开始引进现代生产技术，加快了对传统农业改造的步伐。②城市化进程提速，1978 年我国城市化率为 17.92%，相较 1952 年的 12.46%，在 26 年间上升了约 5.5 个百分点。而 2004 年的城市化率为 41.76，相较于 1978 年在 26 年间上升了约 24 个百分点。截至 2013 年年底，我国的城市化率已达到 53.7%。③农业部门劳动力向非农产业转移提速，就业结构发生了较大的变化。就总趋势而言，第一产业就业比重持续快速下降，从 1978 年的 70.5%下降到 2012 年的 10.09%;第二产业就业稳步上升,从 1978 年的 17.3%上升到了 2012 年的 45.31%；第三产业就业持续快速上升，从 1978 年的 12.2%上升到了 2012 年的 44.60%。

## 二、中国二元经济结构转换的特征

作为社会主义发展中大国，中国在二元经济结构转换中表现出了一些区别于普通发展中国家的特点。

### （一）就业结构的转换严重滞后于产值结构的转换

我国三大产业的产值结构与就业结构的变动方向基本一致，但在具体的比重上存在着较大的差异。作为曾经的农业大国，这在第一产业中表现得尤为明显，20 世纪 80 年代末，我国的二、三产业已占国内生产总值的 73%左右，已基本实现了农业社会向工业社会的转变，然而从就业结构来分析（表 12-2），第一产业仍占劳动力份额的 50%以上，基本上还是一个以农民为主体的农业社会。到了 2012 年，我国第一产业占国内生产总值的比重是 10.09%，而占社会总就业人数的比重为 33.6%。虽然相较于二、三产业的快速壮大，第一产业的产值比重自改革开放以来一直持续下降，但直到 2011 年，第三产业就业人口比重才首次超越了第一产业。显然这种差异造成了我国二元经济结构转换过程中的产值结构与就业结构转换的严重失衡。

**表 12-2　三大产业占国内生产总值比重及就业人数占比**　　单位：%

| 年份 | 三大产业占国内生产总值的比重 | | | 三大产业就业人数占比 | | |
|---|---|---|---|---|---|---|
| | 第一产业 | 第二产业 | 第三产业 | 第一产业 | 第二产业 | 第三产业 |
| 1980 | 30.17 | 48.22 | 21.60 | 70.40 | 19.40 | 10.20 |
| 1985 | 28.44 | 42.89 | 28.67 | 53.20 | 32.70 | 14.10 |
| 1990 | 27.12 | 41.34 | 31.54 | 56.60 | 28.70 | 14.70 |
| 1995 | 19.96 | 47.18 | 32.86 | 46.90 | 32.10 | 21 |
| 2000 | 15.06 | 45.92 | 39.02 | 42.80 | 30.20 | 27 |
| 2005 | 12.12 | 47.37 | 40.51 | 44.80 | 23.85 | 31.35 |
| 2006 | 11.11 | 47.95 | 40.94 | 42.62 | 25.16 | 32.22 |
| 2007 | 10.77 | 47.34 | 41.89 | 40.84 | 26.79 | 32.36 |
| 2008 | 10.73 | 47.45 | 41.82 | 39.56 | 27.24 | 33.19 |
| 2009 | 10.33 | 46.24 | 43.43 | 38.10 | 27.80 | 34.10 |
| 2010 | 10.10 | 46.67 | 43.24 | 36.70 | 28.70 | 34.60 |
| 2011 | 10.12 | 46.78 | 43.10 | 34.80 | 29.50 | 35.70 |
| 2012 | 10.09 | 45.31 | 44.60 | 33.60 | 30.30 | 36.10 |

资料来源：《中国统计年鉴》各年相关数据

### （二）城市化发展严重滞后于工业化进程

国家的城市化和工业化是一个相辅相成的过程。在发展初期，工业化产生人口聚集效应，为城市化的发展奠定了重要基础，而城市化的发展能促进基础设施的建设，吸引更多的投资，从而加速工业化的进一步发展。在我国经济发展与结构转换过程中，工业化与城市化相互关系表现出与上述城市化发展规律完全不同的特征。从图 12-1 可以看出，无论是改革前还改革后，我国在很长一段时间内都存在城市化严重滞后于工业化的问题。而部分经济学家认为，我国城市化率的上升与工业产值上升的相关性较弱，与就业结构变化的相关性较强。这种情况与我国在改革开放后实行的农村工业化战略有关，大力发展乡镇企业使得农村人口就业问题得到一定程度的解决，从而减缓了农村人口向城市转移集聚的态势。

## 三、二元经济结构与劳动力市场

中国的城乡二元经济结构是在国家“低工资、广就业”的政策精神指导下，通过以户籍制度为核心的一系列制度体系共同作用而形成的。

在改革开放前，我国实施以重工业为核心的工业发展战略，而规模有限的城市地区承担起了推动重工业发展的任务。由于城市在粮食方面无法自给，所以农村地区粮食产量的一部

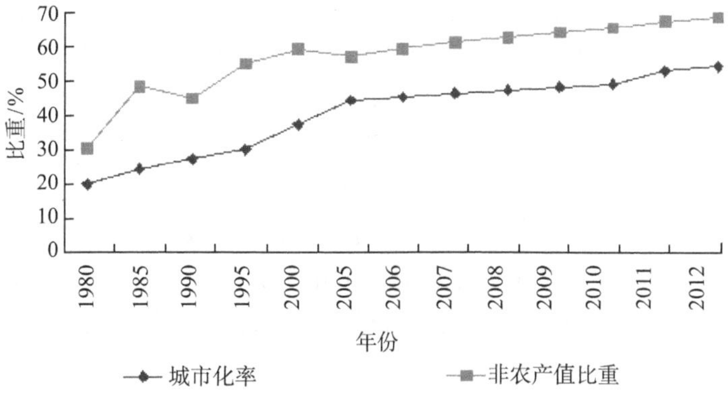


图 12-1 1980~2012 年我国城市化率和非农产值比重图

资料来源：根据各年《中国统计年鉴》整理得出

分会用于支持城市，换句话说，城市居民的吃饭问题是由国家负责的。为了避免大量的农村人口因此涌入城市，国家在 1958 年正式开始推行户籍制度。

以户籍制度为核心的二元经济结构的形成，等于是将原本的劳动力市场人为地分割成了两个无法相互流动的部分。于是，同样的劳动力在这两个市场上的价格变得不一致，价格较低的一方无法流动到价格较高的一方，致使劳动力资源无法在一个自由的市场上进行有效的配置。这样的运作机制，也就成为中国城市劳动力高价格的支撑，这种高价格通过福利制度和工资表现出来，最终拉大城乡差距，形成二元结构。

而这种二元结构的危害是巨大的，首先，由于工资和福利方面的差异，两个劳动市场的分离将进一步拉大城乡收入水平的差距，影响劳动力资源效能的有效发挥。其次，导致劳动力市场出现结构性不对称问题，具体表现为，大量高素质劳动力短缺，而低素质劳动力过剩，形成劳动力市场“供给过剩”和“供给短缺”并存的状态，这种结构性短缺与过剩并存的状态可能会进一步恶化，制约中国经济的进一步发展。

## 四、二元经济结构与剩余劳动力转移

刘易斯把发展中国家的经济结构概括为现代部门和传统部门，建立了两部门经济发展模型，提出了工业部门可以获得无限剩余劳动力供给的二元经济结构理论。他认为，在具有二元经济结构特征的社会里，经济结构转换的核心内容是农业剩余劳动力向非农业部门的转移，这种转移会加快工业化进程，并促进城市化的发展，工业化的发展反过来又会推动农业现代化的发展，从而最终消除二元经济结构。因此，二元经济结构转换中农业劳动生产率的提高、农业剩余的持续增加是关键。

目前，我国农业部门人多地少、土地经营权分散、劳动力不集中、不利于组织高效率的现代农业生产。农业的现代化进程，事实上是农业劳动生产率迅速提高、农业剩余增加、农业部门收入水平上升的过程，这一过程的前提是农业剩余劳动力向城市非农领域的转移。如果这一转移问题解决不好，不仅会阻碍土地和劳动力的集中，影响农业生产率迅速提高，甚至会引起劳动力逆向流动，使二元经济存续时间延长并加剧对我国社会经济发展的困扰。

在改革开放初期，我国实施乡镇企业战略，试图通过在农村建立工业部门，从而解决农村劳动力的就业问题，这样的做法在一定程度上减缓了劳动力向城市的转移，城市化也因此滞后于工业化的发展。而近几年，随着我国经济体制改革的逐步深入、经济结构调整、经济发展方式转变，乡镇企业在资本规模、技术创新和人力资源等方面竞争力已有所下降，直接影响了农业富余劳动力在农村地区的就业。

目前，城镇化发展已成为农村富余劳动力转移就业的最大期待，因为与发达国家相比，中国当下的城市化率还很低，人们有理由看好城市化对农村富余劳动力转移就业的吸纳作用。同时，城镇化和工业化密不可分，如何解决农村劳动力的就业问题还要看城市工业和第三产业发展及结构状况。

## 第三节　新经济条件下的劳动关系问题

### 一、劳动关系基本分析

#### （一）对劳动关系概念的界定

劳动关系是在生产关系中涉及劳动部分的社会关系的总称。从广义上讲，生活在城市和农村的任何劳动者与任何性质的用人单位（包括各类企业、个体工商户、事业单位等）之间因从事劳动而结成的社会关系都属于劳动关系的范畴。

马克思认为劳动关系或者说雇佣关系，事实上是在资本主义体制下，资本家雇佣工人来进行生产劳动，并占用雇工所创造的剩余价值的关系。而西方学者则将劳动关系的研究重心放在具体的劳动制度、劳资冲突，以及劳动中的人们的行为及互动上。现代劳动经济学的学者则将劳动关系视为一种雇主与雇员间的契约关系，从而淡化了劳动关系中的剥削性质。

#### （二）劳动关系的主要类型

劳动双方的利益关系决定着劳动关系的性质，目前主要存在三种不同类型的劳动关系。

**1. 利益冲突型的劳动关系**

在这一劳动关系中，劳资双方处于对立的立场上，劳动关系在矛盾与冲突、对立与妥协中发展。

**2. 利益一致型的劳动关系**

在这一劳动关系中，企业和雇主处于劳动关系的中心，企业内部的管理层和员工倾向于合作和信任，以此来减少摩擦，最大化共同利益。

**3. 利益协调型的劳动关系**

在这一劳动关系中，劳资双方虽存在着不同的利益诉求，但在契约精神的框架下进行合作劳动，保障双方的合法利益，共同谋求双方的共同利益。

### 二、新时期我国劳动关系变化及其特点

#### （一）十八大背景下的劳动关系

劳动关系是最基本的社会经济关系，构建和谐的劳动关系有助于维护社会的稳定、改善

民生及促进经济的良性发展。新时期的劳动关系已经发生了变化，在劳动关系市场化进一步加深、劳动关系法律体系基本形成、个别劳动关系向集体劳动关系转化、劳动关系全球化趋向逐步凸显的新环境下，党的十八大报告明确提出构建和谐劳动关系。构建和谐劳动关系要重点抓住以下几个环节。

**1. 健全劳动标准体系**

要加快制定新的劳动标准，进一步健全有利于维护劳动者权益的劳动标准体系。同时，要落实好现行的各项劳动标准，重点是要加强劳动定额标准管理，督促企业严格落实国家规定的工时制度和特殊工时管理规定，依法安排劳动者休息休假，促进企业改善劳动条件，加强人文关怀，加强企业民主管理建设，保障职工的知情权、参与权、表达权和监督权。

**2. 健全劳动关系协调机制**

今后一个时期，要根据我国劳动关系工作新形势，以实现劳动合同制度全覆盖为重点加快完善职工权益保障机制，进一步完善劳动合同法配套法规和政策，依法健全完善劳务派遣制度、劳动用工备案制度和企业裁员机制；以推进企业工资集体协商、建立工资正常增长机制为重点加快完善利益共享机制，不断扩大集体协商覆盖范围，积极稳妥推进行业性、区域性协商，促进企业在劳动生产率提高的同时同步增加职工工资；以健全政府、工会和企业组织协调劳动关系三方机制为重点加快完善社会协商机制，进一步加强三方机制制度化、规范化建设，完善三方机制职能，充分发挥三方机制共同研究解决劳动关系领域重大问题的独特作用，深入开展和谐劳动关系创建活动。

**3. 加强劳动保障监察**

要完善和落实劳动保障监察执法制度，健全违法行为预警防控机制，建立劳动保障监察执法与刑事司法联动等多部门综合治理机制，畅通举报投诉渠道，组织开展专项执法监察和专项整治，及时有效查处侵害劳动者权益的违法案件。要实行劳动保障监察网络化、网格化管理，及时加强和改进监察执法的方式方法，努力提高监察执法的效率。要充实劳动保障监察力量，加强基层劳动保障监察机构和队伍建设，为有效开展监察执法提供必要的装备和经费保障。

**4. 加强争议调解仲裁**

要完善和落实劳动人事争议调解仲裁制度，在充分发挥调解的基础性、前端性作用的同时，仲裁委员会依法仲裁，努力做到仲裁终结。要畅通投诉渠道，搞好裁审衔接，合理配置力量，加强相互协作，形成各级仲裁机构与司法机关的联动机制，及时公正处理劳动争议案件。要健全集体争议调处机制，加强基层社区和企业的劳动人事争议调解仲裁机构建设，进一步完善争议调解仲裁的组织程序和工作规则。

在新的历史条件下，努力构建中国特色和谐劳动关系，是加强和创新社会管理、保障和改善民生的重要内容，是建设社会主义和谐社会的重要基础，是经济持续健康发展的重要保证，是增强党的执政基础、巩固党的执政地位的必然要求。

### （二）我国劳动关系变化及其特点

**1. 国有企业劳动关系走向市场化、法制化**

国有企业劳动关系的变迁是与我国国有企业改革潮流同步推进的，自改革开放以来，国有企业改革及相关的国有企业劳动关系调整可大致分为三个阶段：第一阶段从1978年改革开放到1983年，这一阶段国有企业开始逐步向以利润为目标的企业经营理念转型，国家通过扩大国有企业自主权，开始解除对国有企业的束缚、激发国有企业自身的经营活力。但在劳动关系上，依然延续了国家对劳动者工资、福利、权利的“统包统配”，无论是企业管理者还是劳动者本身在劳动关系方面都缺少自主权。第二阶段为1984~1991年，这一阶段国有企业改革的重点是企业所有权和经营权的分离，不同级别的国有企业开始执行租赁经营制和承包经营责任制，这一改革直接改变了政府和企业的关系，进一步提升了经营者的经营热情。与此相对应，国有企业劳动关系也进行了改革，企业拥有了用工自由权，劳动者拥有了自主择业权，摆脱了对国家的全面依附关系，逐步具有了市场化的特征。第三阶段是1992年至今，这一阶段国企开始向市场经济体制下真正的企业法人方向改革，政府逐步退出企业的经营，将国企的劳动关系交还市场，与此同时，国家陆续出台了多项法律法规，对劳动关系体制进行完善，进一步规定劳资双方的关系，保障劳资双方的合法权益，劳动关系走向市场化、法制化。

**2. 劳动关系日趋契约化，双方利益主体日趋明确**

在很长一段时期内，企业和劳动者之间劳动关系的建立，是由国家直接通过行政手段实现的，无论是劳动者的工资分配还是劳保福利等，都统一由国家管理， 甚至连劳动者在企业中具体的工作岗位都由国家说了算，企业实际上成了国家的一个行政隶属机构。随着市场经济的发展和企业改革的深化，劳动关系的确立引入了劳动合同制的形式，用劳动合同这种契约化的形式来明确劳动关系双方的责任、 权利和义务。进一步使企业和劳动者成了相对独立的利益主体，双方的主体地位日益明确。

**3. 劳动关系的多样化和复杂化**

改革开放以来，随着市场经济体制改革的逐步深化，无论是企业还是与企业息息相关的劳动关系都持续进行着革新及转变，企业所有制从完全的国有制，转向国有、私有、混合所有协同发展的新局面，在私有范畴，个体经济、内资私营、外商独资等多种形式正迅速分化成长。这些多样化的企业形式造就了多种不同的劳动关系，这些劳动关系性质和特点各异、劳资双方的利益诉求也趋于多样化，而且更丰富的企业形式带来更广泛的劳动内容，也使劳动力市场上更多层次的人才投身到多样的工作岗位上。不同的工作岗位和工作内容催生了弹性就业、阶段性就业、非正规就业、不充分就业等多种新型的就业形势。

**4. 劳资纠纷增加及劳动关系双方的冲突加剧**

从2007年开始，劳动争议案件数量急剧飙升，当年登记在案的争议案件共350 182件，2008年这一数字几乎翻了一番至693 465件。2008年后，案件数量的增长虽有所缓和，但数量始终居高不下。2013年的争议案件仍保持在665 760件的水平上。分析案件发生的原因，可以发现企业劳动争议的关键点集中在利益分配的问题上，主要表现为工资水平与企业赢利水平间的差距逐步拉大，企业赢利能力不断增强，但工人的工资增长却很缓慢。其次就是恶意拖欠工资及卷款潜逃的情况经常发生，严重危害到了以农民工为主体的劳动群体的利益。再者就是企业内部不合理的福利制度及严苛的罚款制度，导致劳动者在原本的低工资基础上再受压榨。除此之外，在劳动关系中，雇主非法剥夺雇工休息权利、无薪加班等等不公平对待也时有发生。之所以会出现如此严重的劳动关系纠纷，除了因为整体的劳动就业体制及相关法律法规的不完善之外，还与劳动者个体与企业间的不平等关系有着密切的联系，由于这种关系，个体劳动者利益在受到侵害的时候更难做出诉求和反抗，导致企业的违规成本偏低，纵容了企业对劳动者的不公待遇。

## 三、改善我国劳动关系的措施

### （一）从政府层面完善相关法律体系，建设问题处理机制

劳动者在劳动关系中一般处于相对弱势的地位，因为，通过法律规定劳动者的相关权益，有助于劳动者在劳动冲突中通过寻求法律的支持保障自身的合法权益。我国自改革开放以来，社会经济情况发生了翻天覆地的变化，随着市场经济体制的逐步确立完善，市场化的劳动关系也正走向成熟，然而相应的劳动法律法规却相对滞后于现实。2008 年起正式施行的《中华人民共和国劳动合同法》是法律体系在劳动关系范畴的重大进步，就覆盖的广度和涉及的深度而言都相对旧法做出了大量的完善。但新法仍存在缺陷，尤其是在关于农民工劳动权益方面，新法在保护力度上稍显不足。另外，就私营经济在当今国家经济发展中的重要地位而言，新法对私营经济也没有表现出足够的重视。

我国劳动争议处理制度仍然在完善中，面对经济发展过程中大量的现实争议案例，劳动争议处理制度的公正性和效率仍有较大的提升空间。大量的维权劳动者由于繁杂的程序、漫长的耗时以及高昂的维权成本而被迫放弃维权，使自身的合法权益受到了损害。

因此，重视对劳动关系相关法律体系的建设，加快完善劳动争议处理制度，是当前改善我国劳动关系的重中之重。

### （二）促进工会等非政府组织的发展

在当今复杂的劳动关系现状下，劳动冲突变得频繁而不可避免，劳动关系中的企业方由于其自身雄厚的财力及对强大的信息获取能力，在劳动冲突中往往占有优势地位，个体劳动者在面对企业的时候，往往无法与其抗衡，工会组织成立的目的就是维护劳动者的合法权益。通过工会组织，劳动者团结在一起，共同面对企业，从而将自身置于一个与企业平等的地位以表达自身的诉求，维护自身的权益。

而工会组织除了应该积极解决劳动者在日常工作中遇到的问题，构建起劳动者维权帮扶体系及法律援助体系外，同时还承担着沟通劳动者和企业的任务，通过各种活动、集会，工会能够在企业文化的基础上引导劳动者融入企业、接受企业的理念，增强劳动者归属感，而通过诉求反馈，工会又可以使企业及时了解劳动者的想法，及时做出反应，通过沟通双方，构建企业内部的和谐劳动关系。

### （三）敦促企业完善劳动合同管理，加强合法用工

劳动合同是指劳动者与用工单位之间确立劳动关系，明确双方权利和义务的协议。由于劳动合同具有法律效用，违约的一方将受到法律的制裁。事实上，劳资双方严格遵循劳动合同中规定的各项协议是建立和谐劳动关系的基础。但某些企业借助自身在劳动关系中的强势地位，在相对较低的违约成本范畴内不断损害劳动者合法权益，导致劳动关系走向冲突。

因此为了改善劳动关系，企业应加强对《中华人民共和国劳动合同法》的了解及重视，

从劳动合同的签订到劳动合同的管理各个环节都要严格遵守法律法规。并根据国家的法律法规积极制定企业内部的劳动规章制度。

**[本章小结]**

从经济学角度所定义的就业，是指劳动者通过一定的组织形式实现同生产资料相结合，从事一种合法的社会劳动，并从中取得一定的报酬或收入。它所反映的是劳动力作为一种经济资源被利用的过程。失业与就业的问题关系到一个国家的社会安定、经济发展、民生改善，在我国改革开放的潮流中，随着经济的快速发展，就业与失业也渐趋复杂和多样化，不同类型的就业与失业，其成因及特点各不相同，经济的发展催生了多样化的就业与失业问题，而就业与失业的新情况反过来也影响着社会经济的发展。二元经济结构是指城市以工业为主的生产部门与农村的传统农业部门并存的经济结构，对于发展中国家而言，通过工业化与城市化进程，使异质的二元经济结构转换为同质的现代化的一元经济结构，是发展中国家经济高度发展从而实现现代化的必然历程。中国的二元经济结构表现出作为社会主义国家在特殊时期所生成的多项特质，也展现了一段有中国特色的现代化道路。在此过程中我国的劳动关系随着经济发展逐步革新转变，在新时期的市场经济体制中形成了复杂多样的劳动关系现状，如何在历史问题和新时期新情况交叠共存的背景下审视当前的劳动关系形势，辩证看待当前所存在的问题与不足，并提出行之有效的应对举措，是当今我国劳动社会学领域的重要议题。

**[重要概念]**

就业　非正规就业　失业　摩擦性失业　结构性失业　季节性失业
周期性失业　隐性失业　二元经济结构　经济全球化　劳动关系
劳动冲突　劳资纠纷　工会组织

**[思考题]**

1. 简要概括我国当前存在的就业类型和失业类型。
2. 试述我国二元经济结构转换的特征。
3. 简述新时期背景下我国劳动关系的变化及特点。
4. 谈谈改善劳动关系的措施。

## 主要参考文献


阿历克斯·英格尔斯. 1985. 人的现代化——心理、思想、态度、行为. 殷陆君译. 成都：四川人民出版社.

埃米尔·涂尔干. 2000. 社会分工论. 渠东译. 北京：生活·读书·新知三联书店.

安体富，蒋震. 2012. 影响我国收入分配不公平的若干产权制度问题研究. 财贸经济，5.

贝恩资本. 2014. 中国职场两性平等现状. http://www.bain.cn.

蔡昉. 2010. 刘易斯转折点与公共政策方向的转变——关于中国社会保护的若干特征性事实. 中国社会科学.

陈丽华. 2009. 初次分配和再分配中公平与效率的权衡——兼论十七大对社会主义收入分配理论的创新. 经济问题，1.

陈文府. 2011. 中国城镇居民收入性别差异. 统计研究, 11.

程延园，王甫希. 2012. 变革中的劳动关系研究：中国劳动争议的特点与趋向. 经济理论与经济管理.

戴柳军. 2010. 童工问题的国际法研究. 湖南师范大学学报, 5.

第三期中国社会妇女地位调查组. 2012. 第三期中国社会妇女地位调查报告. 妇女研究论丛，1.

傅红春. 2010. 收入分配中存在的十大问题. 领导之友，4.

高帆. 2012. 中国城乡二元经济结构转化的影响因素分解：1981—2009 年. 经济理论与经济管理，9.

桂树红. 2005. 平等共享，促进残疾人就业. 中国培训，5.

哈罗德·R. 克博. 2012. 社会分层与不平等:历史·比较·全球视角下的阶级冲突. 蒋超译. 上海：上海人民出版社.

胡长静. 2012. 我国失业保险制度的发展及反思. 特区经济，3.

黄健元, 杨海雯, 王欢. 2015. 关于完善我国一体化养老保险制度的思考. 商业经济研究，4.

蒋萌. 2007-05-29. 请关注残疾人就业难. 人民日报，第 05 版.

李强, 刘海洋. 2009. 变迁中的职业声望——2009 年北京职业声望调查浅析. 学术研究， 12.

李强. 2008. 社会分层十讲. 北京: 社会科学文献出版社.

李强. 2010. 当代中国社会分层——测量与分析. 北京：北京师大出版社.

李仁君. 2009. 关于收入分配的理论综述. 社科纵横，12.

李子芹. 2010. 世界四大典型医疗保险模式的简述及对我国的启示. 经营管理者，20.

梁平, 孔令章. 2011. 劳动争议原因类型的实证研究. 北京科技大学学报(社会科学版)，1.

廖根深. 2010. 当代青年职业流动周期的研究——兼论当代中国青年职业发展的三个阶段. 中国青年研究，01.

林勇. 2006. 劳动社会学. 北京：中国劳动社会保障出版社.

刘艾玉. 2004. 劳动社会学教程. 第二版. 北京：北京大学出版社.

卢德平，刘湲. 2010. 论中国的童工问题. 中国青年研究，9.

陆学艺. 2013. 当代中国社会结构. 北京: 社会科学文献出版社.

吕康银，王文静，张丽. 2010. 行业工资的性别差异研究. 山东社会科学，6.

吕晓兰, 姚先国. 2013. 农民工职业流动类型与收入效应的性别差异分析. 经济学家，06:57-68.

马克思. 2004. 资本论. 第 3 卷. 北京：人民出版社.

马克思·韦伯. 2004. 经济行动与社会团体. 康乐，简惠美译. 桂林:广西师范大学出版社.

马瑞, 仇焕广, 吴伟光, 等. 2012. 农村进城就业人员的职业流动与收入变化. 经济社会体制比较，06.

派克. 1986. 工业社会学. 台北：台北桂冠图书股份有限公司.

彭升. 2008. 我国收入分配差距与公平问题研究. 长沙：中南大学出版社.

沈岸. 2011. 我国外资企业劳工权益保护研究. 湖南师范大学硕士学位论文.

沈晖. 2010. 当代中国中间阶层认同研究. 北京：中国大百科全书出版社.
石莹，黄镇国. 2011. 我国劳动力市场中的性别歧视和户籍歧视. 东岳论丛，10.
宋玥. 2013. 我国禁止童工的立法及其完善——从国际劳工标准的角度. 中国青年政治学院学报.
童星，汪和建. 1992. 劳动社会学. 南京：南京大学出版社.
王力南. 2011. 浅谈西方劳动关系学派及西方国家劳动关系的演变. 中外企业家，11.
王宗萍，段成荣. 2010. 第二代农民工特征分析. 人口学研究，2.
吴愈晓. 2011. 社会关系、初职获得方式与职业流动. 社会学研究，05.
徐永峰. 2013. 社会保障权研究.吉林大学博士学位论文.
许传新. 2010. 农民工的进城方式与职业流动——两代农民工的比较分析. 青年研究，03.
许晓军. 2009. 中国特色劳动关系调整模式新视点. 学术研究，11.
薛欣欣. 2010. 不同所有制部门工资差异的行业分布特征分析. 产业经济评论.
杨玲. 2011. 转型期工会社会治理的问题与对策研究. 中南大学硕士学位论文.
杨思斌. 2011. 我国失业保险制度的重大发展与实施挑战. 前沿，11.
尹明明，鲁运庚. 2004. 童工现象分析. 人口与经济，5.
袁方. 1992. 劳动社会学. 北京：中国劳动出版社.
袁方，姚裕群. 2003. 劳动社会学.第二版. 北京：中国劳动社会保障出版社.
袁竹，齐超. 2012. 我国再分配逆向调节的成因及对策探析. 税务与经济，1.
翟永会. 2015. 我国养老保障制度改革路径探索. 经济纵横，2.
张贡生. 2009. 中国国内乡—城人口迁移研究综述. 山东经济.
张丽，吕康银. 2009. 金融危机背景下我国就业问题的探讨. 经济纵横，3.
张淑华. 2002. 人际沟通能力研究进展. 心理科学.
张文宏. 2007. 社会网络资源在职业配置中的作用. 社会学文摘报，1.
张作云，陆艳春. 2007. 我国现阶段收入分配问题的理论思考. 北京:中国经济出版社.
赵履宽，王子平. 1984. 劳动社会学概论. 上海：上海人民出版社.
中国残疾人联合会. 2014 全国残疾人口逾 8500 万. 中国残疾人，4.
邹湘江. 2011. 基于“六普”数据的我国人口流动与分布分析. 人口与经济，6.
ILO-IPEC. 2013. Marking progress against child labour——Global estimates and trends 2000-2012 .

# 后　记

20 世纪 90 年代，由笔者提议并得到时任系领导李永杰教授的支持，我们创办了全国第一个人力资源管理本科自考专业。21 世纪初，在院领导朱鮀华教授支持下，笔者策划主编了全国第一套人力资源管理专业本科自考系列教材，并由中国劳动保障出版社出版。

近十几年来，中国经济呈跨越式发展，社会结构发生了巨大变化，劳动关系和人口变迁错综复杂，重新梳理这些变化，探讨经济转型期劳动社会变化的规律并在教科书中反映出来，对促进教学尤为重要。在科学出版社组织与支持下，笔者重新组织人员编写了本书及配套教辅用书。

本书由笔者提出编写的具体原则及要求，确定全书结构、编章内容，曾晓涛全面修订统筹。最后由林勇、曾晓涛审定全书。夏米拉、余新宇、周佳、郑琦、郑铭荣、杨龙分工参与了全书的编写。

本书的编写参考了国内外大量的著作，在此向各位著作的作者表示衷心的感谢。由于编者水平局限，加之时间仓促，书中难免有疏漏之处，请广大读者批评指正，有关意见建议请发至 freeyone@sina.com

林　勇
华南师范大学
2015 年 12 月